마지막 황금 시장 인도의 용감무쌍 청년창업 이야기

취업보다
스타트업

Arise, Awake by Rashmi Bansal

Copyright © Rashmi Bansal
First published in 2015 by Westland Books.

This Korean translation copyright © 2016 by PLAN G:BOOKS
All rights reserved.

이 책의 한국어판 저작권은 The Plan G를 통해 Rashmi Bansal과 독점 계약한 플랜지북스에 있습니다. 저작권법에 의해 한국 내에서 보호를 받는 저작물이므로 무단 전재 및 복제를 금합니다.

마지막 황금 시장 인도의 용감무쌍 청년창업 이야기

취업보다 스타트업

라시미 반살 지음 | 안진환 옮김

플랜지:북스

일러두기

1. 인도의 화폐 1루피는 약 17원이고, 인도 대졸 초임은 평균 월 50~60만원 수준입니다.

2. 인도 인명은 실제 발음에 따라 표기했고, 지명 등 그 밖의 외래어는 해당 외래어 표기법을 따랐습니다. 또한 인도의 몇몇 지명과 지역 체계는 최근 변경된 지명을 기준으로 표기했습니다.

3. 원서의 힌디어 부분 및 인도 문화와 관련된 내용 대부분은 이예찬 씨와 안유진 박사의 도움을 받았습니다.

4. 회사 소개 페이지의 QR코드를 스캔하면 해당 회사의 최신 소개 포스트를 확인할 수 있습니다.

나를 일깨워 주신 은사님,
수닐 한다께 이 책을 바칩니다.

| 추천사 |

스타트업이라고 하면 많이들 실리콘밸리를 떠올리지만 2020년 세계 3대 경제 강국, 3대 제조업 투자 대상자가 되는 인도의 스타트업들도 눈여겨볼 만하다. 인도는 사업하기 어렵고 진입장벽이 높은 건 사실이지만 창업을 꿈꾸는 한국 청년들에게 또 다른 기회의 땅이 될 수 있을 것이라 본다.

창업에서 제일 중요한 것은 배짱과 끈기다. 스펙을 위한 창업이 아니라 그들의 꿈과 비전과 열정을 고스란히 담아 끈기 있게 새로운 것에 도전하는 인도 청년들의 이야기는 불확실한 미래를 살아야 하는 청년들에게 반드시 들려주고 싶은 이야기다. 인도 스타트업들의 사례를 통해 구글, 페이스북 같은 세계적 IT 기업들이 눈여겨보는 인도에 대한 인사이트를 얻게 되길 바란다.

고영하   한국엔젤투자협회 회장, 고벤처포럼 회장

창업자와 교육기관, 액셀러레이터들의 멋진 삼박자를 통해 탄생하는 스타트업들의 이야기가 흥미진진하다. 이 책에 나오는 10명의 창업자들은 모두 뜨거운 열정, 끝없는 도전, 미래의 창조, 위대한 혁신, 함께 가는 사회적 책임 정신이 뚜렷한데 이것은 곧 기업가정신의 가치다. 기업가정신은 현실에 대한 문제의식과 혁신 의지를 기반으로 새로운 가치를 만들어내려는 창조 의지, 그리고 실패의 두려움을 극복해 내는 도전 정신이다.

인도의 스타트업들이 성장할 수 있는 것은 두려움 없이 도전할 수 있는 환경, 실패해도 몇 번이고 재기할 수 있는 좋은 생태계가 있어서이고 이것은 또 인도 경제에 커다란 활력이 된 것 같다. 기업가정신에 바탕을 둔 스타트업의 혁신이 한국에도 만들어지길 기대하고 이 책을 통해 많은 스타트업들이 자신감을 얻길 기대한다.

금기현   (재)한국청년기업가정신재단 사무총장

구글의 순다르 피차이, 마이크로소프트의 사티아 나델라, 노키아의 라지브 수리는 현재 세계의 혁신을 이끌어가는 실리콘밸리가 주목하는 인도 출신

CEO들이다. 이들로 인해 인도의 기업가정신인 주가드 역시 주목받고 있다. 인도는 글로벌 투자가들의 투자 회수에 대한 기대가 세계에서 11위인 나라로 프랑스, 일본보다 높은 순위를 점하고 있다. 글로벌 마켓을 대상으로 하는 스타트업이라면 인도는 매력적인 대상이 될 수 있으며 또한 〈취업보다 스타트업〉을 통해 인도의 기업가정신과 창업 문화를 들여다보고 글로벌 진출을 위한 지계석으로 삼을 수 있을 것이다.

김진아　　유니콘엔젤클럽 회장, (전)요즈마캠퍼스 총괄이사

자신의 꿈을 실현하기 위해 창업을 결심하고 그 험난한 여정을 시작한 청년 기업인 모두를 응원한다. 앞으로 다양한 문제와 예측 못한 상황 앞에서 좌절하게 될 것이고 새로운 혁신적 돌파구를 모색하기 위해 안간힘을 써야 할 것이다. 이 책에서는 가보지 못한 창업이라는 미지의 세계에 대해 비록 경험은 부족하지만 열정과 아이디어만으로 무장한 젊은 청년들이 몸으로 부딪치며 이뤄낸 스타트업의 경험담이 생생하게 담겨 있다. 멀리 인도의 이야기이지만 한국을 넘어 글로벌 세계로 나가기 전에 준비해야 할 것이 무엇인지 배울 수 있을 것이다. 창업을 꿈꾸는 직장인, 창업에 필요한 넓은 지식이 필요한 예비 창업자, 초기 단계의 스타트업 대표 등에게 꼭 읽어보라고 추천하고 싶다.

이영　　한국여성벤처협회 회장, 테르텐 대표이사

기업가정신은 우리에게는 더 이상 낯선 단어가 아니다. 우리 뿐만이 아니라 전 세계는 '기업가정신'과 '스타트업'이라는 두 단어로 세계적인 경기 불황을 극복하려고 한다. 이 책은 우리에게는 다소 낯선 인도의 기업가정신과 스타트업 기업의 성장에 대해서 다루고 있다. 이 책을 통해 전 세계 젊은이들이 새로운 차세대 모바일 네트워크 상에서 얼마나 많은 창업의 기회를 갖게 될지 다시 한번 더 큰 기대를 하게 된다. 기업가정신과 열정만 있다면 이 책을 읽고 꼭 당신도 창업에 도전해 보길 바란다.

전화성　　씨엔티테크 대표이사, 동국대학교 청년기업가센터 겸임교수

차례

추천 서문   11
한국 독자들에게   14
지은이의 말&감사의 글   17

1부 | 단숨에 성공가도에 오른 **행운아들**

1. 해변에서 전 세계로 | 프락토 테크놀로지스   22
대학 시절에 만든 10가지 사업 아이템 중 9개가 실패했지만 마지막 아이템이 통했다. 이 스타트업의 고객은 인도와 아시아 5개국의 의사를 포함해 9만여 명이며, 400억 루피 규모의 기업 가치를 올리는 기업으로 성장했다.

2. 폐기물에서 태어난 마법의 벽돌 | 매지크리트   52
2008년, 카라그푸르 인도공과대학을 갓 졸업한 사회 초년생과 이제 막 자격증을 취득한 신참 공인회계사가 낡아 빠진 업계를 뒤흔들어 보자며 의기투합했다. 오늘날 연 매출 50억 루피의 기업으로 성장한 매지크리트는 인도 건설 자재 시장의 혁신을 주도하고 있다.

3. 잡담이 준 선물 | 세이크리드 모멘츠   78
재미로 사업 계획서 경진대회에 보낸 아이템을 다듬고 또 다듬었더니 대학원을 졸업할 때는 창업 준비를 모두 마쳤다. 8년이 지난 후 연 매출 4500만 루피를 올리는 사업체의 CEO로 자리를 잡은 프라카시 문드라. 후회는 없다!

2부 | 실패를 딛고 일어선 **도전자들**

4. 두 얼간이 | 베와쿠프 브랜즈   98

쁘라브끼란 싱은 인도공과대학 3학년에 다니면서 라씨 장사를 시작했다. 비록 첫 사업은 실패했지만 그는 인생에서 중요한 교훈을 얻었다. 라씨 총각은 이제 연 매출 2억 루피를 올리는 젊은이들을 위한 온라인 쇼핑몰을 운영하고 있다.

5. 길은 열리기 마련이다 | 이노비스 테크놀로지스   121

두 친구는 멋진 아이디어를 떠올렸고 사업으로 발전시킬 방법도 찾아냈다. 그렇게 탄생한 이노비스는 스타트업 세계에서 밝게 빛나는 별 같은 존재였다. 창업자들 사이에 인간관계로 인한 균열이 발생하기 전까지는 말이다. 하지만 안 좋은 경험일수록 더 큰 교훈을 남기는 법, 우리도 그들의 실패에서 많은 것을 배울 수 있을 것이다.

6. 진정한 사랑에 올인 | 인오픈 테크놀로지스   157

뭄바이 인도공과대학에서 경험한 인턴 과정은 루페시 샤흐의 인생 항로를 완전히 바꾸어 놓았다. 어린 나이에 좌절을 맛보기도 했지만 독학으로 컴퓨터 프로그래밍과 마케팅을 마스터했으며, 탁월한 친화력으로 인맥을 쌓고 직원들을 이끌었다. 그가 세운 인오픈 테크놀로지스는 현재 60만 명 이상의 학생에게 컴퓨터공학을 가르치고 있다.

3부 | 이유 있는 **반항아들**

7. 헝거 게임 | 부카드　　　　　　　　　　　　　　　　　　182

아루즈 가르그는 벵갈루루 국립 로스쿨 3학년 때 젊은이들의 입맛에 맞는 테이크 아웃 전문점을 시작했다. 브랜드 이름을 "늘 배고픈 사람"이라는 의미의 '부카드'로 정한 이유는 캠퍼스에 수많은 부카드들을 보며 사업을 구상했기 때문이다. 그는 이제 부카드를 '자연주의 패스트푸드' 브랜드로 특화해 전 세계로 진출할 계획이다.

8. 집처럼 편안하게 | 간파티 퍼실리티스　　　　　　　　　　200

푸네에 있는 ICFAI 비즈니스 스쿨에 입학한 아누라그 아로라는 주거 문제로 큰 불편을 겪었다. 학교에 기숙사가 없는데다 주변 호스텔은 하나같이 시설이 엉망이었기 때문이다. 그는 MBA 2학년 때 다음 신입생들을 위한 호스텔 사업을 준비할 기회를 잡았고 간파티 퍼실리티스는 창업 2년 차에 취업해서 벌 수 있는 연봉의 다섯 배를 벌었다.

9. 도둑 잡기 | 프로드 익스프레스　　　　　　　　　　　　　216

회계 법인에서 일을 배울 기회를 찾던 아푸르바 조쉬는 법회계학이라는 별난 영역에 들어섰다. 사건을 처리하며 일을 익힌 그녀는 24살 나이에 한 대학교의 승인을 받아 부정행위 위험도평가를 전공으로 하는 학위 인정 교과과정을 출범시켰다.

10. 홀리 라바 마살라 | 도사매틱　　　　　　　　　　　　　238

두 명의 젊은 엔지니어가 도사 기계를 개발했다. 그로부터 3년 후 그들은 세계 최초로 탁상용 '도사 프린터'를 만드는 데 성공했고, 100여 곳의 레스토랑을 거래처로 확보했다.

부록 | 용어 해설 및 기업·학교·인물 소개　　　　　　　　　265
　　　　좌충우돌 청년창업

추천 서문

글로벌 경제의 침체와 더불어 우리나라 경제는 급격하게 저성장의 디플레이션 경제로 진입하고 있고 빈부격차로 신음하고 있습니다. 전 세계 청년들은 산업화 이후 처음으로 아버지 세대보다 더 가난하고 어려운 미래에 살 것이라는 비관론이 지배하고 있습니다. 반면 제4차 산업혁명은 경제의 근본적인 변혁을 초래하며 파괴적 혁신의 가능성을 높이고 있습니다.

이런 경제 환경에서 거의 모든 나라의 정부와 사회는 창업에 의한 혁신에 기대를 걸고 창업을 진흥하는 정책을 쓰고 있습니다. 이 책의 제목처럼 "취업보다 스타트업"을 창업하라는 격려가 넘쳐나고 있습니다. 그런데 취업이 안 돼서 창업을 하라는 주장은 설득력이 없습니다. 창업은 길고 험난한 선택으로 간주되는 경우가 많기 때문입니다. 스타트업의 창업은 생계 수단이나 취업의 대안이 아닙니다. 창업은 변화를 만들고 자신의 가치에 부합하는 조직을 만들고 가치 중심의 삶을 선택하고 자유를 더 많이 누릴 수 있는 행복한 선택이어야 합니다.

이 책은 왜 창업이 취업을 넘어서 행복한 삶을 위한 의미 있는 도전인지를 설득하고 있습니다. 그것도 우리나라보다 훨씬 열악한 환경의 인도 청년들의 창업 도전기라서 환경을 탓하기보다는 삶을 진취적으로 도전하고 새로운 길을 찾아가는 생생한 모습으로 우리 젊은이들에게 많은 용기를 주고 의미 있고 참다운 창업의 모습에 대한 철학적 자극을 제공할 것이어서 보다 나은 삶과 공동체를 추구하는 젊은이들에게 이 책을 일독할 것을 강력하게 권유합니다.

이병태
카이스트 경영대학 교수
카이스트 청년창업투자지주㈜ CEO

일어나라! 깨어나라!
그리고 목표에 도달하기 전에는 멈추지 마라.
- 스와미 비베카난다 -

한국 독자들에게

우리 집에도 한국 물건이 몇 개 있습니다. 바로 LG 냉장고와 삼성 전화기입니다. 인도에서는 한국 기업이 소니나 파나소닉 같은 일본 기업보다 훨씬 더 유명하고 인기도 많습니다. 한국 브랜드가 '늘 갈망하고 우직하게 나아가기'[1] 때문이라 생각합니다. 한국 기업 하면 '크게 꿈꾸고 반드시 이뤄내려는' 자세가 떠오르거든요.

한국처럼 인도 역시 기업가의 나라입니다. 중소기업과 대기업뿐 아니라 엄청나게 많은 스타트업이 지금의 인도 경제에 커다란 활력을 불어넣고 있기 때문입니다. 이들 스타트업의 두드러지는 특징은 바로 23~24살 정도의 젊은이들이 이끌고 있다는 점입니다. 이는 사실 인도에 새롭게 나타난 현상입니다. 인도에서는 열심히 공부해서 학위를 딴 다음 안정된 직장을 확보하는 것을 최고로 여겨 왔고, 여전히 학생들에게 그런 행보를 밟을 것을 독려하는 풍토가 지배적입니다.

---

[1] 스티브 잡스가 남긴 명언 'Stay hungry, Stay foolish'이자 아흐메다바드 인도경영대학원 출신 기업가들의 성공담을 담은 저자 라시미 반살의 책 제목이다. 참고로 이 책은 전 세계에서 80만 부 이상의 판매고를 올렸고 많은 독자들에게 창업의 열정을 불러일으켰다.

(한국도 다르지 않을 것으로 짐작합니다만) 인도 젊은이들은 부모의 기대에 부응해야 한다는 부담을 안고 대학에 진학합니다. 그리고 대부분은 (원하든 원치 않든) 그에 순응해 부모가 원하는 방향으로 나아갑니다. 그런데 얼마 전부터 상황이 변하기 시작했습니다. 부모의 뜻을 거스르고 제 갈 길을 가는 젊은이들이 늘어났다는 얘깁니다.

오늘날의 젊은 세대는 '무엇이든 가능하다'고 믿습니다. 그리고 이를 입증하려고 무척 애를 씁니다. 사회의 요구를 거스르기란 쉽지 않지만 어떤 식으로든 그렇게 해 보려는 젊은이들이 늘고 있습니다.

이것은 흔히 떠올리는 사춘기적 반항과는 다릅니다. 머리를 파랗게 물들이거나 마약에 손대는 것과는 질적으로 다르다는 뜻입니다. 이 새로운 반항의 핵심은 '자신의 미래를 스스로 창조할 수 있다'는 자각과 자신감입니다.

"나는 월급쟁이가 되고 싶지 않아."
"나는 아버지의 사업을 물려받고 싶지 않아."
"나는 공무원이 되고 싶지 않아."
"나는 내 회사를 창업하고 싶어."
"나는 다른 방식으로 일할 거야."
"나는 '내 식'으로 할 거야."

이것은 "왕좌의 게임"이 아니라 "두뇌의 게임"입니다. '성공학' 전문가 나폴레온 힐은 "머릿속으로 떠올리고 믿을 수 있는 것은 어떤 것이든 이룰 수 있다"고 말했습니다. 마음의 눈으로 꿈을 보고 현실로 믿으면, 다른 사람들은 믿지 못하는 것조차 이룰 수 있습니다.

꿈꾸고 상상하기 위해, 나이나 경험이 필요한 것도 아닙니다. 대학생이어도 괜찮고 18살, 17살, 심지어 16살이어도 됩니다.

대학에서는 꿈꾸는 법을 가르치지 않습니다. 사실 대학 교육 시스템은 오히려 우리의 꿈을 죽인다고 봐야 옳습니다. 그런 계략에 말려들지 마십시오. 꿈을 따라 사는 것은 인간으로 태어날 때부터 지닌 우리의 권리입니다.

밝은 대낮에도 눈을 크게 뜨고 꿈을 꾸십시오.

Jo un kkum![2]

이 책을 계기로 자리에서 일어나 새로운 젊은이로 거듭나는 자각에 이르게 되길 바랍니다. 누구든 자신이 되고 싶은 바로 그 챔피언이 될 수 있습니다.

2016년 10월
라시미 반살

---

[2] 저자가 영어 철자로 표기한 우리말이다. 한번 읽어 보시길!

지은이의 말

저는 18살 때 처음으로 신문에 기고해 보았습니다. 재미삼아 한 일이었지만 활자로 찍힌 내 이름을 보고픈 열망도 어느 정도 있었습니다. 하지만 정성 들여 타이핑한 글을 〈타임스 오브 인디아〉의 편집자에게 보냈을 때, 제 노력의 대가로 돌아온 것은 '거절 쪽지'뿐이었죠. 원고를 보내고 또 보내고 또 보냈지만 매번 냉담한 반응만 돌아왔습니다.

그 정도면 포기할 만도 했을 겁니다. 메시지는 분명했으니까요. 내 글이 신문에 실을 정도로 '충분히 훌륭하지는 않다'는 뜻이지 않습니까. 하지만 오히려 더욱 열의가 솟구치더군요. 그때부터 신문에 글을 보내는 일은 저에게 '도전'이었습니다. 충분히 오래, 충분히 열심히 노력을 기울이면 상대를 꺾을 수 있으리라 마음 먹었습니다.

어느 화창한 날, 신문을 읽다가 제 눈을 의심했습니다. 제 이름이 또렷이 찍혀 있었던 것이죠. 저는 지금도 그 순간을 잊을 수 없고 앞으로도 영원히 잊지 못할 것입니다. 그 느낌과 100루피짜리 수표까지 포함해서 말입니다.

천리 길도 한 걸음부터라고 합니다. 가는 길이 미끄럽거나 질척거리거나 험난할 수 있습니다. 발에 꼭 맞는 신발이 없을 수도 있고 지도가 없을 수도 있고요. 하지만 그래도 일단 걸음을 떼야 합니다. 돌부리에 발이 걸려 넘어질 수도 있을 것입니다. 그러면 다시 일어나 걸으면 됩니다. 그렇게 배워 나가는 것입니다.

많은 사람들은 이렇게 말합니다. 대학을 졸업하고 시작해도 늦지 않다고요. 저는 이렇게 말하겠습니다. 왜 시간을 낭비하냐고요. 바로 지금, 시간적 여유가 있을 때 여러 길을 걸어 보고, 실험해 보는 게 낫다는 얘기입니다. 다른 많은 사람들이 이미 수없이 가고 있는 평범한 길만 아니면 괜찮습니다.

저는 대학에 다닐 때 글을 쓰면서 제가 무슨 길을 가야 할지 또렷이 인식하기 시작했습니다. 아흐메다바드 경영대학원IIM Ahmedabad의 2년 과정이 끝나갈 무렵에는 구직 대열에 합류하지 않기로 결정했지요. '내가 잘하는 게 무엇인지' 알고 있었기에 그런 결정을 내릴 수 있었던 것입니다. '자신이 잘하는 것을 아는 것', 그것이 바로 비밀의 방으로 들어가는 열쇠입니다. 다른 사람은 결코 들어갈 수 없는 방 말이죠.

삶은 엄청난 규모의 온라인 롤플레잉 게임과 같습니다. 머뭇거리지 말고 어서 로그인해서 아바타를 정하고 실력을 발휘하세요. 다양한 삶과 많은 모험이 기다리고 있을 것입니다. 게임 스타트!

감사의 글

먼저 이 책이 출간되도록 도와주신 모든 분들에게 감사를 표합니다. 원고 정리 팀의 알레키아 라오와 슈밤 싱, 아비지르 야다브, 안칼 쿠마르, 프리안카, 조티 아르야, 사친 아발의 노고를 높이 삽니다. 또 한 번 매력적인 표지를 제작해 준 스파이스 디자인의 사우라브 로이에게 감사합니다. 고맙게도 원고를 검토하고 피드백을 제공해 준 91 스프링보드의 프라나이 굽타와 나의 파트너 니야티 파텔, 성실한 어시스턴트 라비슈 쿠마르에게도 고맙습니다. 편집자로서 마법의 손길을 대 준 아라드하나 비쉬트와 부드럽고 늘 쾌활한 이 책의 발행인 고우땀 빠드마나반에게도 감사를 전합니다. 웨스트랜드 영업 팀도 많은 수고를 해 주셨습니다. 또한 저와 가까이 계신 모든 이들에게 감사드립니다.

저는 내면 세계를 향한 여행을 떠나 고독에 깊이 잠겨 한 해를 보냈습니다. 어떻게 하면 지성의 힘을 이용할 수 있을지 탐구했고, 의도 없이 말하고 단어 없이 의사소통하려고 노력해 보았습니다. 이런 저의 여행을 인정하고 지지해 준 모든 분들께 깊이 감사드립니다. 여러분은 저의 보물이고 제 영혼의 일부입니다.

1부

단숨에 성공가도에 오른 행운아들

인도에서 가장 어려운 시험을 통과하고 입학해서,
스스로 또 다른 도전을 자청하는 창업자들이다.
심지어 아무도 가르쳐 주지 않은 길을 만들어 낸다.

1. 해변에서 전 세계로

프락토 테크놀로지스 PRACTO TECHNOLOGIES

환자에게는 진료 예약, 의사 및 병원 정보, 건강 정보 등의 서비스를 제공하고 병원에는 환자 데이터베이스 관리를 돕는 비서 프락토 레이Practo Ray 외에 다양한 서비스를 제공한다. 인도, 싱가포르, 인도네시아, 브라질 등 5개국에서 8000여 명의 의사가 이용하고 있으며 텐센트, 세콰이어 캐피탈 등 7개 투자사로부터 총 6억 달러의 투자를 받으며 전 세계의 이목을 받고 있다.
www.practo.com
대표 샤샹크 ND, 아브히나브 랄
분야 의료 소프트웨어
창업 2008년
본사 벵갈루루

아흐메다바드 경영대학원IIM Ahmedabad에서 첫 수업을 듣던 날, 내 옆자리에 머리 좋은 괴짜로 보이는 청년이 앉았다.

"학부는 어디 다녔어요?" 내가 물었다.

"수라트칼 국립공과대학NIT Surathkal요." 나를 놀라게 하고 싶었는지 그 청년은 이렇게 덧붙였다. "인도에서 유일하게 전용 해변이 있는 대학이죠."

대학 캠퍼스에 해변이라고? (그의 의도대로) 솔직히 아주 인상적이었다. 몇 년이 지나 수라트칼 공대를 방문했을 때, 학교 안에 있는 해변을 직접 확인했다. 또한 수라트칼 공대가 샤샹크 ND나 아브히나브 랄처럼 머리 좋은 괴짜들을 계속해서 배출하고 있다는 사실도 알게 되었다.

"2005년, 그러니까 저희가 대학에 입학했을 당시만 해도 '기업가정신entrepreneurship'이라는 단어는 아무도 들어 본 적이 없었습니다. 수라트칼 공대가 아마 E-셀1을 출범시킨 최초의 대학일 겁니다."

---

1 E-cell: 대학 내 기업가 육성 프로그램으로서 대학생 사업가를 위한 인큐베이터인 셈이다.

샤샹크와 아브히나브가 기업가정신과 그 중요성을 알리려고 애쓰는 동안 이상한 일이 벌어졌다. 직접 회사를 창업하고픈 열망이 그들의 가슴 속에서 움트기 시작한 것이다. E-바이러스, 즉 기업가정신 바이러스가 이 두 사람의 시스템 안으로 침투했다.

대학 4학년 때 시작한 두 사람의 벤처 사업은 꽃을 피우고 프락토Practo라는 결실을 맺었다. 프락토는 현재 1만 여 명의 의사들이 이용하는 소프트웨어로, 이를 토대로 300여 명의 임직원에 매출 2억 루피를 올리는 기업이 구축된 상태다.

대학 캠퍼스 내 전용 해변은 여전히 수라트칼 공대에만 있지만, E-셀은 이제 수백 개가 넘는 대학에서 운용되고 있다. 나는 이들 대학에 "모든 E-셀은 매년 적어도 10명의 학생이 재학 중에 소규모 사업을 출범시키도록 동기와 영감을 주어야 한다"는 과제를 던져 주고 싶다.

세상의 모든 머리 좋은 괴짜들을 위해 축배를 들자. 괴짜 족의 번영을 위하여!

샤샹크는 인도 남부 카르나타카 주 대도시 벵갈루루의 전형적인 중산층 가정에서 성장했다.

"부모님은 두 분 다 공기업에서 일하셨어요. 아버지는 비스베스바라야 제철소, 어머니는 바라트 전력에 다니셨어요."

대가족이었지만 사업을 하는 사람은 한 명도 없었다. 샤샹크는 유치원부터 12학년 때까지 줄곧 벵갈루루의 국공립학교를 다녔다.[2] 학창 시절 그는 학업보다는 특별 활동과 운동에 열중하는 평범한 학생이었다. "그냥 고민 없이 흘러가는 대로 살고 있었어요. 무언가를 해 봐야겠다는 생각이 전혀 없었지요. 그러다 12학년이 되었을 때 사건이 일어났어요."

친구들은 모두 대학교 입학 시험을 준비하느라 바빴다. 샤샹크는 앞으로 무엇을 할지 실마리조차 찾지 못했는데, 다른 친구들은 하

---

[2] 인도의 초·중·고등학교는 1~12학년으로 이루어져 있으며 국립 학교는 10학년까지 의무교육이다. 10년간의 초·중등 교육을 마친 학생들은 졸업 인증시험을 치르고 대학 진학을 목표로 하는 학생들은 11~12학년(Senior School)에 진학하여 입시준비를 하거나 대학 진학을 하지 않는 학생은 직업 고등 교육기관으로 진학한다.

고 싶은 일을 찾은 듯 보였다. 샤샹크는 부모님과 저녁 식사를 하던 중 친구들이 수학, 과학 올림피아드 전국 대회에 나간다고 말했다.

"왜 너는 안 나가니?" 부모님이 물으셨다.

가슴이 뜨끔했다. 샤샹크는 식탁에서 일어나 친구에게 전화를 걸어서 다음 지역 예선이 언제 열리는지 물어보았다. 샤샹크의 마음이 움직였다. 진지하게 살기로 결심한 것이다.

"그리고 1년 내내 거의 방에만 틀어박혀 공부했어요. 수염도 안 깎고 말이죠. 초등학생 때부터 밀린 공부를 그때 다 한 거 같아요."

샤샹크는 정보 올림피아드 전국대회에 나갈 자격을 획득했을 뿐 아니라 한 단계 높은 성과를 거두었다. 전 인도공대 입학시험 결과가 발표되었을 때, 샤샹크를 아는 사람들은 놀라움을 감추지 못했다. 천하태평 놀기만 하던 학생이 수라트칼 국립공대 NIT Surathkal에 합격했기 때문이다.

"수라트칼은 제 인생을 바꿔 놓았어요. 학우들은 다들 대단해 보였죠. 전국 각지의 수재들만 모여 있다 보니 경쟁 수준이 장난이 아니었거든요!"

샤샹크가 수라트칼 공대에 입학한 것은 2005년도, 기업가정신이라는 용어를 처음 접한 것은 2006년 9월이었다. 아유시 주훈주훈왈라라는 4학년 학생이 미국에서 인턴 과정을 마치고 돌아와 그 용어를 퍼뜨렸다. 그는 스탠퍼드 대학교에서 "E-셀" 개념을 배웠고, 수라트칼 공대에도 그와 유사한 클럽을 만들고자 했다.

"E-셀을 만든다는 포스터가 기숙사 벽에 붙어 있었어요. 뭔가 신나는 것을 발견한 느낌이었죠. 당시에는 기업가정신이 뭔지 전혀 몰랐어요. 하물며 그 의미를 어떻게 알았겠어요?"

샤샹크는 클럽 에포리아Eforea에 대한 소개를 듣자마자 주문에 걸린 듯 바로 가입 신청서를 냈다. 많은 학생들이 지원했지만 2학년 네 명만 선발되었다. 그중 한 명은 샤샹크와 같은 과에 다니고 같은 기숙사에 살던 아브히나브 랄이었다. 둘의 앞날에 어떤 일이 펼쳐질지, 두 사람 모두 예상하지 못했다.

에포리아의 첫 번째 목표는 기업가정신과 그 중요성을 알리는 일이었다. 그러기 위해 자신들부터 기업가정신을 제대로 공부해야 했다. 반짝이는 아이디어를 얻기 위해 에포리아 멤버들은 하이데라바드 비즈니스 스쿨IBS Hyderabad이나 뭄바이 인도공과대학IIT Mumbai에서 열리는 학회에 참석했다.

"우리는 '기업가정신이 무엇인지' 이해하기 위해 전국 각지로 강연을 들으러 다녔습니다…그때 제 인생이 완전히 바뀌는 사건이 일어났어요."

"하루는 강연이 너무 지루해서 우리 모두 졸고 있었는데요. 갑자기 레디프닷컴rediff.com에서 왔다는 아지트 발라크리슈난이라는 사업가가 등장했죠. 그때부터 강단에 빛이 돌기 시작했어요."

연사들 대부분 마이크로소프트 같은 대기업 관계자였는데, 아지트는 '기업가'였다. 그는 활력과 정열을 불태우며 연단을 뜨겁게 달궜고 그렇게 젊은이들의 교감을 이끌어 냈다.

샤샹크는 이런 생각이 들었다. "나도 저 사람처럼 돼야겠다."

에포리아 팀은 단순한 전략을 세웠다. 회사의 창업자가 연사로 나오는 강연회만 참석하기로 결정한 것이다. 창업자들이야말로 진짜 뭔가를 배울 수 있는 대상이었다.

"캠퍼스로 돌아와서는 보고 들은 것을 다른 사람들에게 알려 주고 싶어 몸살이 날 지경이었습니다."

에포리아는 기업가 초청 강연회, 공개 토론회 등 행사를 조직했다. 수라트칼에 연사를 초빙하는 일은 쉽지 않았지만 학생들은 끈질기게 매달려 일을 성사시키곤 했다. 에포리아의 초청을 수락한 패트릭 터너Patrick Turner 교수는 프랑스 파리 근교 퐁텐블로의 인시아드INSEAD 비즈니스 스쿨에서 기업가정신을 가르치고 있었다. 터너 교수는 초청을 수락했을 뿐 아니라, 자비로 인도에 와 주었다.

"그분이 오신다는 소식에 캠퍼스 전체가 들썩였습니다. 당연히 강당은 그분의 이야기를 들으려는 사람들로 발 디딜 틈도 없이 꽉 찼지요."

터너 교수의 메시지는 단순했다. "누구든 창업할 수 있고 누구든 리더가 될 수 있습니다. 목표를 세우고 매진하면 뭐라도 될 겁니다." 졸업과 동시에 취업하는 것을 인생의 목표로 삼지 말고 자신만의 나아갈 길을 만들기 위해 애써 보라는 이야기였다.

"강연이 끝날 때쯤 우리 모두는 '기업가'가 나쁜 것이 아니며 신나는 일이 될 수 있다는 것을 이해하게 되었습니다."

에포리아는 그해 내내 비슷한 행사를 몇 번 더 개최했고, 회원 수도 폭발적으로 늘어났다. 2학년을 마치고 샤샹크는 에포리아의 회장이 되었고 그의 리더십 아래 에포리아는 이그니션Ignition이라는 행사를 만들었다. 인도 남부의 모든 대학이 참여하는 인도 최초의 기업가정신 정상회의였다. 행사는 성공적으로 마무리됐다. 하지만 샤샹크의 마음속에 일을 더 벌여 보고 싶은 욕구가 꿈틀꿈틀 솟아올랐다. 실제로 자신의 사업체를 운영하는 맛을 알고 싶었던 것이다.

"그래서 3학년이 되자마자 여러 가지 아이디어를 실험하기 시작했습니다."

샤샹크는 타반트 테크놀로지스Tavant Technologies라는 회사의 프로젝트를 맡았다. 타반트는 당시 같은 학교 4학년 학생이 참여한 스타트업으로, 소셜웨이SocialWay라는 소셜 네트워크 서비스를 출범시킨 상태였는데 해당 제품이 대학생들에게 널리 알려지길 바랐다.

"우리는 포스터를 붙이고, 학생들에게 여러 장점을 설명하면서 가입을 권유했지만 기대만큼 잘 되진 않았어요. 얼마나 열심히 뛰어다녔는지 마치 우리 사업을 하는 듯한 기분이 들 정도였죠."

이들은 종종 벵갈루루에 있는 타반트 사무실에 가서 '무엇을 하면 좋을지'를 놓고 브레인스토밍 시간을 가졌다. 함께 밤을 지새우며 사업 운영의 꿈을 키우고 학생들을 위한 소셜 네트워크 아이디어를 도출했다.

"그럴듯한 아이디어를 찾았다 싶으면 그 다음 날 다른 누군가가 그 일을 이미 시작해서 1000만 달러가량을 투자 받았다[3]는 기사를 신문에서 읽었습니다."

매일 새로운 아이디어를 내고 좌절하는 일이 반복되었다. 샤샹크와 아브히나브가 에포리아 클럽 홈페이지를 만드는 작업에 매달린 것도 이때였다.

"대학은 다양한 사람들이 모이는 곳입니다. 함께 어울리다 보면 잘 맞는 친구를 만나게 되기도 하지요."

---

[3] 이들보다 선수 친 대표적인 사례가 밍글박스닷컴(Minglebox.com)으로, 세콰이어 캐피탈로부터 펀딩을 받았다.

샤샹크와 아브히나브가 바로 그런 사이였다. 두 사람 다 IT를 전공하는 학생이었지만, 아브히나브는 코딩을 잘했고, 샤샹크는 마케팅 쪽으로 머리가 비상하게 돌아갔다. 둘은 웹 기반 사업을 함께 그려 보기로 했다. 주식 프로그램도 짜 보고 결혼식장을 위한 소프트웨어도 기획해 봤다. 둘에게는 모든 것이 위대한 모험 같았다.

"양복을 차려 입고 벵갈루루에 가서 업계 관계자들의 교류 행사에 참석하기도 했어요. 모든 것을 다 아는 거물인 양 떠벌리곤 했지만 사실은 이것저것 배우러 간 것이었지요."

두 학생의 부모님은 이 모든 행태에 대해 어떻게 반응했을까? 아무 말씀도 하지 않았다. 둘이 무슨 일을 꾸미고 다니는지 전혀 몰랐으니까.

"우리는 생각해 놓은 아이디어를 이리저리 돌려 써 봤지만 아무런 성과도 거두지 못했습니다. 마지막 아이디어 하나만 남은 시점이 됐죠. '의사들에게 접근해 무언가를 팔아 보자'는 거였습니다."

3학년 말 아브히나브와 샤샹크는 "지금 아니면 기회는 오지 않는다"는 생각에 마음을 다잡았다. 그들이 구현할 열 번째 아이디어는 의사들을 위한 소프트웨어였다. 이번에는 더욱 진지하게 해 볼 생각이었다.

"우리는 2008년 프락토 테크놀로지스라는 이름으로 사업자 등록을 했습니다. 어머니께 1만 루피를 빌리고 명함을 만들어서 의사들을 찾아다녔습니다."

그들의 사업 방식은 단순했다. 전화번호부에서 병원 전화번호를 찾아 무작정 전화를 걸어 "안녕하세요, 선생님. 저희가 선생님을 위한 소프트웨어를 만들었습니다. 한번 시간을 내 주십시오"라고 말하는 것이었다.

사실 소프트웨어는 전혀 준비되지 않은 상태였다. 기본적인 콘셉트만으로 PPT 슬라이드 몇 장을 만들어 놓은 게 전부였다. 낙천주의자인 샤샹크는 한 병원 회의실을 빌리고 의사 25명 정도를 초대해 프레젠테이션을 했다. 샤샹크의 어머니가 다과 준비를 도와주셨다. 하지만 상황은 계획대로 돌아가질 않았다.

"제 인생에 이렇게 최악이었던 적이 없었어요. 양복은 몸에 맞지 않고, 설명도 생각대로 풀리질 않고, 의사들은 관심을 보이질 않았죠." 그 자리에 참석한 의사들 대부분이 '형편없는 아이디어 가지고 귀찮게 하지 말라'고 말했다.

"그 행사 이후로 우리는 돈도, 아이디어도, 멘탈도 완전히 탈탈 털렸어요." 실로 막다른 길에 다다른 듯했다.

그런데 시간이 지나고 모하메드 알리라는 이름의 의사가 연락을 해 왔다. "여러분 아이디어가 마음에 드는데, 언제 다시 만날 수 있겠습니까?" 참석자 중 나이도 가장 어리고 영향력도 거의 없을 것 같은 의사였다. 이때 쯤 샤샹크와 아브히나브는 사실상 포기하기로 마음을 굳힌 상태여서, 대꾸할 기운조차 없었다.

"그런데 그분이 대여섯 번 전화해서 만나자고 하더라고요."

결국 둘은 알리 박사의 병원을 찾았다. 박사는 환자들이 정기적으로 검진을 받으러 와야 하고 그럴 때마다 일일이 안내 전화를 해줘야 하는데 이 안내 전화를 자동화할 방법이 없겠느냐고 말했다.

해결하기 어렵지도 않았지만, 썩 구미가 당기는 일도 아니었다. 하지만 솔루션만 나오면 고객들이 기꺼이 돈을 지불할 것 같기는 했다. "알리 박사님이 그 자리에서 우리에게 5000루피짜리 수표를 써 주었어요." 프락토 테크놀로지스가 올린 최초의 수익이었던 셈이다.

미팅에서 돌아온 그들은 서로의 얼굴을 보며 말했다. "이제 어쩌지?" "돈까지 받았으니 만들어야지 뭐!"

3학년이 끝났고 긴 방학을 앞두고 있을 때였다. 마침 샤샹크의 부모님에게 8년 동안 사용하지 않은 집이 한 채 있었다. 가구와 가전제품은 없었지만 수도와 전기가 들어오는 집이었다. 둘이 간단히 끼니를 해결하며 조용히 작업에 몰두하기에 딱 좋은 장소였다.

"아브히나브는 그 해 여름 고향에 내려가지 않고 벵갈루루에 머물며 2주 동안 쉬지 않고 코딩에 매달렸어요. 그리고 나니까 시제품이 나오더라고요."

'프락토'라 이름 붙인 이 소프트웨어는 환자의 이름과 연락처를 저장하고 문자메시지를 보내는 등 너댓 가지 기본 기능만을 갖추었다. 그러나 이를 사용해 본 알리 박사는 입에 침이 마르도록 칭찬을 늘어놓았다.

"반응이 너무 좋아서 이게 뭔가 대단한 물건이 될 수도 있겠다는 생각이 들었습니다."

그 무렵 샤샹크의 아버지가 무릎 수술을 받게 되었다. 2차 소견을 구하기 위해 유명한 의사에게 아버지의 의무 기록을 보내야 했다. 하지만 해당 기록이 출력된 형태로만 나오는지라 샤샹크는 자신의 소니 에릭슨 카메라폰으로 한 장 한 장 사진을 찍고, 컴퓨터로 옮긴 다음에 이메일로 보내야 했다. "수술비는 수십만 루피나 받으면서 왜 의무 기록은 디지털 포맷으로 제공하지 않는지 정말 이해가 안

가더군요."

인도의 가정에서는 아이를 낳으면 '생후 첫 백신'을 맞은 시점부터 모든 의무 기록을 하나의 서류철에 담아 대강 보관한다. 서류철을 넘기며 부모님이 수고스럽게 모아 놓은 모든 기록을 보다 보면 새삼 감사와 애정을 느끼게 되기도 하지만, 이런 의문이 생기기도 한다. '이 기록이 없어지기라도 하면 어쩐단 말인가?' 번뜩이는 아이디어가 샤샹크의 뇌리를 스쳤다. 모든 환자의 의무 기록을 온라인에 저장하는 것이 가능하고, 또 마땅히 그렇게 해야 한다는 것이었다.

"장기적으로 본다면 환자의 의무 기록을 반드시 디지털 데이터로 저장해야 한다고 생각했습니다. 하지만 당장은 의사들의 시급한 현안을 해결해 주면서 돈을 벌 수 있었지요."

실제로 알리 박사는 프락토에 무척 만족했고 자신의 동료들에게 직접 이용해 보라고 권하기도 했다. 덕분에 두 사람에게는 자신들의 소프트웨어에 기꺼이 5000~1만 루피를 지불하는 고객이 10명 이상 생겼다.

"의사들로부터 지속적으로 피드백이 들어왔고, 계속 제품을 개선할 수 있었습니다. 학교로 돌아갈 생각은 아예 접어 버리고 벵갈루루에 눌러앉아 일에 매달렸습니다."

멀리 비하르에 사는 아브히나브의 가족들은 이런 상황에 대해 알 길이 없었다. 샤샹크는 부모님께 프로젝트와 면접은 보고 있지만 수업은 아예 없어서 학교에 갈 필요가 없다고 둘러댔다. 심지어 부모님을 설득해 10만 루피를 투자 받았다.

"부모님은 제가 얼마나 신이 나 있고 얼마나 자신감이 넘치는지 느끼셨던 것 같아요. 뭔가를 그렇게 열심히 한다는 것만으로도 믿음이 가셨나 봐요. 그래서 기꺼이 저를 격려하고 지원해 주셨죠."

"대학생이 회사를 시작해서 졸업 후에도 계속 키워 나가다가 결국은 위대한 기업을 만들어 냈다는 전설은 들어 본 적이 없습니다. 적어도 인도에서는 말이죠."

샤샹크의 부모님은 아들이 사업을 하다 말 것이라고 생각했다. 결국엔 분별 있는 선택으로 돌아가리라 본 것이다. 어쨌든 두 젊은이는 한껏 유쾌하게 젊은 시절은 즐기고 있었다. 빈집에서 살면서 낮에는 먹고 마시고 놀다가 밤에는 늦은 시간까지 코딩에 매달렸다. 점심과 저녁은 부모님이 주신 '용돈'으로 음식을 사다 먹었다.

"솔직히 그때는 책임감 같은 게 전혀 없었어요. 일단 맛있는 음식을 사먹는 데 돈을 쓰고 남으면 사업에 쓸 정도였으니까요. 저희도 속으로는 한 3개월에서 6개월 정도 하다가 접을 거라고 생각했습니다. 반응이나 있겠냐는 생각도 했고요. 하지만 얼마 후부터 슬슬 재밌어지기 시작한 거죠."

사업이 장난과 진심의 경계에 있던 시기였다. 자신들이 하고 있는 일을 사랑하긴 했지만 미래가 불확실하다는 점이 문제였다. 게다가 기업의 인사 담당자들이 학교에 찾아와 졸업 준비생들을 인터뷰한 다음 채용해 가는 시기가 되자 두 청년의 마음도 흔들렸다. 비하르의 데브가드라는 작은 시골 마을 출신인 아브히나브는 가족의 기대를 한 몸에 떠안고 있었다. 그 기대에 보답하기 위해 열심히 공부해서 명문대에 입학한 그는 이제 '훌륭한 회사'에 들어가야 했다.

"샤샹크에게 말했죠. 나는 학교에 가서 취업 면접을 봐야 한다고요. 그러지 않으면 어머니가 의심할 게 분명했거든요." 그래서 아브히나브는 개강 다음 날 수라트칼로 돌아가서 신입사원을 모집하고 있는 아무 회사에나 지원서를 넣었다. 우연히도 그 회사는 사트얌Satyam이었다.

"어머니께 전화해서 취업했다고 말씀드렸어요. 잘했다고 그러시더군요. 그걸로 다 된 겁니다."

이제 샤샹크가 불안감을 느끼기 시작했다. 하루가 멀다 하고 친구들이 전화를 걸어와 캠퍼스의 긴급 속보를 전해 주었다. 평범한 친구가 어떻게 연봉 120만 루피를 받고 마이크로소프트에 들어가게 되었는지, 기숙사에서 매일 밤 파티를 벌이느라 얼마나 바쁜지 등의 내용이었다.

"불확실한 미래를 껴안고 벵갈루루에 홀로 앉아 있자니 저도 슬슬 불안해졌어요."

4개월 후 샤샹크는 더 이상 가만히 있을 수 없었다. 그래서 수라트칼로 돌아가 취업 면접을 보기로 했다. 다행히 처음으로 면접을 본 회사에서 그에게 합격통지서를 보내 주었다. 급한 불은 끈 셈이었다. 그날 밤 그는 버스를 타고 벵갈루루로 돌아왔다.

그렇다면 두 사람은 한 해 동안 실제로 무엇을 했을까?

"우리는 작은 것들을 하나씩 발견해 나가고 있었습니다. 지금 생각해 보면 별로 하는 일 없이 한 해를 보낸 것 같은데 당시에는 꽤 잘하고 있다고 생각했죠."

"첫 날부터 우리의 절대적인 철학은 '좋은 제품을 만드는 데 그치지 말고 잘 팔아야 한다'는 것이었습니다."

당시 그들이 '해야 할 일'에는 의사를 만나고, 홍보하고, 소프트웨어를 수정하고 업데이트하는 일 등이 포함되었다. 물론 컨퍼런스나 사교 행사에 참여하는 것도 중요한 일이었다. 사회자가 그들을 '학생 기업가'로 소개할 때마다 사람들은 놀란 얼굴로 그들을 주목했다.

"현장에서 우리가 가장 어리다는 사실을 확인할 때마다 정말 짜릿했죠."

2008년, 인터넷 기반 산업이 새롭게 움트고 있었다. 페이스북 같은 사이트가 인기를 얻기 시작했고, 플립카트4는 작은 온라인 서점 스타트업일 뿐이었다. 어쨌든 일이 벌어지고 있음을 감지할 수 있는 시점이었다.

날이 갈수록 극복해야 할 일은 많아졌고, 일에 몰두하는 두 사람의 자세도 더욱 진지해졌다. 새로운 고객을 한 명 더 얻거나 새로운 코드를 하나 더 배치할 때마다 성취감이 물밀듯 밀려왔다. 사람들이 우리가 만들어 낸 제품을 이용하고 있었고 변화가 우리 손에서 시작되고 있었다.

2009년 2월 프락토 2.0 버전이 나왔다. 이제 회사는 20~25명의 고객을 확보했고 계속 긍정적인 피드백을 받았다. "그 덕분에 우리는 자신감을 크게 얻었습니다. 그래서 올인하기로 결정했죠!"

한 고객이 치의학 박람회가 벵갈루루 팰리스 그라운즈에서 곧 열릴 예정이라고 알려 주었다. 벵갈루루의 치과의사 모두가 참석하는 대규모 행사였다. 행사 일자는 5월, 졸업이 한 달 남은 시점이었다. "지금 아니면 다시는 없을" 순간이었다.

그들은 계좌에 남아 있던 마지막 10만 루피를 인출해서 그 행사

---

4 Flipkart: 작은 인터넷 서점에서 시작해 인도 최대의 인터넷 쇼핑몰이 되었다.

를 준비했다. 부스 임대에 6만 루피, 배너와 브로슈어를 준비하는 데 3만 루피를 썼다. 그들은 노력에 걸맞는 결실을 거두었을까.

첫날부터 부스에 발 디딜 틈조차 없을 만큼 사람들이 몰려들었다. "친구들에게 전화해서 '와서 좀 도와달라'고 요청해야만 했죠!"

방문객들은 체험판 프로그램에 열광했다. 환자의 방문 약속이 추가되면 의사의 휴대폰에 알림이 오는 기능을 보며 많은 사람이 감탄했다. 아브히나브는 그 순간 자신이 프락토를 계속 발전시키고 싶어 한다는 사실을 깨달았다.

이 무렵 아브히나브는 사트얌보다 조건이 좋은 ZS 소프트웨어에서 옵션 포함 연봉 110만 루피의 스카우트 제안을 받은 상태였다. 아무래도 갈등을 겪을 수밖에 없었다. "집에 가서 그 채용 제안을 받아들이지 않겠다고 말하니까 모두들 저보고 미쳤다고 하더군요."

하지만 그는 결국 어머니를 설득하고야 말았다.

"1년만 해 보겠다고 했습니다. 1년 안에 성공하지 못하면 취직하겠다고요."

샤샹크 역시 같은 딜레마에 직면했다. 70만 루피라는 연봉 패키지 역시 쉽게 물리칠 수 없는 유혹이었다. 2009년 경제 불황으로 일자리가 귀한 시기여서 더욱 그랬다. 그런 자리를 거절하는 건 바보짓이었다.

"모두가 같은 얘기를 하니까 오히려 '남들이 틀렸다는 것을 증명하면 훨씬 멋지지 않을까' 하는 생각이 들더군요."

이렇게 22살짜리 두 청년은 자신의 어리석은 열정이 향하는 곳으로 갔다. 졸업시험을 통과하고 학위를 손에 쥔 다음, 자신들의 사업으로 되돌아온 것이다. 하지만 그와 동시에 현실을 직시하게 됐다. 학생 시절은 이제 끝났고, 그들의 사업은 더 이상 취미나 허세가 될 수 없다는 것이었다.

"'학생 기업가'일 때는 평균만 해도 주목을 받습니다. 하지만 졸업을 하고 나면 다른 모두와 같은 입장이 되는 거죠. 최고가 되지 못하는 것에 대해 변명할 여지가 없어지는 겁니다."

대학 생활의 끝은 곧 용돈도 끝임을 뜻했다. 공식적으로 성인이 되었으니 스스로의 힘으로 삶을 꾸려 나가야 했다.

"그런 상황 덕분에 우리는 훨씬 더 진지해졌습니다. 저는 그때가 우리 회사의 진정한 탄생 시점이라고 말하곤 해요."

두 사람은 야밤의 파티와 영화, 야식 등 무절제하고 방탕한 생활을 정리하고 더욱 본격적으로 정보 처리와 코딩에 매달렸다. 사업에 투자하는 것에 대해 진지하게 대화도 나누었다. 그때까지는 주로 샤샹크가 약 50만 루피를 투자한 상태였다. 이제 아브히나브도 동일한 수준으로 기여하고 싶어 했다. 이제 둘이 합쳐 100만~120만 루피를 투자한 셈이 되었다.

"우리는 우리가 모든 것을 할 수는 없다는 걸 잘 알고 있습니다. 그래서 모든 것을 다 하려고 하지도 않습니다. 하지만 한 번에 한 가지 문제는 해결할 수 있다고 생각합니다."

투자금은 주로 팀원을 고용하는 데 썼다. 그들이 처음 접촉한 대상은 수라트칼 공대 동기들이었다. "영입하고픈 친구를 찾아가서 말했지요. '우리한테 끝내주는 아이디어가 있는데, 같이 할래?'"

싯다르트 니할라니가 팀에 가장 먼저 합류했다. 이 영리한 젊은이는 안정된 일자리까지 기꺼이 때려치우고 이 미지의 회사에서 일하기로 결정했다. 단순히 '남들과 다른 것을 생각하고' 싶다는 이유로 말이다. 그런 식으로 2개월이 채 지나기 전에 개발자 2명과 영업자 2명이 프라크토에 합류했다.

초반에는 월급으로 1만~1만 5000루피를 받았다. 일반적인 수준이었다. 하지만 그들에게는 한 가지 큰 특전이 따랐으니, 바로 숙소가 공짜라는 점이었다. 그들이 여전히 샤샹크 부모님의 빈집을 쓰고 있었기 때문이다. 1층은 '사무실', 2층은 '기숙사'인 셈이었다.

"우리는 친구들에게 말했죠. 매트리스 하나만 들고 오면 돼!"

이들은 컴퓨터도 미국 대학원으로 유학 가는 친구들에게서 헐값에 사들였다.

"아껴 쓰고 아껴 써도 살림은 항상 빠듯하게 돌아갔습니다. 늘 압박을 받고 있는 것 같았어요."

이런 상황에서 벗어나려면 판매를 늘리는 수밖에 없었다. 명확한 계획은 없었지만 열심히 노력하면 성공할 수 있다고 굳게 믿었다. 샤샹크는 세일즈 팀원 중 한 명을 첸나이로, 다른 한 명은 뭄바이로 보냈다. "돌아오지 말고 거기서 할 수 있는 한 최대한 팔아 봐!"

호텔 숙박비를 지원할 예산은 없었기에, 해당 도시에 거주하는 친구를 찾아 며칠 신세를 지고 인근의 다른 친구를 물색해 또 며칠 신세 지는 식으로 버텨야 했다. 커피 전문점의 테이블 하나를 차지하고 앉아 스마트폰으로 업무를 봤다.

처음 6개월을 그렇게 주가드jugaad, 5에 매달렸다. 노력 끝에 주문이

---

5 Jugaad: 열악한 환경 속에서 생존하기 위해 독창적인 방식으로 해법을 찾아내는 경영으로, 인도 기업의 경영철학을 상징적으로 나타내는 용어

들어오기 시작했다. 처음에는 월 10건에서 차츰 15건, 20건으로 늘어났다. 매출은 평균 월 10~20만 루피였고 잘 될 때는 40만 루피까지 치솟기도 했다.

"마침내 손익분기점을 넘기 시작했습니다. 적어도 수지타산은 맞추기 시작했죠."

그 시절 등대 역할을 하며 이들의 고군분투를 이끌어 준 조직이 있었다. 모피우스 벤처 파트너스6라는 단체가 마침 초기 단계의 스타트업을 위한 액셀러레이터 프로그램을 출범시켰다. 그들의 홈페이지에는 이런 문구가 있었다. "우리는 사업을 크게 키우길 원하는 기업가에게 도움을 제공합니다." 사업을 갓 시작해서 헤매는 이들에게는 정말 매력적인 문구가 아닐 수 없었다.

"우리는 곧바로 지원서를 넣었습니다. 15분 정도 면담한 후 그들이 이렇게 말하더군요. '여러분이 맘에 드는군요. 함께 해 봅시다!'"

합의 사항은 간단했다. 스타트업에 멘토링과 조언, 사업상의 연줄을 제공하는 대가로 모피우스는 4~8퍼센트의 주식을 지분으로 가져가는 조건이었다. 인터뷰스트리트Interviewstreet와 커먼플로어Commonfloor 등도 프락토처럼 초기에 액셀러레이터와 손을 잡았다.

"자금을 지원 받지는 않았지만 전문가들이 우리를 믿어 준다는 사실만으로도 힘이 났습니다."

모피우스는 세일즈와 마케팅 측면에서도 귀중한 조언을 제공해

---

6 Morpheus Venture Partners: 인도 최초의 민영 스타트업 액셀러레이터(스타트업에 초기 자금과 멘토링 등을 제공하는 단체)였는데, 2014년 2월에 활동을 중단했다.

줄 만한 조직이었다. 사미르 구글라니Sameer Guglani와 인더스 카이탄Indus Khaitan, 난디니 히리아니아Nandini Hirianniah는 경험이 많은 기업가였다. 중요한 미팅에 그들이 참석해 주는 것만으로도 프락토의 홍보에 공신력을 더할 수 있었다.

"나이도 있고 명함에 '벤처 파트너스'라고 새겨 넣은 분들과 함께 다니니까 고객들이 우리를 좀 더 진중하게 대하곤 했습니다."

하지만 결국 거래는 훌륭한 세일즈맨이 있어야 이루어지는 법이다. 프락토의 영업 팀은 빠르게 거래를 체결하는 요령을 터득해 나갔다. 그중 으뜸은 '즉각적인 만족감을 주는 것'이었다. 의사의 상상력을 사로잡고 그의 문제를 눈앞에서 해결해 주면 거래는 단숨에 체결된다.

"마법이 필요합니다. 시간 제한은 단 5분이에요. 마법을 보여 주지 못하면 파는 데 6개월이 걸리지만 마법만 보여 주면 바로 수표를 받아들고 나올 수 있습니다."

다행히 프락토는 '마법'처럼 사람들을 홀릴 만했다. 의사가 자신의 이름과 전화번호를 소프트웨어에 입력하게 하기만 하면 휴대전화에 진동이 울렸다.

세일즈맨은 그 순간을 놓치지 않았다. "이런 식으로 환자분들께 내원 일자를 상기시키는 메시지를 자동으로 보내면 어떨까요?"

"우와, 그런 게 가능한 줄 몰랐네요." 의사들은 이렇게 말하며 기꺼이 수표에 사인해 주었다.

구매 결정을 더욱 쉽게 만드는 요인이 있었으니, 바로 30일간의 '무료 체험' 기간을 제공하는 것이었다. 써 보고 만족한다면 연간 이용료를 내고 사용하는 것! 당시로서는 혁명적인 발상이었다.

"이용료를 지불하면서 소프트웨어를 사용하는 개념7은 당시 인도에서는 듣도 보도 못한 새로운 것이었습니다. 우리가 SaaS를 제공한 거의 최초의 회사였던 셈이죠."

의사들은 5000루피 정도에 소프트웨어를 구매해서 PC에 설치해 놓고 이용하는 데 익숙해져 있었다. 그런 사람들에게 이제 매년 프락토를 이용하는 대가로 1만 루피를 내놓으라고 요구하고 있었다. 아무리 제품을 맘에 들어 해도 그만큼의 이용료를 선뜻 지불하게 만들기란 결코 쉽지 않은 일이었다. 과학과 기술을 모두 동원해야 하는 일이었다.

과학은 소프트웨어의 백엔드8에 있는 대시보드에 있었다. 대시보드를 보면 소프트웨어에 로그인한 사용자 현황을 실시간으로 확인할 수 있었다. 그러고 나면 계약이 쉬워졌다. 기술적인 부분은 의사와 인간적 차원에서 관계를 맺는 작업이었다. 이는 다른 의사의 추천을 통해서 이뤄지기도 했다. 하지만 그에 머물지 않고 더욱 친밀한 관계로 발전해 나갔다.

"어떤 의사와 함께 그분의 딸을 데리러 가기도 하고 또 어떤 분이 잡은 다른 분과의 점심 약속에 동행하기도 하고…그렇게 관계를 쌓아 나갔죠."

2010년 3월 무렵 프락토는 월 200만 루피라는 꽤 괜찮은 매출

---

7 Software as a Service(Saas): 소프트웨어를 소유하고 직접 설치하여 사용하던 기존의 방식과 달리, 소프트웨어를 '서비스' 개념으로 제공 받고 이에 대한 이용료를 지불하는 식의 비즈니스 모델을 의미한다.
8 backend: 사용자와 직접적으로 상호 작용하지 않고 프로그래머 또는 관리자만 접근할 수 있는 소프트웨어 시스템의 후방 부분.

을 달성했고, 이를 토대로 투자자들에게 접근하기 시작했다. 하지만 관심을 기울이는 투자자가 없었다. 투자를 받기에 너무 이른 시점인데다, 프락토가 인도 시장만을 타깃으로 삼는다는 사실이 걸림돌로 작용했다.

"벤처 투자자들의 눈에는 22살 어린애들로 이뤄진 팀이 자기네 소프트웨어를 인도 사람, 그것도 의사들에게만 팔고 있는 것으로 보였던 것 같습니다. 검증이 안 된 모델이었던 거죠. 우릴 만나고 싶어 하는 사람이 없었어요!"

세상이 당신을 거부하면 당신에겐 두 가지 선택지가 있다. 하나는 방향을 바꾸고 세상이 원하는 모습으로 변모하는 것이다. 그렇다면 다른 하나는? 자신에게 솔직한 자세를 계속 유지하는 것이다. 카멜레온은 주변에 섞여들 수는 있어도 결코 뛰어난 존재가 될 수는 없다.

"의사 분들의 반응은 저희가 계속 나아갈 원동력이 되어 주었습니다. 저희는 의사들의 문제를 정말로 해결해 주고 있었거든요. 거기에는 의심의 여지가 없습니다."

인내와 끈기는 결실을 맺는 법. 2010년 9월 세콰이어 캐피탈Sequoia Capital의 샤일렌드라 싱Shailendra Singh이 프락토 관계자들과 만나기로 했다. 프락토의 젊은 팀은 전율했다. 마침내 '레드 카펫'을 밟은 느낌이었다.

"그날 우리는 세일즈 미팅 때문에 뭄바이로 출장을 다녀와야 했어요. 보통은 도시 열차를 타고 다니는데 그날만큼은 택시를 탔습니다. 벤처 투자자들을 만나서 나쁜 냄새를 풍기면 안 되니까요. 당시로서는 정말 비싼 투자를 한 셈이지요."

파렐에 있는 세콰이어 사무소 접견실에는 엄청난 성공을 거둔 인터넷 기업가들의 사진이 걸려 있었다. 스티브 잡스에서 세르게이 브린과 래리 페이지에 이르기까지. 세콰이어는 애플과 구글의 초기 투자자였다. 샤샹크는 휴대전화로 잽싸게 사진을 찍었다. "그렇게 찍은 사진을 아는 사람들에게 모조리 보냈죠. '봐라, 내가 여기 세콰이어 사무소에 와 있다!' 솔직히 다시 거기 갈 일이 없을 것 같다는 생각이 들었거든요."

이윽고 샤일렌드라 싱이 접견실로 들어섰고, 놀라운 한 시간짜리 미팅이 진행되었다. 다른 잠재 투자자를 만날 때와는 사뭇 다른 느낌이었다.

"일반적인 벤처 투자자는 대개 '이 사업이 얼마나 커질 것 같은가?' 내지는 '왜 시장 세그먼트가 그렇게 작은가?' 또는 '왜 프레젠테이션에서 투자수익률 같은 용어를 사용하지 않았는가?' 이런 질문을 합니다. 하지만 샤일렌드라 싱은 그 모든 것을 제쳐 놓고 이렇게 물었죠. '왜 이 일을 하는 건가요?'"

그 질문이 미팅에 불을 지핀 셈이 되었다. 샤샹크는 프락토가 의사를 위한 단순한 소프트웨어만이 아니며, 거기에는 좀 더 큰 비전과 사명, 곧 모든 환자의 모든 의무 기록을 디지털로 전환하려는 뜻이 있음을 열정적으로 설명했다.

샤샹크는 자유롭고 솔직하고 열렬하게 말을 토해 냈다. 한 시간이 지나자 샤일렌드라 싱이 입을 열었다. "훌륭한 아이디어 같군요. 우리가 이 정도 금액을 투자하고 싶은데 어떻습니까?" 샤샹크는 그가 제시한 액수를 듣고 자신의 귀를 의심했다.

"그 당시 우리의 은행 잔고는 네 자릿수 숫자였는데 그분이 제시

한 금액은 여덟 자리였어요. 꿈인가 생시인가 생각했죠."

충격에 싸인 채 샤샹크는 모피우스 벤처 파트너스에 전화를 걸어 무슨 일이 일어났는지 들려주었다. 그들 역시 말문이 막혔다. 그들의 포트폴리오에 있는 어느 회사도 이렇게 현장에서 제안을 받은 적이 없었기 때문이다.

모피우스는 내용을 확인하기 위해 투자자에게 전화를 걸었다. 샤일렌드라 답했다. "훌륭한 팀에 훌륭한 제품, 훌륭한 시장이 있고 아무도 발견하지 않은 상태인데 왜 투자를 마다합니까? 어서 지원해야지요!"

실제로 거래가 이뤄지는 데까지는 6개월이 걸렸다. 그동안 프락토는 회사를 검소하게 운영하며 수금이 들어오면 지불 건 하나를 처리하는 식으로 근근이 버텼다.

이렇게 쪼들리는 상황은 2011년 3월 세콰이어 캐피탈의 투자금이 들어오면서 끝이 났다. 투자금이 유입된 덕분에 급여도 오르고, 좀더 좋은 음식을 먹고 좀더 좋은 맥주를 마시게 됐다는 부작용이 생겼지만, 일만큼은 전보다 훨씬 더 강도 높게 박차를 가했다.

세콰이어와의 거래는 단순히 자금이 해결된 것뿐 아니라 검증의 문제도 해결되었음을 뜻했다. "1년 전만 해도 가족과 주변 사람들 모두 우리가 바보 짓거리를 한다고 말했는데, 이제 위대한 기업들을 지원해 온 이 벤처 캐피탈에서 우리보고 대단한 가능성을 지녔다고 말하니까, 마치 왕이라도 된 것 같았죠."

그 가상의 왕좌에 너무 오래 앉아 있어서는 안 된다는 것을, 얼른 일어나서 새로운 왕국을 정복하러 가야 한다는 것을 두 청년은 알았다. 그러려면 더 많은 장수와 더 많은 병사가 필요했다.

"우리는 세일즈에 초점을 맞췄습니다. 더 많은 수익을 올려서 다음 단계의 펀딩을 받을 만한 확실한 여건을 갖춰야 했거든요."

세일즈 팀은 나우크리닷컴naukri.com의 데이터베이스와 인적자원 컨설턴트의 도움을 받으며 빠르게 규모를 키웠다. 팀이 확대됨에 따라 여러 도시에 '멀쩡한' 사무실이 필요해졌다. 이 모든 것에는 당연히 돈이 들었다. 마침 은행에 돈이 있었지만 함부로 쓸 수 있는 돈은 아니었다.

"우리는 각 도시 중심가에 있는 건물의 층계 밑 공간, 책상 하나 정도 놓을 만한 작은 공간을 월 5000루피 정도에 임대해서 세일즈 팀원을 배치했습니다. 저비용으로 효율을 극대화하려고 신경썼습니다. 보통 이런 식으로 투자금을 활용했어요."

뭄바이에 새 사무실을 낼 때의 일이다. 임대 계약서에 서명하기에 앞서 샤샹크는 이사회 멤버 중 한 명에게 전화를 걸어 물었다. "임대료로 월 3만 5000루피를 써야 하는데 괜찮을까요?" 이사는 이렇게 답했다. "계약하세요. 필요해서 얻는 거잖아요. 그리고 앞으로는 이와 유사한 일로 내게 전화하는 일이 없도록 하세요."

이런 태도는 청교도 직업 윤리에서 비롯되었다. 그런 윤리 의식이 있었기에 투자금 없이도 프락토가 살아남을 수 있었고, 투자금이 들어온 후에는 번성할 수 있었던 것이다. 그들의 사업은 이후 단 6개월 사이에 '미친 듯이' 성장했다. 월 평균 20만 루피 주변을 맴돌던 수익은 수백만 루피 수준으로 치솟았다. 2012년 3월, 투자유치 1년 만에 프락토는 매출 2000만 루피를 달성하고 임직원 25명과 6개의 지점을 보유한 기업으로 성장해 있었다.

그 시점에 세콰이어에서 찾아와서 이렇게 말했다. "우리는 여러분이 그만큼의 돈으로 이런 성과를 올린 것을 아주 흡족하게 생각합니다. 이제 좀 더 많은 돈을 투자해 볼까 합니다."

2012년 중반, 세쿼이어는 프락토에 460만 달러를 투자했다. 그 돈으로 프락토 팀은 환자들이 사용할 수 있는 웹사이트 구축에 가장 먼저 착수하기로 했다. 2012년 8월, 프락토닷컴practo.com이 출범했고, 이제 환자들은 자신의 상태에 가장 적합한 도움을 줄 것 같은 의사를 찾아서 예약을 할 수 있게 됐다.

2012년 10월, 프락토는 싱가포르로 사업을 확장했고, 3개월 후 그곳에 사무실을 열었다. "인도가 물론 매우 큰 시장이라는 것은 잘 알고 있지만 글로벌 헬스케어 플랫폼으로 자리 잡으려는 야망을 이루려면 해외 시장으로 활동 무대를 계속 넓혀 나가야 합니다."

해외 사업은 또한 전략적 목적을 달성하기 위해서도 필요했다. 프락토는 이제 인도에 자회사를 둔 싱가포르 기업이 됐다. 기업공개IPO를 좀 더 쉽고 효과적으로 진행하기 위해서였다.

"세쿼이어는 장기적인 시야를 가지고 투자를 하지만, 어떤 투자자든 어느 시점에서는 출구가 필요한 법이지요."

기업가는 항상 성장을 추구하며 전망이 좋아 보이는 아이디어는 어떤 것이든 시도해 보고픈 욕구를 느낀다. 그럴 때 옆에서 올바른 방향으로 나아가도록 옆구리를 찔러 주는 것(넛지를 제공하는 것)이 훌륭한 벤처 캐피탈리스트의 역할이다.

"한번은 우리가 기업 간B2B 전자상거래 분야 진출을 검토하는데 세쿼이어에서 그러더군요. 이미 경쟁이 치열한 그 거친 동네에 왜 들어가려 하느냐고, 성공 확률이 매우 낮다고요. 결국 우리는 그러지 않기로 결정했습니다."

프락토 소프트웨어에 여러 가지 유용한 기능이 새롭게 추가되었지만 초점은 여전히 의사와 환자에게 맞추어져 있다. 의사들은 이제 프락토를 이용해 이메일이나 문자메시지로 처방전을 전송할 수 있을 뿐 아니라, 의무 기록과 검사 결과, 엑스레이 사진 등도 관리할 수 있다. 이 소프트웨어는 또한 환자 목록 관리는 물론, 진료비 청구서 발부와 예약 접수 업무까지 돕는다. 병원의 예약 접수 전화는 통화 중인 경우가 많지 않은가.

"우리는 프락토헬로PractoHello라는 이름의 '가상 접수원' 서비스를 제공합니다. 요일이나 시간에 상관없이 아무 때나 전화해도 진료 예약을 할 수 있어요."

프락토 팀은 또한 의사 전용 태블릿을 도입하는 방안에 열중하고 있다. 덕분에 환자들은 번거로운 양식을 일일이 채우는 대신 프락토를 이용해 손쉽게 신상을 등록할 수 있을 것이다.

지난 2년 사이에 프락토는 더욱 급속히 성장해 임직원 300명 규모에 수익 2억 루피를 달성하게 됐다. 1만 명의 의사가 프락토를 적극적으로 사용하고 있으며, 10만 명이 넘는 의료 종사자가 프락토닷컴에 회원으로 가입한 상태다. "우리의 목표는 2~3년 내에 인도의 의사 60~70퍼센트에 영향을 미치고 사업 지역을 4~5개국으로 늘리는 겁니다."

사람들은 자신이 이용하는 병원의 평균 대기 시간이 얼마나 되는지, 환자들이 어느 의사를 선호하는지 등을 정확히 알 수 없다. 놀라지 마시라, 이런 문제는 전 세계에 똑같이 존재한다. 이런 종류의 정보를 곧 프락토닷컴에서 얻을 수 있을 것이라 기대한다.

"은행업과 달리 헬스케어 분야의 기술 침투는 낮은 수준입니다. 이 상황이 바로 우리의 가장 큰 난제인 동시에 가장 큰 기회가 되는 것이지요." 필경 그래서 7명의 초기 팀원들이 여전히 프락토에서 일하고 있는 것이리라. 회사의 지분을 보유하고 조직 내에서 중요한 역할을 수행하면서 말이다.

"모두가 함께 성장하고 있습니다. 이것이야말로 정말 신나는 일이지요. 우리는 직원들이 이 회사를 2명의 기업가가 운영하는 곳이라 느끼지 않길 바랍니다. 구성원 모두가 팀으로 함께 운영하는 회사이니까요."

삶은 축구 경기와 같다.
공을 패스하는 팀원이 있어야 골을 넣을 수 있다는 얘기다.
사랑을 위해, 돈을 위해, 승리를 위해 뛰어라!
공이 바로 거기에 있다. 당신 바로 앞에.

젊은 기업가들에게 전하는 팁

아브히나브 랄 Abhinav Lal (왼쪽)
1988년생 | 수라트칼 국립 공과대학 | abhinav@practo.com

일찍 시작하세요. 대학에서 사업을 시작하면 시간을 활용하기에도 좋고, 책임 의식에 시달릴 필요도 없습니다. 잃을 게 별로 없으니까요. 고민해야 할 지점은 졸업 후에도 '사업을 계속 이어나갈 것인가 아니면 취업을 할 것인가?'입니다. 원래 저는 사업을 하더라도 2~3년 직장 생활을 먼저 하는 게 낫다고 생각했습니다. 하지만 저로서는 어쨌든 곧바로 사업에 뛰어들었으니 파도에 올라타는 게 제가 할 수 있는 최선의 선택이었던 것 같습니다.

　두 번째로 고려할 문제는 계획을 유지하는 것이 중요하다는 사실입니다. 물론 "10억 루피 규모의 기업으로 키우겠다"같이 모호한 비전보다는 "이 문제를 반드시 해결하고야 말겠다"처럼 집중된 비전을 세우는 것이 바람직합니다. 문제를 해결하면 다른 모든 것은 저절로 맞아떨어지게 되니까요.

젊은 기업가들에게 전하는 팁

샤샹크 N D Shashank N D (오른쪽)
1987년생 | 수라트칼 국립 공과대학 | shashank@practo.com

많은 사람들이 이미 스타트업을 위대한 기업으로 만들었습니다. 내 사업을 시도해도 되는 근거가 전보다 더 많아진 것이지요. 당장 뛰어들어 정말 멋진 일을 해내고 싶다는 생각이 들지 않나요?

야망(꿈)을 가지라고 얘기하고 싶습니다. 모두 부자가 되고 유명해지고 싶어 하지만 하룻밤 사이에 그렇게 될 수는 없습니다. 인맥 쌓기 행사에 너무 많이 참여하는 함정에 빠지지 마시기 바랍니다. 그런 데 가서 자신의 아이디어를 떠벌리며 시간을 허비하지 말고 아이디어를 구체화하는 데 시간과 노력을 투자하십시오.

20대 초반이라면 자신이 어떤 점에서 뛰어난지 스스로 증명해야 할 일이 많을 것입니다. 어떤 기회든 쉽게 찾아오지 않습니다. 열심히 일하고 뛰어난 제품을 만들어야 겨우 시장에 내놓을 기회가 옵니다. 이렇게 말하는 이유는 '판매'가 기업의 성공에 가장 중요한 요소이기 때문입니다.

인도에서는 회사를 성공시키려면 적어도 일하는 시간의 75퍼센트를 세일즈에 투자해야 합니다. '직접 대면하는' 미팅요. 저스트다이얼9과 나우크리Naukri, 조마토Zomato 같은 스타트업 역시 발로 뛰어서 오늘의 성공을 이끌어 냈답니다.

발로 뛰며 초점을 유지하다 보면 성공은 저절로 따라올 것입니다.

---

9 Justdial: 지역의 업종별 업체 목록 및 연락처 정보를 제공하는 검색 엔진

2. 폐기물에서 태어난 마법의 벽돌

매지크리트 빌딩 솔루션
MAGICRETE BUILDING SOLUTIONS PVT. LTD

인도의 친환경 건축자재의 선구적 회사. AAC라 불리는 친환경 블록으로 시작하여 친환경 자재에 관심이 없던 인도의 건축 문화를 바꾸고 MagicBond®, MagicPlast® 등 다양한 친환경 건축자재 등을 판매하며 50억 루피 이상의 매출을 내는 대기업으로 성장하였다.

www.magicrete.in
대표 소랍 반살, 푸닛 미탈, 싯다르트 반살
분야 건설자재
창업 2008년
본사 구자라트

카라그푸르 인도공과대학IIT Kharagpur 캠퍼스는 인적 드문 외진 곳에 있다. 카라그푸르는 인도 동부 서뱅골 주의 남서부에 위치한 조용하고 작은 마을로, 세계에서 가장 긴 철도 승강장이 있는 곳으로 유명하다. 하지만 쇼핑몰이나 멀티플렉스 같은 문화 시설은커녕 고급스러운 축에 드는 레스토랑조차 없다. 2008년에 처음 카라그푸르 공대를 방문했을 때 나는 이곳이 참 예스러운 곳이라 생각했다.

카라그푸르 캠퍼스에서 긴긴 밤을 보내는 가장 좋은 방법은 친구들과 어울리는 것이다. 기숙사 한 방에 모여 주전부리를 놓고 앉아 온갖 이야기를 주고받으며 떠드는, 이른바 '수다 모임'이 최고의 놀이문화다.

RK홀이라 불리는 기숙사 건물의 D-206호에서도 수다 모임이 한창 무르익고 있었다. 그날 저녁 D-206호에서 소랍 반살은 간식거리가 아닌 말도 안 되는 아이디어 몇 가지를 마구 버무려 샐러드를 만들고 있었다. 그날의 주제는 '무엇을 하며 살 것인가?'였다. 이런저런 이야기가 오갔다. 그러던 중 소랍이 자리에서 벌떡 일어나 '500억 루피'라고 벽에다 적었다.

"나는 창업을 하겠어. 그리고 500억 루피 매출 규모의 기업으로 키울 거야."

당시 소랍은 3학년이었다. 캠퍼스 스타트업 창업자 명함 같은 것도 없었지만 그는 자신이 무언가 만들고 싶어 한다는 것을 알았다.

막상 취업 시즌이 다가오면 스타트업에 대한 열망은 한풀 꺾이게 마련이다. 안정된 직장이라는 유혹을 거부할 수 있는 사람은 많지 않기 때문이다. 그러나 소랍은 그렇지 않았다. 명확한 계획이 있는 건 아니었지만, 어떤 사업에든 도전해 보겠다고 굳게 결심한 상태였다. 어쨌든 그는 기업가의 도시로 유명한 수라트 출신이 아니던가.

"당시엔 근거 없는 자신감에 사로잡혀 있었거든요. 다른 사람이 할 수 있는 일이라면 난 인도공대라는 학벌까지 있으니 더 잘 할 수 있을 거라고요."

7년 후, 그는 결국 자신의 확신이 옳았음을 입증했다. 그가 설립한 회사 매지크리트가 연 매출 15억 루피를 넘어서며 업계의 선두 주자로 자리매김한 것이다. 물론 이 정도가 끝이라고 생각하지는 않는다.

"나는 기필코 500억 루피의 매출을 올릴 것이다!"

기숙사 D-206호 벽에 쓰였던 글씨는 이미 페인트로 덧입혀졌겠지만 소랍 반살이 적어 놓은 마법의 숫자는 여전히 그의 머릿속에 깊이 각인되어 있다.

방마다 4개의 벽면이 있다. 누군가가 자신의 꿈을 휘갈겨 써 주길 기다리는 벽면 말이다. 벽에 꿈을 써라. 눈을 크게 뜨고, 꿈을 믿고 꿈을 실현하며 계속 꿈꾸길 바란다.

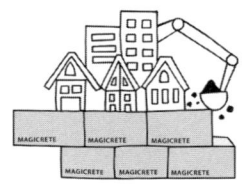

"아버지는 섬유 회사의 수출 담당 이사로 재직하시다가 1998년 생석회 생산에 뛰어드시면서 사업가가 되셨습니다."

소랍은 10학년 때부터 아버지의 사업을 돕기 시작했다. 고객을 만나는 자리에도 동행했고 아버지가 안 계실 때는 공장 가동 상황을 점검하기도 했다. 동생 싯다르트와 함께 마케팅 자료를 준비하기도 했다.

소랍은 자연스럽게 "나도 사업을 해 보고 싶다"라고 생각했다. 소랍의 생각대로라면 상경계열로 진학하는 것이 논리적인 선택이었겠지만, 아버지의 생각은 달랐다. "앞으로 기술이 세상을 지배할 것이다. 너는 반드시 공대에 가야 한다."

일반적으로 인도에서는 '우수한 학생'이 이공계로 진학한다. 그래서 소랍은 코타에 있는 (그 이름도 유명한) 반살 입시학원Bansal Classes에 등록했다. 인도공과대학 연합입학고사IITJEE 대비 특별반에서 공부한 소랍은 카라그푸르 인도공과대학IIT Kharagpur에 합격했다. 소랍의 성적은 1700+로 4년제 기술학사 과정BTech course에 들어가지는 못했지만, 산업공학 및 경영 복수학위 취득이 가능한 5년제 과정을 선택할 수 있었다.

"고등학교 때는 그저 남들이 하는 대로 따랐던 것 같아요. 그래서 친구들을 쫓아 공대로 진학했습니다. 처음 2년 동안은 그저 인도공대에 다닌다는 행복감에 젖어 살았어요. 인생의 모든 것이 다 술술 풀릴 것 같았죠."

하지만 3학년이 되면서 소랍은 앞으로 갈 길이 멀다는 사실을 깨달았다. 앞으로 무엇을 해야 할 것인가 선택해야 했다. 똑똑한 학생들만 모여 있는 곳에서 경쟁은 치열했다. 미국 대학원 입학 자격 시험GRE이나 일류 경영대학원 입학을 위한 경영학 공동 입학시험Common Admission Test, CAT을 준비하는 친구들도 있었다. 하지만 소랍은 대학원에 진학하고 싶지는 않았다. 2년이나 더 강의실에서 시간을 보내고 싶지 않았기 때문이다. 공부는 할 만큼 했다! 이제 학교 밖으로 나가 '실전'에 참여해야 할 때라고 생각했다.

"사실, 복수학위 과정 자체에 공급망과 기업가정신 같은 과목도 있었어요. 물론 전문 MBA 과정과 비교할 수 없지만 기본 교육은 받은 셈이지요."

우수한 학생이었지만 미적분학에 약했던 소랍은 10점 만점에 6점 정도의 성적을 얻는 수준이었다. 공학 분야에서 '잘나가는' 직장을 얻을 가능성은 별로 없었다. 사실 소랍은 취업을 하려고 하지도 않았다. 그의 머릿속은 아이디어로 가득했기 때문이다. 문제는 어떤 아이디어가 성공적인 비즈니스로 이어지느냐였다.

"직장 생활에 매력을 느껴 본 적이 없었습니다. 다른 사람 밑에서 일하고 싶지 않았어요. 처음에는 기술학사 과정 프로젝트로 공부했던 무선 식별Radio Frequency Identification, RFID, 전자태그과 관련된 분야의 사업을 생각했습니다. 사업 아이템으로 염두에 두고 있던 두 번째 분야는 도로 화물 운송 온라인 장터였고, 세 번째 아이디어는 디지털 광고 네트워크였습니다."

소랍의 머릿속은 이런 저런 흥미로운 아이디어로 넘쳐났다. 그중 대부분은 아직 체계가 없는 분야의 '체계를 잡는 일'이었다. 소랍은 아이디어를 구체화해 기술 경영 박람회에서 열리는 사업 계획 및 전략 경연 대회에 여러 번 참가했다. 그리고 마침내 그의 사업 계획 중 하나가 첸나이 인도공과대학IIT Chennai에서 매년 열리는 소셜 비즈니스 계획 경연 대회에서 3위에 입상하며 주목을 받았다. 위성 위치 확인 시스템GPS을 어선에 장착해 쓰나미 피해로부터 어민들을 보호하는 것을 주목적으로 하는 사업 계획이었다.

소랍이 무엇을 할지 고민을 거듭하는 동안, 동생 싯다르트는 다른 길을 걷고 있었다. 소랍보다 한 살 아래인 싯다르트는 언제나 1등을 놓치지 않는 '명석한' 학생이었다. 델리 인도공과대학IIT Delhi에서 공학물리학을 전공하던 싯다르트는 형 소랍과 같은 해에 졸업할 예정이었는데, MBA 취득 후 컨설팅 회사에 취직할 요량으로 CAT 시험을 선택했다.

"어느 시점에선가 우리는 둘 중 한 명은 일반적인 경로를 밟아 직장에 다니는 게 좋겠다고 생각했습니다. 사람이 필요할 만큼 성장한 후에 사업에 합류해도 되니까요."

소랍은 카라그푸르 공대를 떠나야 할 날이 점점 다가오고 있음을 알고 있었지만, 아직 명확한 방향을 정하지 못하고 있었다.

졸업을 두 달 앞둔 어느 날, 수라트에 사는 아버지의 지인이 '태양에너지'가 새롭게 부상하고 있는 사업 분야라고 말해 주었다. 소랍은 태양에너지와 관련된 자료를 찾아서 읽기 시작했고, 박막태양전지라는 기술이 떠오르고 있음을 발견했다. 2007년 5월, 소랍은 자신의 아이디어를 실행에 옮길 준비를 마치고 수라트로 돌아왔다.

"아주 좋은 기회라고 판단했고 태양에너지에 관해 말씀하셨던 아버지의 지인도 기꺼이 투자하겠다고 했습니다."

소랍은 독일에서 열린 박람회에 참석하는 등 창업에 앞서 3개월간 관련 분야를 조사했다. 유럽의 경우 각국 정부에서 태양에너지 사업에 많은 보조금을 지원하기 때문에 기업이 수익을 보장 받을 수 있는데 인도에는 정부 지원 같은 우대 정책이 전혀 없다는 사실을 깨달았다. "결국 태양에너지 사업은 포기하고 아버지가 운영하시던 생석회 공장에서 일하기 시작했습니다."

오래된 비즈니스에 젊은 피가 수혈되면 아드레날린 주사를 맞은 듯한 효과가 발생한다. 소랍은 공장을 좀 더 효율적으로 가동시켜 생산성을 늘릴 방법을 연구하기 시작했다. 하지만 생산량만 늘린다고 해서 좋은 것은 아니다. 생산된 제품의 수요가 있어야 한다.

"생석회는 보통 배수 처리에 사용되는데, 생석회로 할 수 있는 다른 일이 없을까 궁리했습니다."

어느 날 아침 소랍은 한 손님이 생석회를 대량으로 주문한 사실을 알았다. 보통 주문량은 50~100톤 정도인데 그는 수천 톤을 주문한 것이었다. 호기심이 발동했다. 이 사람들은 그 많은 생석회로 대체 무엇을 하려는 것일까?

대량으로 주문한 고객은 시포렉스Siporex라는 회사였다. 그들은 건축자재인 가압 기포 콘크리트Autoclaved Aerated Concrete, AAC 블록을 생산하고 있었다. "그 회사의 생산 공장을 직접 찾아가 보기로 마음먹었습니다. 생석회로 정확히 뭘 만드는지 알고 싶어서였습니다."

소랍은 푸네에 있는 시포렉스 공장을 찾아갔다. 그들의 제품을 판매하고 싶어 하는 유통업자인 척해서 공장 내부를 둘러볼 수 있었다. 소랍은 이 업계에 기회가 많다고 결론 내렸다. 하지만 마음에 걸리는 부분이 있었다. 성장의 기회가 많은 업계인데 왜 뛰어든 제조회사는 별로 없을까? 당시 시포렉스를 제외하고 AAC 블록을 생산하는 업체는 전국에 단 3곳뿐이었다.

"제품에 관해 조사해 보니까 AAC 블록은 일반 벽돌에 비해 10배 크고 중량은 70퍼센트나 가벼웠습니다. 하지만 가격이 2배에 달했기 때문에 상용화되지 않았던 겁니다."

단가를 낮출 수 있다면 엄청난 잠재력을 보유한 시장이었다. 물론 하나의 생산라인을 건설하는 데 드는 비용이 적어도 2억 5000만 루피였으니 자본집약적인 프로젝트였다. 이제 갓 대학을 졸업한 사회초년생에게 그 정도의 자금이 있을 리 만무했다. 아버지로부터는 한 푼도 도움을 받지 않겠다고 늘 생각해 왔다. 게다가 아버지의 사업은 그 정도의 투자를 할 만큼 규모가 크지도 않았다.

그러나 소랍은 마음 한구석으로 돈은 어떻게든 구할 수 있다고 생각했다. 훌륭한 아이디어는 자석처럼 투자자를 끌어들일 것이라는 믿음이 있었던 것이다. "꿈을 크게 꾸고 꾸준히 아이디어를 만들어 낸다면 좋은 아이디어에 투자해 줄 사람은 얼마든지 있습니다. 자금은 큰 문제가 되지 않아요."

시장을 연구하기 시작한 젊은 엔지니어는 이내 흥분에 휩싸였다. 벽돌 제조업의 시장 규모는 5000억 루피에 달했지만 철강이나 시멘트 업계와는 달리 아직 체계를 갖춘 기업을 찾아볼 수 없었던 것이다. 널리 알려진 브랜드도 없었고 품질의 지속성도 보장되지 않았다. "철강과 시멘트 업계에 상장회사들이 있는데 벽돌 업계에 그런 기업을 키워 내지 못할 이유가 없다고 생각했습니다."

소랍은 유럽과 아시아 지역을 대상으로 동종 업계의 과거와 현재를 살펴보았다. 인도 시장도 글로벌 추세를 따르게 될 것임을 확신했기 때문이다. 중국에서는 새로 짓는 건축물의 50퍼센트에 AAC 블록이 사용되고 있었다. 소랍은 자세히 조사하면서 구체적인 사업계획을 세워 나갔다. 운영은 효율적으로 하면서 생산원가는 절감한 사업 계획이었다.

"시포렉스 공장에서는 경유 보일러를 사용하고 있었습니다. 석탄 보일러로 바꾸면 60~70퍼센트 정도 비용을 줄일 수 있죠. 그렇게 원가를 낮출 수 있는 부분은 아주 많았습니다."

그렇다 하더라도 AAC 블록은 여전히 일반 벽돌에 비해 20~50퍼센트 정도 가격이 높을 것이다. 하지만 건설업자의 입장에서는 모르타르와 회반죽, 강철 등의 자재비를 절감하여 전체적인 건설 비용을 기존보다 크게 낮출 수 있었다. 사업 제안에서 아주 매력적인 요소였다. 이제 투자가들에게 제의할 모든 준비가 끝난 셈이었다.

그 무렵 싯다르트는 러크나우 경영대학원IIM Lucknow 2학년에 다니며 투자 회사 베어링 프라이빗 에쿼티Baring Private Equity에서 여름 인턴십을 막 마친 상태였다. 싯다르트는 거기서 쌓은 인맥을 동원해 고위 경영진과의 미팅을 주선했다. 그렇게 베어링 프라이빗 에쿼티 경영진을 만난 반살 형제는 5년 내에 10개의 생산 라인을 구축해 100억 루피의 매출을 달성하겠다는 대담한 사업 계획을 펼쳐 보였다.

"지금 돌이켜 보면 우리 계획은 지나치게 야심찼어요. 한창 젊을 때라서 의욕만 넘쳤지 앞으로 어떤 벽을 맞닥뜨리게 될지 전혀 생각지도 못했죠."

그럼에도 불구하고 베어링에서는 '괜찮은 사업 아이디어'라는 평가가 나왔다. 베어링은 주로 성장 궤도에 진입한 기존 기업의 성장 속도를 높이려는 목적으로 500만 달러 이상을 투자하는 펀드였다. 반살 형제처럼 시작하는 단계의 사업 계획은 투자를 유치할 수 없었다.

"'우리는 스타트업에 투자하지 않는다'고 말하더군요. 그래서 (신생 기업이나 벤처기업에 투자하는) 엔젤 투자자들을 만나기 시작했습니다."

수라트에서 엔젤 투자자는 대개 '삼촌'이라고 불린다. 고액자산가 High Net Worth Individuals, 즉 큰손 부자들이 엔젤 투자자로 나서는 경우가 많기 때문이다. 라제시 포다르Rajesh Poddar씨는 소랍의 그런 '삼촌' 중 한 명이었다. 탄탄한 사업체를 운영하고 있던 그는 소랍의 프로젝트를 면밀히 검토한 후 사업성이 있다고 판단했다. 더욱이 소랍이야말로 프로젝트를 이끌어갈 적임자라고 확신하기도 했다. 어리지만 능력이 충분하다고 본 것이다. 포다르 씨는 지분의 70퍼센트를 보유하는 조건으로 1억 루피의 투자금을 약속했다.

"처음에는 지분의 대부분을 제가 보유해야 한다고 생각했기 때문에 망설였습니다. 하지만 좀 더 현실적으로 생각하게 됐죠. '나는 이제 겨우 경력을 쌓기 시작했는데 나를 이렇게 믿어 주는 것만도 고마운 일 아닌가. 일단 시작해 보자!'"

투자금에 대한 합의가 이루어진 후, 푸닛 미탈의 합류에 대한 이야기가 흘러 나왔다. 회계학을 전공한 푸닛은 당시 졸업 시험을 앞두고 있었다. 푸닛의 아버지와 라제시 포다르는 섬유 회사의 동업자 관계로, 두 가족 간에 이미 깊은 신뢰 관계가 형성되어 있었다.

"포다르 씨께서 이 새로운 프로젝트를 검토해 보고 합류할 의사가 있는지 물어보셨어요." 푸닛의 말이다.

푸닛은 자신의 회계학 지식을 활용해 소랍의 사업 계획을 검토한 후 성장 가능성이 높은 사업이라는 결론에 이르렀다. 하지만 서류상으로 볼 때 성장성이 높은 것과 현실은 얼마든지 다를 수 있었다. 결국 합류하려면 즉 과감하게 모험에 도전할 결심을 해야 했다. "리스크 요소가 없는 것은 아니었지만 열심히 한다면 성공할 수 있을 것이라고 직감했습니다."

2008년 4월, 매지크리트 건축솔루션 유한회사(Magicrete Building Solution Pvt. Ltd)가 정식으로 설립되었고 라제시 포다르와 소랍 반살 그리고 푸닛 미탈 등으로 이사회가 구성되었다. 소랍은 최고경영자(CEO), 푸닛은 최고재무책임자(CFO)로 임명되었다. 두 사람 중 누구도 경영이나 재무 관리 같은 일을 해 본 경험은 없었지만 무언가 새로운 것, 좋은 것을 시작하는 느낌이었다. 여행을 떠나는 것 같은 출발이랄까.

다행스러운 것은 투자자에게도 일종의 모험심이 있었다는 점이다. 포다르 씨를 비롯한 두 젊은 기업가들이 한 자리에 모인 자리에서 포다르 씨는 이렇게 질문했다. "이 프로젝트에서는 1일 트럭 30대 분량의 생산 능력을 갖추기로 되어 있는데, 일단 트럭 3대 분량을 생산하는 것으로 시작할 수 있겠습니까?"

푸닛이 고개를 끄덕였다. "네!"

"1년 후에 상황을 다시 점검해 보기로 합시다."

로마는 하루아침에 건설된 것이 아니다. 기업도 마찬가지다. 애초의 계획대로라면 2009년 일사분기까지 생산 라인 1개를 건설하고 제품 생산을 시작해야 했다. 그러나 계획대로 되지 않았다. 토목공사는 일정대로 개시되었지만 이내 중단되고 말았다. 공장 부지가 위치한 곳은 수라트의 농촌 마을인 팔사나 딸루카였다. 주민들이 공장 매연 때문에 농작물에 피해가 갈까 봐 시위를 벌인 것이다.

"우리는 갈루다 주민 회의에 참석해 공식적인 프레젠테이션을 하고 다양한 오염방지 대책에 대해 설명했습니다. 하지만 마을 주민들은 요지부동이었습니다."

결국 부지를 다른 곳으로 이동하기로 결정했다. 그 동안 전체 프로젝트가 6개월가량 지연되고 말았다.

이 기간에도 두 청년은 프로젝트의 추진에 필요한 1억 루피를 추가로 마련하기 위해 은행을 방문하며 분주하게 움직였다. 이들 사회 초년생들을 믿고 대출을 결정해 준 은행은 인디아 스테이트 은행State Bank of India이었다.

"처음 은행 대출을 받았을 때의 느낌을 아직도 기억합니다. 은행에서 우리에게 1억 루피라는 거금을 신용 대출로 빌려줬어요. 대단한 일이 아닐 수 없었죠!"

"초기 몇 년 동안은 모든 게 혁신처럼 느껴졌습니다. 업계의 일반적인 일들을 할 때조차도요."

업계에 처음 발을 들여놓는 신참들에게는 매일 매일이 배움과 새로움의 연속이었다. 기계 장비를 수입할 경우 12~13퍼센트의 이율이 적용되는 은행 대출을 받는 것이 일반적이었다. 그러나 소랍은 '구매자 신용공여한도'라는 개념을 우연히 접하게 되었다. 이것을 이용하면 고금리 대출을 받는 대신 리보금리10에 0.5퍼센트만 가산한 금리로 자금을 조달할 수 있었다.

"2퍼센트의 이자율로 돈을 빌릴 수 있다는 것을 깨달았을 때 우리는 마치 마법에 홀린 듯했습니다."

하지만 이같은 방식의 대출은 손실 위험을 상쇄하기 위해 반드시 헤지11 거래를 해야 한다. 리스크를 줄이기 위한 수단으로 주로 사용하는 방식이 7~8퍼센트 금리로 선도거래12를 하는 것이었다. 소랍은 추가적인 조사를 통해 리스크가 조금 더 크기는 하지만 콜 스프레드13를 활용하면 이 비용마저 절감할 수 있다는 것도 알게 되었다. 이런 방법을 동원해 4~5퍼센트 대 이자율로 자금을 조달할 수 있었다.

다음으로 넘어야 할 산은 기계 장비 수입이었다. 최신 기술이 적용된 장비는 중국에서 수입해야 했지만 좋은 업체를 식별하기란 어려운 일이었다. 거래를 위한 모든 협상을 통역을 거쳐 수행해야 하는 상황에서는 더더욱 그랬다.

어느 분야 어떤 업종에든 좋은 공급업체와 그렇지 않은 업체가

---

10   London inter-bank offered rates, LIBOR: 우량 은행 간 단기자금을 거래할 때 적용하는 기준 금리
11   hedge: 양쪽에 걸어서 손해를 막는 방식의 손실 리스크 방지책
12   forward contract: 특정 자산을 약정된 가격으로 미래의 일정 시점에 사거나 팔기로 약정하는 거래
13   call spread: 콜 옵션을 동시에 사고 파는 방식

있기 마련이다. 그 둘을 구별하는 것은 무엇보다 중요하다. 하지만 많은 경우 처음에는 어쩔 수 없이 누군가를 그냥 믿고 일을 진행할 수밖에 없다. 중국인들과 거래하는 것이 처음이었지만 정말 운 좋게도 그들은 마음에 드는 업체를 만났다.

2009년 4월, 새로운 공장 부지인 나브사리 지역 아락 마을에서 토목공사가 시작되었고 그 다음 달에는 기계 장비가 도착했다. 2009년 10월, 매지크리트는 제품 생산을 위한 모든 준비를 완료했다. 생산 과정을 거쳐 첫 번째 제품이 공장에서 만들어져 나오면서 두 사람은 또 한 번 커다란 난관에 봉착했다. 누구에게 판단 말인가?
 "이미 AAC 블록을 사용하고 있는 구매자라면 우리 제품도 구매할 것이라고 생각했죠. 하지만 그 시장이 너무나 작았던 겁니다."
 벽돌을 쓰는 건축업자들이 AAC 블록으로 눈을 돌리게 해야 판매할 수 있는 상황이었다. 단순히 가격이 저렴하다고 해서 고객의 마음을 돌리기는 어려웠다. 벽돌은 인류가 천 년도 넘게 사용해 온 기술이었고 사람들은 그에 익숙해져 있었다. 변화는 결코 쉽게 이루어지지 않는 법이었다.
 "사람들이 이런 질문을 했습니다. '회반죽은 어떻게 바르고 못질은 또 어떻게 하죠? 건물이 무너지기라도 하면 어쩌죠!'"
 푸딩의 맛은 먹어 봐야 알 수 있다. 라제시 포다르는 자신의 회사에서 만든 제품을 구매한 첫 번째 고객이 되기로 했다. 자신이 추진 중인 부동산 개발 프로젝트에 AAC 블록을 사용하기로 결정했다. 또한 자신의 젊은 동업자들을 수라트 지역의 대규모 건설사인 라구비르 개발Raghuveer Developers에 소개했다.

미팅 장소에 도착한 소랍은 자신감에 차 있었다. 어쨌거나 그는 혁신적인 제품을 판매하는 인도공과대학 출신의 엘리트였고, 그의 말마따나 카라그푸르 공대에서 그가 얻은 최고의 자산은 무엇이든 할 수 있다는 자신감이었으니까. 소랍은 AAC 블록을 판매하기 위해 에너지 효율이 높고 환경 친화적[14]이라는 장점을 부각시키면 될 것이라 생각했다. 그러나 미팅이 시작되고 5분이 채 지나지 않아 그의 이상적인 생각은 산산이 부서지고 말았다.

"건설업자는 제품이 환경 친화적인지 아닌지 혹은 에너지 효율이 좋은지 나쁜지 따위에는 아무런 관심이 없다는 사실을 그제서야 깨달았습니다. 건설업자가 오로지 관심을 갖는 부분은 이 제품으로 교체하면 얼마나 효율적인가 하는 것이었습니다."

고객은 소랍의 눈앞에서 벽돌을 사용해 100평방피트 면적의 벽을 시공하기 위해서는 450개의 벽돌과 6퍼센트의 모르타르가 필요하다는 계산을 내보였다. 그리고 동전 한 푼까지 세밀하게 산출한 시공 단가도 제시했다. 그러나 소랍은 자신의 제품을 적용한 시공 단가 산출표가 준비되어 있지 않았다.

"항상 사전 준비를 철저히 해야 한다는 깨달음도 얻었습니다."

사무실로 돌아온 그는 곧장 단가 비교표를 작성하기 시작했다. 4인치 벽돌과 4인치 블록, 9인치 벽돌과 9인치 블록을 서로 비교한 가격표를 두고 평방피트당 실제 소요 비용을 산출한 것이다. 그런 다음, 구조 공학자에게 AAC 블록으로만 시공한 건물에 대한 사례 보고서를 준비하도록 의뢰했다. 구조 공학자는 블록으로만 시공하

---

[14] 전통적인 벽돌을 생산하는 데 요구되는 에너지의 20퍼센트로 AAC 블록을 만들 수 있다.

는 구조물의 경우 철강 사용량이 기존의 15퍼센트에 불과할 것이라는 추정치를 내놓았다.

"블록의 시공 단가는 평방피트당 30루피였습니다. 건물의 벽 하나를 세우는 데 70루피면 충분하도록 만들고 싶었습니다. 철강 사용량을 줄이는 것만으로 전체 건설비용을 평방피트당 25루피나 절감할 수 있어요. 엄청나게 유익한 가치 제안이 될 수 있었죠. 이제 우리의 과제는 어떻게 비즈니스를 견고하게 하느냐였습니다."

소랍이 제시한 숫자들은 라구비르 개발의 구미를 당기기에 충분했고, 그들은 즉시 모든 프로젝트에 블록을 사용하기 시작했다. 곧 지역의 다른 건설사들도 라구비르 개발을 따라 움직였다. 여기서 힘을 얻은 매지크리트는 거대 시장인 뭄바이로 진출하기로 결정했다. 사실 뭄바이 시장의 공략은 상대적으로 쉬웠다. 건설사들이 이미 시포렉스의 AAC 블록을 사용하고 있었기 때문이다.

뭄바이 시장을 공략하려면 충분한 물량 공급이 보장되어야 했다. 시포렉스는 시장을 독점하고 있었지만 수요를 충족하지는 못하고 있었기 때문이다. 유통업자들은 상대적으로 가격이 저렴한 매지크리트의 AAC 블록을 기꺼이 쌓아 놓고 싶어 했다.

"우리는 건설업자들에게도 접촉해서 우리가 필요한 물량을 적시에 제공할 수 있다고 설득했죠."

사실 시포렉스는 비지셔크BG Shirke 건설 그룹의 자회사로, 공장 가동의 주요 목표가 모기업의 프로젝트에 필요한 자재를 공급하는 것이었다. 그에 반해 매지크리트는 AAC 블록 제품의 생산과 판매가 사업의 전부이자 유일한 목표였다. 덕분에 매지크리트는 설립 첫 해에 매출 8000만 루피를 달성할 수 있었다. 그것만으로도 훌륭한 성과였지만 공장 가동률은 30퍼센트 수준에 머물러 있다는 점이 아쉬웠다. 이제 아흐메다바드나 바도다라 같은 대도시로 뻗어나가 새로운 시장을 개척해야 했다. 그러나 장수 한 명이 모든 싸움터를 다 지휘할 수는 없는 노릇이었다.

"생산 과정을 관리하는 동시에 각 지역을 돌며 영업까지 해야 하는 상황이 힘에 부쳤습니다. 그래서 팀을 구축해야겠다고 생각했죠. 저보다 더 대단한 능력을 발휘할 수 있는 유능한 팀을 구성하기로 마음먹었습니다."

어느 분야 어느 직종에 종사하는 기업가든 늘 '적임자'를 찾고 있다. 문제는 어디서 그런 인재를 구할 것인가?

소랍은 카라그푸르 공대 동창 중에서 적임자를 물색했다. 졸업 전에 취업을 해서 이미 직장에 다니는 친구들이었지만 소랍은 '더 나은' 조건을 제시했다. 바로 위대한 모험에 동참할 기회였다.

첫 번째 합류자는 스리칸트였다. 소랍의 1년 후배로 같은 기숙사를 쓰며 알게 된 친구였다. 스리칸트는 뭄바이 지역 마케팅 담당자로서 서부 지방의 시장을 계속 확장해 나가는 일을 맡았다. 다음으로는 고우라브 센가르가 합류했다. 센가르는 소랍의 동기로 자신의 벤처 사업을 운영하고 있었지만 그다지 주목을 끌지는 못하고 있던 터였다. 소랍은 이렇게 제안했다. "우리는 펀딩에 성공해 자본이 탄탄하니 함께 손잡고 열심히 일하면 같이 성장할 수 있을 거야."

그 무렵 소랍은 결혼을 하게 됐고, 아내 스웨따도 회사 일에 동참하게 되었다. 그녀의 MBA 학위를 새로운 생산 라인 구축과 가동에 활용할 수 있게 되었다. "스웨따는 제게 너무나 큰 행운이죠!"

2011년 3월 매지크리트의 매출은 4배로 늘어나 3억 1000만 루피에 이르렀다. 제1공장은 이제 15만 입방미터를 채울 양을 생산할 수 있게 됐고, 바로 옆에 제2공장까지 세워진 상태였다. 이 두 공장에서 생산되는 블록 제품이 (반경 250킬로미터 내의) 서부 지역 전체 수요를 충당하고 있었다. 이제 더 크게 확장할 때가 온 것이다.

"델리 인근에 제3공장을 건설하기로 결정했습니다. 수도권 시장을 공략하기 위한 것이었죠."

매지크리트는 구글 지도를 활용한 조사 작업을 거쳐 이상적인 공장 부지로 하리아나 주 자흐자르를 선정했다. 자흐자르는 발전소와 거리가 가까워 AAC 블록 제조에 필요한 주요 원재료 중 하나인 플라이애시15를 정기적으로 공급 받을 수 있었다. 또한 자이푸르, 아그라, 찬디가르 같은 주요 시장을 공략하기에도 적절한 위치였다.

그 시점에 싯다르트가 회사에 합류했다. 그러면서 함께 투자가들을 접촉해 보기로 했다. 싯다르트는 러크나우 경영대학원을 졸업한 후 맥킨지McKinsey에 잠시 몸을 담았다가 사모투자회사인 라이트하우스Lighthouse로 자리를 옮겨 경력을 쌓았다. 덕분에 그는 사모펀드 업계에 관한 해박한 지식을 보유했고, 이는 아직 신생기업이던 매지크리트에 크나큰 자산으로 작용했다.

첫 번째로는 라이트하우스를 만났다. 그들은 즉각 관심을 보이며 거래 조건을 제시해 왔다. 그러나 매지크리트는 아벤두스 아이뱅크Avendus i-bank에 있던 싯다르트의 인맥을 통해 몇몇 사모 투자회사들에게도 프로젝트를 소개해 놓고 잠시 추이를 지켜봤다. 마침내 2013년 3월, 모틸랄 오스왈 프라이빗 에쿼티Motilal Oswal Private Equity에서 매지

---

15 fly ash: 발전소 등의 미분탄 연소 보일러에서 집진기로 채취한 석탄재

크리트의 확장을 위해 3억 5000만 루피를 투자하기로 확정했다.

"투자가들을 접촉했을 때 그들이 가장 중요하게 생각한 것은 우리가 얼마나 훌륭한 팀인가 였습니다. 전문 분야 학위와 인도공과대학 출신이라는 간판이 분명 도움이 되었죠."

5년이라는 짧은 기간에 전도유망한 기업으로 성장하다니, 실로 장족의 발전이었다. 2013년 3월 기준 연 매출도 10억 루피를 달성했다. 그렇게 인상적인 성과를 거두었으면서도 팀원들은 샴페인을 터뜨리지 않았다. 그저 담담히 성과만 파악하는 분위기였다.

"사실 지금까지 회사가 성장해 온 과정은 2007년에서 2008년쯤 이미 구상했던 것입니다. 사업 계획을 수립할 때부터 8~10개의 공장을 보유하겠다는 그림을 그렸던 겁니다."

어떤 유형의 비즈니스라도 급격한 학습곡선을 따르기 마련이다. 순례의 길을 걸어가듯 신념과 불굴의 용기로 그 산을 넘어야 하는 것이다. 그 과정을 거치지 않고 건너뛰게 도와주는 이른바 '헬리콥터' 서비스 같은 것은 존재하지 않는다.

"어떤 비즈니스든 완벽히 습득하기까지 최소 5년은 소요됩니다. 그후에야 진정한 성장이 시작되는 것이죠."

2012년 11월, 또 한 명의 인도공대 동문이 급속한 성장세를 타고 있던 매지크리트에 합류했다. 소랍의 1년 선배이자 기계공학을 전공한 싯다르트 샤르마는 현재 매지크리트의 전략적 운영을 책임지고 있다. 매지크리트는 맨 위에서 맨 아래에 이르기까지 능력을 최우선시하는 성과주의 조직이다.

"회사에 필요한 인재는 어떤 직책이든 구인 광고를 통해 모집합니다. 지원자는 반드시 시험을 거쳐야 하고 면접도 봐야 합니다."

매지크리트의 인재 선발은 인맥이 아니라 능력을 기준으로 삼는다. 여기에 더해, 열정적이고 기꺼이 배우려는 자세도 선발 기준에 포함된다. 직원의 대부분은 지역의 상경계열 학사 출신이며 상근 공인회계사도 두 명 있다.

재무적 관점에서 보자면 가장 크게 발전한 부분은 다름 아닌 현금흐름 관리다. "사업을 하다 보면 지불과 수금 과정에서 언제나 갈등이 발생하게 마련이죠." 푸닛이 말을 잇는다. "초기에는 대금 지불기한이 7일인데도 2~3개월 후에야 수금되는 경우가 많았습니다. 당연히 회사의 유동자금에 악영향을 미치죠. 하지만 좀 더 엄격한 모니터링과 시스템 덕분에 서서히 그런 상황을 통제할 수 있게 되었습니다. 지금은 강력한 전사적 자원관리Enterprise Resource Planning, ERP 시스템 덕분에 지불 기한을 넘기면 다음 선적 작업을 자동으로 보류시키는 등의 관리가 가능해졌습니다." 이처럼 사업의 비결은 강의실에서 배우는 게 아니라 실전 경험을 통해 어렵게 터득하는 것이다.

2014년 3월 현재 매지크리트의 연 매출은 13억 루피를 넘어섰으며 1500개 이상의 건설사와 거래하고 있다. 그러나 경쟁도 그만큼 치열해졌다. 현재 전국에서 가동 중인 AAC 블록 생산 공장 수는 50개가 넘는다. 자연히 이윤도 급격히 떨어져 40퍼센트에서 20퍼센트 수준까지 감소했다.

그렇다면 어떻게 비즈니스에 '방어막'을 둘러칠 수 있을까?

"우리는 오디샤나 카르나타카같이 아직 제조업체가 거의 없는 신규 시장을 개척해 나가고 있습니다."

매지크리트는 한 걸음 더 멀리 내다보는 일에 더욱 중점을 두고 있다. 그래서 이미 두 가지 신규 사업에 착수했다. 바로 건조 모르타르와 조립식 건축(공장에서 만드는 주택)이다. 이들 젊은 기업가들은 현장 노동력이 부족한 상황이 도래할 것이라고 믿고 있다. 앞으로는 현장 시공에 많은 인건비가 들어갈 것이라는 의미다.

"언젠가는 공장에서 만든 솔루션을 현장에 옮겨 놓는 방식이 자리를 잡을 것입니다. 어디서나 조립식 건물을 쉽게 볼 수 있는 날이 오겠지요!"

매직크리트 팀원 모두는 자신들의 제품이 지닌 환경 친화적 속성에 대해 강한 자부심을 가지고 있다. AAC 블록은 철강 회사와 발전소에서 발생하는 폐기물인 플라이애시를 주원료로 하여 만들어지기 때문이다. "우리는 수백만 톤의 플라이애시를 재활용하고 그로부터 이익을 만들어 냅니다. 쓰레기에서 부를 창출하는 셈이죠!"

이들 젊은 기업가들은 향후 2~3년 내에 기업을 상장할 생각이다. 그들에게는 일과 관련된 야심찬 포부도 있지만 가족, 친구, 아빠 노릇 같은 인생의 '또 다른' 중요한 것들에 대한 인식도 제대로 박혀 있다. 반살 형제와 푸닛은 모두 어리고 예쁜 딸들의 자랑스러운 아빠다. 아기에게 젖병을 물리고 기저귀를 갈아 주는 일 역시 삶의 일부이지 않은가. 특히 이제 갓 태어난 쌍둥이의 아빠가 된 소랍에게는 더욱 그럴 것이다.

"아버지께서는 항상 인생에는 여섯 가지 축이 있다고 말씀하셨어요. 재정, 가족, 사회, 신체, 감정, 정신. 이 여섯 가지 축의 균형이 무너지지 않도록 의식적으로 노력해야 합니다."

이래서 안 되고, 저래서 안 된다고 말하는
사람들이 많다. 하지만 불가능이란 없다.
여러분이 이 문장을 머리로 인식하고
마음으로 믿는다면 결국엔 성취할 수 있다.
포기하지 말고 시도하길!

젊은 기업가들에게 전하는 팁

소랍 반살 Sourabh Bansal

1984년생 | 카라그푸르 인도공과대학 | sbansal@magicrete.in

꿈을 크게 가지세요. 기숙사 침대 옆 벽에 '500억 루피'라고 적었다던 제 이야기, 기억하시죠? 그때 친구들은 도대체 무슨 뜻이냐고 묻기도 하고, 알고 나면 보통은 '미쳤다'고 말하며 비웃었습니다. 저는 어째서인지 아주 배짱 있게, 당연히 그 목표를 이룰 수 있을 거라고 생각했습니다. 당시 아버지가 운영하던 사업체가 1000만 루피 정도의 연 매출을 간신히 올리고 있었는데도 말이죠.

그러니 '큰 꿈'을 품으세요. 물론 당연히 최선을 다하셔야 합니다. 끊임없이 혁신하고 목표를 향해 분투하며 나아가십시오. 가능하면 빨리 사업에 뛰어드는 것도 좋은데요, 20~30대는 인생에서 가장 역동적인 시기이기 때문입니다. 이 시기를 최대한 활용하면 좋겠지요!

젊은 기업가들에게 전하는 팁

푸닛 미탈 Puneet Mittal
1984년생 | 회계사 | puneetmittal@magicrete.in

큰 그림을 그리고 열심히 노력하십시오. 열심히 노력하는 것을 대체할 것은 아무것도 없습니다. 하지만 출발하기 전에 로드맵부터 마련하세요. 처음 2~3년간 어떻게 행보를 밟아나갈 것인지 로드맵을 명확히 준비해야 합니다. 어떤 일이든 시작하면 적어도 처음 2~3년 동안은 계획대로 실천하며 버텨내십시오. 5년이 걸릴 수도 있습니다. 그런 다음 또 한걸음 나아가면 됩니다. 용감하게!

젊은 기업가들에게 전하는 팁

싯다르트 반살 Sidharth Bansal (왼쪽)
1985년생 | 델리 인도공과대학, 러크나우 경영대학원
sidharth.bansal@magicrete.in

창업 후 3~4년이 지난 시점에 가장 중요한 것은 사업을 전문화하는 것입니다. 사모펀드나 기관 투자자들을 이용해 자본을 끌어들이고 외부의 전문가들을 영입해 회사의 주요 직책에 포진시키는 작업은 비즈니스의 규모를 다음 단계로 성장시키는 데 매우 중요한 과정입니다.

기업가는 항상 '시스템이 일하게 하는 것'을 중시해야 합니다. 경영의 깊이를 가늠할 수 있는 지표는 창업자가 보름이나 한 달 정도 자리를 비우고 휴가를 떠날 수 있는지 여부, 그리고 그들이 자리를 비운 상태에서도 회사의 성장이 지속될 수 있는지 여부입니다.

무엇보다 중요한 것은 언제나 민첩하고 군살이 없는 조직으로 운영해야 한다는 점인데요, 화려한 사무실과 사치성 출장, 낭비성 지출 등 간접비를 불필요하게 많이 씀으로써 비즈니스에 부담을 주면 안 됩니다.

3. 잡담이 준 선물

세이크리드 모멘츠 SACRED MOMENTS

종교 의식과 축제가 일상인 인도의 힌두 축제와 행사에 필요한 푸자 키트PUJA Kit,종교의식용 세트를 판매한다. 소비자들의 니즈를 파악해서 소비자들을 만족시키는 최고의 상품들로 구성된 다양한 세트를 만들어 인도분만 아니라 유럽, 미주, 아시아 전역으로 수출하고 있다.

www.sacredmoments.co.in

대표 프라카시 문드라
분야 B2B - 기업 판촉물 및 사은품 판매
창업 2006년
본사 타네

심바이오스 비즈니스 스쿨Symbiosis Centre for Management and Human Resource Development, SCMHRD은 인적자원 전문가가 되길 원하는 학생이라면 누구나 들어가고 싶어 하는 대학원이다. 여타 MBA 기관과 마찬가지로 여기서도 '탁월한 직장'에 들어가는 것이 곧 명예의 상징이다.

프라카시 문드라도 그것을 목표로 이 대학원에 입학했다. 하지만 2년의 과정을 마치던 막바지에 그는 직장인이 되기를 포기했다. '대안'이 있었기 때문이다.

모든 것은 대학 캠퍼스에서 흔히 열리는 사업 계획서 경진 대회에 참가하면서 시작됐다. 가볍게 참가했던 행사는 재미 그 이상으로 발전했다. 열심히 하려는 마음은 집착이 되고, 급기야 나중에는 공중파 텔레비전 프로그램에까지 출연하게 된 것이다. 프라카시는 Zee TV의 "비즈니스 바지가르(모험가)" 쇼에 참가해 최종 10인에 선발되는 쾌거를 누렸다.

경영대학원 2학년 시절 프라카시는 다수의 사업 계획서 경진 대회에 참가해 수차례 우승을 거머쥐었고, 상금으로 15만 루피를 벌었다. MBA 과정을 마칠 무렵에는 취업과 창업이라는 두 가지 선택지가 생겼고, 그는 창업을 선택했다.

프라카시는 대학원 2년을 자신이 도출한 사업 아이디어와 관련된 연구조사를 실시하고 사업 구상을 다듬고 프로토타입을 제작하는 등 사업을 준비하는 시간으로 활용했다. 대학원 문을 나설 때쯤에는 '분명히 성공할 수 있겠다'는 확신이 들었다.

8년이 지난 지금, 그가 세운 세이크리드 모멘츠는 8년의 시간 동안 자연스런 변화 과정을 거치며 기업 판촉물 및 사은품 납품 전문 회사로 자리잡았고, 프라카시는 노련한 비즈니스맨으로 성장했다. 하지만 사업 초기를 생각해 보면 자신도 모르게 흐뭇한 미소가 지어진다고 한다.

"학생이었을 때 사업을 구상하고 다듬었던 게 다행이라는 생각이 듭니다. 덕분에 한 발 앞서 출발할 수 있었으니까요."

머릿속에 아이디어가 떠오르면 우선 실행에 옮겨 보라. 어디에 이르게 될지도 알 수 없고, 또 아무데도 이르지 못할 수도 있지만, 그래도 일단 가 보기라도 한다면 어떤 모양으로든 '미래'와 '선택지'를 얻을 수 있을 것이다.

프라카시 문드라는 란치에서 태어나 어린 시절을 콜카타에서 보냈다. "마르와리-마훼시와리 공동체 출신입니다. 그 공동체 사람들은 보통 사업을 합니다. 우리 가족은 면직물 섬유 업계에 종사했고요."

프라카시의 가족은 콜카타의 큰 시장 지역에 자리를 잡았다. 그는 할아버지, 삼촌, 사촌까지 함께 사는 대가족 안에서 성장했다. 프라카시는 유명한 학교인 슈리 다울라트람 노파니 비달라야에 입학했고, 4학년부터 학업에 두각을 나타냈다.

"보통 남자애들처럼 크리켓이나 만화, 퀴즈 같은 것을 좋아했어요. 전반적으로 꽤 착실하고 바른 아이였죠."

1994년 가족 사업이 커져 프라카시는 부모, 형제들과 함께 타네로 이사했다. 그 무렵 10학년을 마친 프라카시는 엔지니어가 되어야겠다는 목표를 가지고 이과로 진학했다. 하지만 이 꿈은 산산이 부서지고 말았다. 말 못할 사건이 일어나 인도공대 입학시험 자체를 치를 수 없게 된 것이다.

"중요한 시기에 1년을 날리게 되어서, 어떻게 해야 하나 걱정을 많이 했지만 중요한 교훈을 배우기도 했습니다. 곤경은 예고 없이 찾아온다는 것, 그래도 다시 일어서야 한다는 것이요."

프라카시는 이공 계열 전공의 꿈을 버리고 대신 상경 계열에 진학하기로 결정했다. 인도 수능 시험Higher Secondary Certificate에서 평균 80점을 획득한 그는 뭄바이 처치게이트에 있는 사이데넘 대학에 새로 개설된 경영학 학사 과정에 합격했다.

"사이데넘 독서 서클에도 가입하고 퀴즈 쇼에 나가기도 하고 대학 생활 내내 학과 외 활동에 적극적으로 참여했습니다. 특히 심심하면 퀴즈 쇼에 참가했기 때문에 성공한 비즈니스 거물들의 전기를 많이 읽었어요. 덕분에 삶의 교훈도 많이 얻었죠."

이 시기 동안 가족의 사업이 어려워졌고, 프라카시는 가족을 위해 MBA를 따고 번듯한 직장을 잡아야 했다. 그는 경영대학원 진학에 초점을 맞추고 관련된 시험 준비에 매달렸다. 프라카시는 최선을 다했지만 일류 경영대학원 입학 허가를 받는 데는 실패했다. "최종 시험에서 떨어지거나 면접 단계에서 탈락했어요. 대학 졸업 후 2년을 정말 힘들게 보냈습니다."

그동안 그는 가족 사업을 도우면서 소호사업자 및 중소기업 개발 기관MSME에서 개설한 단기 과정에 다니기도 했다. 하지만 MBA에 대한 열망은 사그라들지 않았고, 마지막으로 한 번만 더 도전해 보기로 결심했다. 결국 SCMHRD에서 합격 통지를 받았다. "MBA 과정에 들어가서 처음 얼마 동안은 정말 신났어요. 난생 처음 집을 떠나 생활하는 거라서 더욱 그랬던 것 같아요."

프라카시는 평균 이상의 학점은 땄지만 톱클래스는 아니었다. 하지만 성공한 사람들의 전기와 비즈니스 전문지를 탐독해서 얻은 식견 덕분에 '척척박사'로 통했다.

첫 학기 중반 쯤 ITC 사 주최 '내 나라 내 고향' 사업 계획서 경진 대회가 열린다는 소식이 들리자 캠퍼스가 떠들썩해졌다. 일류 경영 대학원의 학생들에게 ITC의 제품을 중심으로 각 지방의 특색을 살린 사업 계획서를 제출하라는 안내서가 배포되었다. 상금은 물론, 순위 안에 드는 학생에게는 곧바로 그 회사에 취업할 수 있는 특전이 부여되었다.

대부분의 학생들이 ITC에서 운영하는 농촌 지역 개발 프로그램인 이초팔e-Choupal과 관련된 사업 계획서를 준비했는데, 프라카시는 다른 방향에서 접근하기로 했다. ITC 제품 카탈로그를 살펴본 그는 망갈딥 아가르바티[16]를 발견하고 한 가지 단순한 이유로 그에 초점을 맞추기로 마음을 먹었다. "제가 제대로 알 만한 것이 아가르바티뿐이더라고요."

그는 곧 롤리[17]와 할디[18] 같은 푸자[19] 아이템과 심지어 종교 관광까지 포함하는 브랜드를 제안하는 간단한 사업 계획서를 완성했다. 아물Amul이 우유의 대표 브랜드라면 망갈딥은 종교 제품의 대표 브랜드가 될 수 있다는 논리였다.

"정말 야심 찬 기획서를 만들어 제출했는데, 첫 라운드에서 탈락하고 말았지요."

---

[16] mangaldeep agarbatti: 종교 제의에 쓰는 향. 행운을 기원하는 목적 등 다양한 의미로도 사용한다.
[17] roli: 제의에 이용하는 붉은 가루로서, 종종 행운과 축복을 기원하는 의미로 이마에 붉은 점을 찍어 넣는 데 쓰기도 한다.
[18] haldi: 신체 정화 의식의 하나로 몸에 바르는 강황 가루 등의 노란 물질
[19] puja: 힌두교 예배나 축제 또는 주요 행사에 쓰이는 제물 혹은 예물

결과는 실망스러웠지만 프라카시는 사업 계획서를 만들고 분석하는 과정에서 전율을 느꼈다. 다시 경험해 보고 싶다는 마음이 간절했다.

프라카시는 학교 도서관에 습관적으로 갔는데, Zee TV에서 "비즈니스 바지가르"[20]라는 새로운 프로그램을 출범시킨다는 기사를 접했다. 일반인들에게서 혁신적인 사업 아이디어를 찾는 것을 소재로 한 TV 쇼였다.

"전에 만든 푸자 용품 사업 계획서를 고쳐서 제출하면 어떨까 하는 생각이 들었어요. MBA 프로젝트를 진행하다 보니 이것저것 수정하고 보완하는 데는 도가 텄거든요."

먼저 프라카시는 브랜드 이름을 '수브 라브Shubh Labh'로 변경했다. 기존의 계획을 발전시켜서 각기 다른 상황이나 행사에 맞춰 구성을 달리한 '푸자 세트'라는 새로운 아이디어를 첨가했다. 디왈리[21]용 세트, 결혼식 전용 세트 등이다. 프라사키는 이 상품에 젊은이들이 큰 호응을 보일 것으로 예상했다. "저와 비슷한 연배의 사람들은 푸자를 좋아하긴 해도 구색을 맞춰 준비하기 번거로워한다는 것을 알고 있었거든요."

비즈니스 바지가르에 제출된 20만 개의 사업 계획서 중 수브 라브 '푸자 세트'를 포함해 500개 아이템이 두 번째 라운드에 진출했다. 추가 인터뷰와 2차 선별 작업이 이어졌고 프라카시의 사업 계획

---

20 2006년 3월~8월에 방영되었다.
21 Diwali: 힌두 달력 여덟 번째 달(Kārtika, 카르티카) 초승달이 뜨는 날을 중심으로 닷새 동안 집과 사원 등에 등불을 밝히고 힌두교 신들에게 감사 기도를 올리는 전통 축제

서는 상위 50위 안에, 그리고 연이어 20위 안에 들었다.

"그 학기 중에 10일간의 비파시나명상의 한 방법 과정에 참여하는 수업만 남은 상황이었는데, 다행히 학과장 수부 교수님께서 그 수업을 건너뛰고 TV 쇼에 집중하도록 배려해 주셨어요."

상위 20위권에 든 참가자들에게는 파일럿실험용 프로젝트나 샘플을 제작할 자금 5만 루피가 각각 주어졌다. 덕분에 프라카시는 디자이너를 고용하고, 원자재 공급자와 푸자 권위자, 소매업자 등을 만나러 다닐 여유가 생겼다. 그렇게 그는 '푸자 세트' 시제품을 제작해 출품했다.

"그 파일럿 프로젝트를 진행하면서 원가와 품질, 시장 규모, 경쟁 업체, 소매상의 물품 조달 방식 등에 대해 알게 되었습니다. 정말 값진 수확이었어요."

2005년 2월, 비즈니스 바지가르 쇼의 촬영이 뭄바이에서 개시되었다. 대부분 처음에는 가벼운 마음으로 참가했지만 20위권에 든 참가자들은 모두 진지하게 자신의 비즈니스 감각을 테스트하는 심판대에 올랐다. 한 라운드가 끝날 때마다 몇 명이 탈락하는 방식으로 결선이 치러졌다. 프라카시는 10위 안에 들었고, 판정단이 아이디어에 힘이 있다고 느낀 참가자 3인에게만 주는 '미니 바지가르' 타이틀을 획득했다.

프라카시는 자신의 사업 계획서에 대한 확신을 더욱 공고히 다질 수 있었다. 실현 가능한 계획일 뿐 아니라 벤처 자금을 조달하지 않고도 실행에 옮길 수 있다는 장점이 주효했다.

"MBA의 사례연구는 실제보다 부풀려져 있는 경우가 많습니다. 그

때문에 학생들이 첫 날부터 '전략'부터 생각하기 시작하는 겁니다. 하지만 실제 사업에서는 전략만큼 실행이 중요합니다."

그는 캠퍼스로 돌아와 자신의 아이디어를 다듬기 시작했다. 푸자 아이템을 모두 다루는 브랜드는 포기하고 푸자 세트만 브랜드화하는 데 주력하기로 했다. 해외에 거주하는 인도인 시장과 선물 시장도 수익성이 좋아 보였다. 분명히 가능성이 있어 보였다. 그렇지만 어김없이 취업 시즌이 다가왔고 캠퍼스는 취업의 열기에 휩싸였다. "MBA 과정에 들어간 첫 해에 아흐메다바드 경영대학원 출신의 바르단 카브라Vardan Kabra가 학교를 세우기 위해 취업을 거부했다[22]는 뉴스가 화제였어요. 캠퍼스에 창업의 열기가 감돌았습니다. 그러다 보니 당시에는 결정을 내릴 수가 없었어요. 그래서 면접을 봤고, ICICI 푸르덴셜Prudential과 에사르Essar 이렇게 두 곳에 합격했습니다."

직장이 정해진 동기들이 마지막 학기를 여유롭게 즐기며 긴장을 푸는 동안 프라카시는 푸자 세트를 구체화하는 작업에 대부분의 시간을 쏟아부었다. 사업 계획서 경진 대회에도 여섯 번 참가해서, 러크나우 경영대학원과 T. A. 파이 비즈니스 스쿨TAPMI, 카라그푸르 인도공대의 경진 대회를 포함해 다섯 차례 우승했다. 대학원 시험과 대회 일정이 겹치면 과감히 시험을 포기할 만큼 열심이었다. 사업 계획서 경진 대회 판정단이 주는 피드백은 프라카시에게 큰 도움이 되었다.

"그때 확실히 이 아이템이 성공할 것이라는 확신이 들었습니다."

---

[22] P&G의 파격적인 제안을 뿌리치고 평소 꿈꿔 온 파운틴헤드 스쿨(Fountainhead School)을 설립했다.

결국 결정의 순간이 왔다. 직장이냐 사업이냐! 2006년 5월 11일부터 ICICI 푸르덴셜에 출근하기로 했던 프라카시는 입사 4일 전인 5월 7일, 입사 제안을 거절한다는 이메일을 보냈다. 세이크리드 모멘츠는 그렇게 해서 세상에 나타나게 됐다.

초기 자본금으로 60만 루피가 필요했다. 다양한 사업 계획서 경진 대회에서 받은 20만 루피 정도의 상금이 있었고, 나머지는 물심양면으로 지원해 주신 아버지의 도움을 받았다. "투자를 받아 처음부터 큰 규모로 사업을 시작할 수도 있었어요. 하지만 투자를 받지 못하더라도 얼마든지 작은 힘으로 출발할 수 있는 일이었습니다."

프라카시는 푸자 세트에 '블레싱즈Blessingz'라는 브랜드 이름을 붙이고 샘플을 제작하기 시작했다. 더불어 전문가 서너 명과 상담을 하고 디왈리용 푸자 세트를 출시하기로 결정했다. 디왈리에서 사용할 수 있는 32가지 아이템, 대표적으로 할디와 롤리, 신상의 한 종류인 무르티murti, 미시리mishri, 록슈거에, 갠지스 강에서 퍼올린 성수인 강가잘Gangajal까지 포함했으며, 제식의 실행 규칙을 적은 비디vidhi 소책자까지 첨부해 제의의 수행을 도왔다.

푸자 세트의 첫 번째 샘플은 2006년 8월 3~7일에 뭄바이에서 열린 선물·용품 박람회에서 첫 선을 보였다. "반응이 정말 좋았습니다. '베스트 신상품' 상까지 받을 정도였으니까요. 하지만 문의만 많았지 실제 주문 예약은 별로 없었습니다."

이 시점에서 프라카시는 대담한 결정을 내린다. 사업을 계속 밀고 나가는 것은 물론, 1만 2000세트를 제작하기로 마음먹은 것이다. 세트에 들어갈 아이템은 업체별로 조달하고, 포장은 아웃소싱으로 해결했다. 프라카시는 마스지드 분데르에 있는 아버지의 오래된 사무실을 사업 본부로 이용했다.

가장 어려운 난관은 푸자 세트에 들어갈 다양한 아이템을 공급하는 인도 각지의 40개 공급 업체를 원활하게 연결하는 일이었다. 조직 체계가 잡혀 있지 않았기 때문에 자주 수급 일정에 차질이 생겼다.

"단 한 아이템이라도 도착이 늦어지면 전체 조립 라인이 가동을 멈출 수밖에 없었죠."

아이템 중에 인도 고유의 정제 버터ghee를 20그램 담은 주머니가 있었다. 주변 사람들은 모두 프라카시에게 그것은 뭄바이에서는 구하기 어려우니 세트에서 빼는 것이 어떻겠냐고 충고했다. 하지만 프라카시는 좋은 방법이 아니라 생각했다. 프라카시는 인터넷을 샅샅이 뒤진 끝에 호텔 택배 서비스에 버터 주머니를 납품하는 사람을 찾아냈다.

아주 세세한 부분에도 신경을 써야 했다. 예를 들면 신 그림을 어떻게 바로 세울 수 있을까? 프라카시는 자그마한 스탠드를 함께 제공해서 이 문제를 해결했다. 비용 때문에 아이템을 개선할 모든 아이디어를 구현하지는 못했다. "어떤 분이 은 동전을 넣어 달라고 하시더라고요. 그런데 그걸 포함시키면 타산이 맞질 않아서 은색 풀잎으로 대체했죠."

그러는 사이에 슬슬 주문이 오기 시작했다. 타임스 오브 인디아The Times of India 그룹과 울트라테크 시멘트Ultratech Cement, 린크 펜스Linc Pens, 프라이멀 헬스케어Primal HealthCare 같은 기업 고객들이었다. 또한 디왈리가 다가옴에 따라 뭄바이의 아시아틱Asiatic과 아크바랄리스Akbarallys 백화점 등의 매대에 블레싱즈 세트를 진열했다.

"디왈리 전까지 1만 세트를 팔았습니다. 신기했던 게, 디왈리가 지나고 나서도 500세트 가량의 주문이 들어오더라고요!" 펀자브의 한 가족은 결혼식 하객들에게 선물로 푸자 세트를 돌렸다. 세트를 사서 의식을 치른 후에 지인들에게 선물한 사람들도 있었다. 또 나그푸르 경영·공과대학IMT Nagpur에서는 학회에 참석한 대표들에게 푸자 세트를 기념품으로 나눠 주었다.

자금은 넉넉하지 않았지만 몇몇 공급업자들이 외상 거래를 터 주고 기업 고객들이 선금을 지불해 주었다. 하지만 그럼에도 프라카시는 디왈리를 앞두고 물량을 확보하기 위해 친구 네 명으로부터 30만 루피를 빌려서(물론 디왈리가 끝나자마자 다 갚았다) 미리 1만 2000세트를 제조해 놓았다. 이 도박을 감행한 덕에 프라카시는 짭짤한 수익을 올렸다. "디왈리 직전 한 주 동안에만 4000세트를 팔았어요. 미리 준비해 두지 않았다면 수지맞을 기회를 놓칠 뻔했죠."

프라카시는 개당 350루피의 세트를 1만 개 팔아 매출 350만 루피를 달성하고 순수익 50만 루피를 손에 넣었다. 그가 직장에 들어갔으면 받았을 연봉과 비슷한 수준이었다. "사실 더 벌 수도 있었는데, 사업이 처음이다 보니 크고 작은 실수를 많이 저지르는 바람에 그렇게 된 겁니다."

디왈리가 지나고 프라카시는 자신의 결혼과 여동생의 결혼을 위해 3개월의 휴식기를 보냈다. 해가 바뀌고, 다시 사업 쪽으로 눈을 돌린 프라카시 앞에 새로운 도전이 놓여 있었다. 디왈리 시즌이 돌아오려면 아직 한참 남았는데 그 사이에 무엇을 팔아야 한단 말인가?

프라카시는 머리를 굴려 몇 가지 아이디어를 검토했다. 200루피짜리 저가형 세트를 만들어 소매 시장에 공급하면 어떨까? 집들이용 푸자 세트나 이동식 푸자 세트는? 고객들을 찾아가서 어떤 종류의 아이템이 필요한지 묻기도 했다. 그러면서 많은 제약 회사들이 타월이나 손수건 같은 직물 제품을 주문 조달하는 데 어려움을 겪고 있다는 사실을 발견했다. 이것은 그의 아버지와 형이 이미 하고 있던 사업이어서, 고객이 원하는 로고만 짜 넣어서 납품하면 어렵지 않게 해결할 수 있는 일이었다.

프라카시는 또한 푸자 세트를 수출하는 사업에 대해서도 조사했다. 이렇게 판로를 넓히자 주문이 늘기 시작했고, 그는 일정 물량을 아흐메다바드로 장소를 옮겨 생산하기로 결정했다. 원가를 더 낮출 수 있었기 때문이다.

문을 두드려야 기회가 오는 것은 아니다. 때로는 기회가 말을 걸어 온다. 어느 날 프라카시는 상인 및 수출업자들과 잡담을 나누던 중 그들이 점토로 만든 등잔diya을 공급하는 과정에서 한 가지 난제에 직면한다는 사실을 발견했다. 운송 중 파손 비율이 상당히 높다는 것이었다. 등잔을 꼼꼼히 포장해 '안전 보증'을 최우선 가치로 내세워서 공급하면 괜찮겠다는 생각이 들었다.

이를 실현하기 위해 프라카시는 타네에 소규모 생산 시설을 갖추고 등잔에 칠과 장식을 입히고 새로운 포장 방식을 도입하는 한편 장식용 술toran, 장식용 받침rangoli, 제의용 접시thali 같은 종교 관련 수공예품을 제작하기 시작했다. 또한 미국과 영국, 남아프리카, 짐바브웨, 호주 등지의 수입업자들과 접촉해 인도에 오실 일이 있으면 자신의 공장에 꼭 들러 달라고 초대했다. 이런 방법으로 그는 상당한 수의 대량 주문을 확보할 수 있었다.

2009년, 가족의 지인이 불가리와 에르메스, 게스 등 럭셔리 향수 브랜드 9종을 인도에 독점 수입·유통하는 공인 회사에 입사하게 되었다는 이야기를 듣고 프라카시의 머리에 번득이는 아이디어가 떠올랐다. 사람들은 브랜드 제품을 할인가로 사는 것을 좋아하지만 동시에 진품이 확실한지 의심한다는 것이다.

"기업 고객들에게 브랜드 제품을 기관 할인가로 제공하면서 진품을 보증해 주면 사업성이 있겠다고 판단한 겁니다."

그리하여 그의 벤처 사업은 푸자 세트도 취급하는 '종합 선물 아이템' 사업으로 탈바꿈했다. 해당 업계에서는 일반적으로 100가지 제품으로 100명 고객에게 어필하는 전략을 취했지만, 프라카시는 8~10가지의 제한된 제품으로 1000명 고객에게 접근하는 색다른 방법을 택했다.

그럼에도 2014년 3월, 세이크리드 모멘츠는 연 매출 4500만 루피를 달성했다(45퍼센트는 푸자 세트와 기타 종교 관련 상품으로 올린 것이다). 현재 세이크리드 모멘츠는 7명의 상근 직원을 두고 있으며, 푸자 아이템의 수요가 치솟는 시즌(7~10월)에만 일당제로 일하는 25명의 임시 직원을 고용한다.

프라카시는 늘 자신의 제품 포트폴리오에 추가할 만한 '새로운 무언가'를 찾아 두리번거린다. "B2B 시장에 주력하면서 좀 더 나은 포장이나 좀 더 나은 서비스를 제공할 수 있는 틈새를 찾고 있습니다." 이런 다른 아이템을 발굴하는 덕분에 사업은 쉬는 기간 없이 돌아간다.

프라카시는 샘플을 만들어 택배로 보낼 수 있는 제품을 선호한다. 지금까지의 경험을 통해 얻은 원리다. 그래야 전 세계의 바이어들에게 접근할 수 있기 때문이다. 그는 또한 지난 5년간 특정 제품에 대한 수요 곡선은 어떠했는지, 중국 업체들과의 경쟁은 어느 정도로 심화될 것인지 등 MBA 방식의 SWOT 분석[23]을 실시한다.

현재까지는 출자만 하고 경영에는 관여하지 않는 동업자 한 명이 자금을 대고 있었는데, 프라카시는 플라스틱 포장 제품을 만드는 다음 아이템을 위해 이자를 주고 돈을 빌리는 방식으로 자금을 조달할 계획이다. "아직까지는 은행에서 해 주는 중장기 기업대출이나 운전자본 대출은 받지 않았으니까요."

직장에 다닌다 해도 마찬가지겠지만 사업가 프라카시의 생활은 정신없이 바쁘다. 월요일에서 토요일까지 10시간씩 일에 매달리며 일요일에도 3시간을 일한다. 하지만 직장인 생활에 비할 수 없는 만족감을 누린다. 직면하는 도전 역시 비할 수 없는 수준이지만 기꺼이 대응하며 이겨 내고 있다.

"결코 후회하지 않습니다. 즐기면서 하고 있고요, 늘 새로운 것을 배울 수 있으니까 좋아요."

사업의 부담에도 불구하고 프라카시는 시간을 내어 사회 공헌 활동을 하고 있다. 지역 청년 공동체인 타네 마훼시와리의 부회장직을 수행하고 있으며, 종종 경영대학원에서 기업가정신에 대한 특강을 하기도 한다.

---

[23] 강점(Strength)과 약점(Weakness), 기회 요소(Opportunity), 위협 요소(Threat)에 대한 분석

그리고 물론 하루를 마무리할 무렵에는 사랑하는 가족과 행복한 시간을 보낸다. "저는 계속 대가족 생활을 유지할 겁니다. 우리 가족은 저의 든든한 지원 시스템입니다."

프라카시는 경영 서적을 탐독하며, TED[24] 강연도 즐겨 본다. 영감과 아이디어는 어디에나 존재하기 때문이다.

어디서든 구루를 찾을 수 있는 시대다. 자신만의
구루를 찾아 그들의 말과 행위와 위업을 따르라.
그것이야말로 여러분이 자신에게 줄 수 있는
최상의 '선물'이다!

---

[24] Technology(기술), Entertainment(연예 오락), Design(디자인)의 두문자어로 해당 분야의 강의를 주관하는 미국의 비영리단체

젊은 기업가들에게 전하는 팁

프라카시 문드라 Prakash Mundhra
1980년생 | 심바이오스 비즈니스 스쿨 | prakash.blessingz@gmail.com

대학이나 경영대학원 졸업 후 곧바로 사업에 뛰어들 기회가 주어진다면 주저하거나 두려워하지 마세요. 특히 사업 분야가 직장 경험이 그다지 필요하지 않은 경우라면 더욱 그렇습니다. 경영대학원을 다닌다면 거기서 무엇을 배우느냐가 중요하지 어떤 경영대학원을 다녔냐는 (사업가가 되는 데) 그리 중요하지 않습니다.

사업을 하다 보면 (사업상의 이유로) 외부인을 속여야 하는 경우도 생기는데, 자기 자신을 속이려 하는 것은 실로 어리석은 행태입니다. 요즘에는 실현 가능성과 수익성이 전혀 없는 사업 구상을 가지고도 사람들의 주목을 받기가 쉬워졌는데요, 뉴스에 나가고 잡지에 실리는 것은 기업가정신의 본질이 아님을 명심하십시오. 모든 것을 다 잘할 수 없다는 사실을 받아들이고 필요한 경우 전문가의 도움을 청하십시오.

사업 성공에 중요한 것이 있다면 그에 합당한 수준의 투자를 하십시오. 저는 비용이 많이 드는 것을 알지만 푸자 세트의 패키지 디자인을 전문 디자이너에게 맡겼습니다. 박스 디자인은 상품의 중요한 요소이기 때문입니다.

젊은 기업가들에게 전하는 팁

늘 긍정적인 태도를 갖고 힘든 시기에는 인내하며 버티십시오. 긍정적 사고 없이 인내만으로는 충분하지 않습니다. 부정적인 사고가 부정적인 결과를 이끌어 내는 경우가 허다하기 때문입니다.

마케팅의 힘을 믿고, 인터넷과 소셜 미디어 등을 유용하게 이용하십시오.

2부

실패를 딛고 일어선 도전자들

시도하고 실패했지만
다시 시도하려는 의지는 결코 꺾이지 않았던 창업자들.
가치 있는 것은 쉽게 얻을 수 없음을 알았기 때문이다.
포기는 그들에게 허락된 선택 사항이 아니었다.

4. 두 얼간이

베와쿠프 브랜즈 BEWAKOOF BRANDS

최신 트렌드의 캐쥬얼 의류 액세서리 온라인 샵. 청년들의 감성을 다양한 영감의 디자인 제품으로 만들어 합리적인 가격으로 판매하는 인터넷 쇼핑몰. 속옷부터 겉옷까지, 여성복, 남성복, 액세서리, 휴대폰 케이스, 노트북 스킨 등 젊은이들이 필요로 하는 다양한 제품 라인을 확장하며 성장하고 있다.

www.bewakoof.com
대표 쁘라브끼란 싱, 싯다르트 무놋
분야 의류 및 패션아이템 제조·유통
창업 2011년
본사 마하라슈트라

1999년 칸왈 레키Kanwal Rekhi는 뭄바이 인도공과대학IIT Mumbai에 대학생 기업을 육성하기 위한 인큐베이터 시스템을 개설했다. 대학 캠퍼스에 기업가정신을 고취시키기 위한 초기 이니셔티브들 중 하나였다. 많은 학생과 교수들이 앞다투어 아이디어를 내놓았다. 알고리즘, 로봇공학, 반도체, 인터넷 솔루션 등 주로 IT 기술에 집중된 아이디어였다. 적어도 인도공대생이라면 머리를 쓰는 일에 초점을 맞춰야 하지 않겠는가!

여기서, 학교 정문 앞에 라씨 가게 문을 연 루디아나 출신 쁘라브끼란 싱을 만나 보자. 그의 가게 카드케 글라씨Khadke Glassi는 캠퍼스뿐 아니라 전국적으로도 화제가 됐다. 그런데 사람들은 "그런 일을 할 거면 인도공과대학에는 왜 들어와서 괜히 다른 사람을 떨어뜨리냐"고 불평했다.

공교롭게도 라씨 사업은 실패했다. 그러나 쁘라브끼란은 낙담하지 않고 다시 동기 싯다르트와 의기투합해 티셔츠 사업을 시작했다. 두 사람의 티셔츠 사업은 얼마 후 베와쿠프닷컴Bewakoof.com이라는 의류 및 액세서리 전문 온라인 쇼핑몰로 발전했다. 젊은이들이 주로 찾는 개성 있는 브랜드가 된 것이다.

오늘날 두 젊은 기업가는 온라인으로 독특한 옷과 액세서리를 판매하며 월 평균 1000만 루피 내외의 매출을 올리고 있다. 페이스북 페이지를 통해 기반을 다져 온 베와쿠프 브랜즈는 현재 팔로워가 140만 명이 넘는다(돈을 받고 팔로잉하는 '알바' 팔로워는 한 명도 없다).

사업가가 되기 위해 반드시 좋은 학교를 졸업해야 할 필요는 없다. 그러나 남들과는 달라야 하고, 기존의 틀에서 벗어나야 한다. 자신감을 갖고 대담해지면 된다.

'성공'의 관문은 경쟁이 치열한 대학 입시와 같다. 가르쳐 주는 사람이 없다는 점을 빼면! 자신이 원하는 문을 선택하고 끊임없이 두드려 보는 수밖에 없다.

쁘라브끼란 싱은 루디아나에서 태어나고 자랐다. "아버지는 사업을 하시고 어머니는 살림을 하시는 평범한 중산층 가정이었어요. 저는 수녀원에서 운영하는 성심 학교Sacred Heart Convent School에 다녔지요."

10학년을 마치고 쁘라브끼란은 인도공과대학 입시를 준비하기 위해 코타로 갔다. 사실 그 당시 그는 인도공과대학에 들어가려는 생각이 없었다. 친구들이 다들 간다고 하니 따라간 것뿐이었다.

"시간이 좀 지나고 나서야 인도공과대학의 필요성을 깨달았습니다. 그때부터는 마음을 단단히 먹고 열심히 공부했어요."

쁘라브끼란이 지원한 토목공학과는 가장 가고 싶던 학과는 아니었다. 하지만 꿈에 그리던 뭄바이로 갈 수 있다는 사실에 그는 마냥 신나기만 했다. "부모님은 제가 델리 인도공과대학IIT Delhi으로 가길 바라셨습니다. 델리가 집에서 더 가까웠거든요. 하지만 저는 정말 뭄바이로 오고 싶었어요."

첫 2년 동안은 대부분의 신입생들이 그렇듯 쁘라브끼란도 강의 시간 말고는 놀기 바빴다. 3학년이 되어 인턴 과정을 이수할 시기가 왔다. 인도공대에서는 이 시기가 대단히 중요하다. 대다수의 학생들

4. 두 얼간이 • 101

이 이제 앞으로 무엇을 하면서 살지 본격적으로 고민하는 시기이기 때문이다. 동기 대부분은 금융이나 컨설팅, 기술 분야의 일자리를 염두에 두고 고민에 들어갔을 때 쁘라브끼란은 완전히 다른 길을 생각하고 있었다.

그는 인도공대에 인턴을 요청한 첫 번째 회사인 도이치은행Deutsche Bank에 지원했지만 최종 심사 대상자 명단에 오르지 못했다. 실망스러웠지만 한편으로는 안심이 되기도 했다. 사전 인터뷰를 거치는 동안 이 일을 하면 제약이 많고 지루할 것 같다는 느낌이 들었기 때문이다. '과연 이런 일에서 내가 두각을 나타낼 수 있을까' 하는 의문이 머릿속에서 사라지지 않았다. "그 이후로 구직 활동을 접었습니다. 대신 제 사업을 해야겠다고 마음을 먹었죠."

하지만 무엇을 어떻게 시작해야 할까? 어느 날 그는 서점에 들렀다가 한 책에 시선이 꽂혔다. 아흐메다바드 경영대학원 출신 기업가들의 성공 스토리를 담은 《Stay Hungry Stay Foolish》였다. 쁘라브끼란은 그 책을 사서 읽고 또 읽었다.

"제가 읽은 첫 번째 논픽션이었습니다. 정말 많은 영감을 얻었어요. 그러고 나서 릴라이언스 인더스트리스를 인도 최대의 기업으로 키워 낸 디루바이 암바니Dhirubhai Ambani의 《Polyester Prince》와 인도 유통 업계의 큰손 키쇼르 비야니Kishore Biyani의 《It Happened in India》 등 기업가의 성공담이 담긴 책들을 열심히 읽었어요."

창업을 하려면 가장 먼저 필요한 것은 사업 아이디어다. 쁘라브끼란은 서너 달 동안 '죽이는 아이디어'를 찾아 다녔다. 하지만 떠오른 아이디어 거의 전부가 이미 구현되었거나 아니면 그다지 흥미롭지 않았다.

그 무렵 쁘라브끼란은 이런저런 이유로 두세 차례 기차 여행을 했다. 그리고 여행 도중 우연히 '향이 첨가된 라씨'를 접했다. 푸네에서는 딸기맛 라씨, 아그라에서는 장미향 라씨를 맛보았다. 라씨는 펀자브 출신이라면 누구나 즐겨 마시는 음료이지만 단맛 아니면 짠맛이 일반적이었다. 라씨에 여러 가지 향을 첨가한다는 아이디어가 청년의 마음을 사로잡았다.

"그때 저는 스타벅스의 성공 스토리에 푹 빠져 있었습니다. 인도에는 점보킹이 있죠. 라씨를 가지고 점보킹 같은 사업을 해 볼 수 있을 거라 생각했습니다."

2009년 10월, 쁘라브끼란은 절친 히만슈 디만을 설득해 라씨 사업을 함께 하기로 했다. 뭄바이 공대의 E-셀에서 마련한 프로그램에 몇 번 참여한 덕분에 그들은 '사업 계획서'가 중요하다는 것을 알고 있었다. 그 당시는 좋은 아이디어만 있다면 펀딩은 그리 어렵지 않다는 분위기였다. 사업 계획서만 훌륭하면 누구라도 당장 사업을 시작할 수 있었다.

그러나 사업 계획서라는 것이 말처럼 쉽게 만들 수 있는 것이던가? 엑셀 시트에 숫자는 채워 넣을 수 있지만 실제로 그것이 '적절한' 것인지 어떻게 알 수 있단 말인가? 첫 달과 다음 달 매출을 추정하는 논리도 빈약하고 기준으로 삼을 만한 공식도 없었다. 두 청년은 혼란에 빠졌다.

"여름방학 내내 고민한 결과, 친구들과 가족들에게 도움을 청해 초기 자금으로 20만 루피를 모아 매장을 오픈하기로 했습니다."

그들은 천천히, 성실하게 계획을 세웠다. 그런데 2010년 2월 18

일, 쁘라브끼란이 데바시쉬 차크라보르티Devashish Chakravorty라는 신사를 만나게 되면서 모든 것이 뒤집혔다. 차크라보르티 씨는 이렇게 조언했다. "제품이 있다면 일단 한번 팔아 보세요!"

이럴 수가! 얼마나 간단한가? 쁘라브끼란은 '일단 실행에 옮기기'로 결심하고 날짜를 사흘 후로 정했다. 쁘라브끼란과 히만슈는 각자 자신들의 한 달 용돈인 3000루피와 5000루피를 투자했다. 그렇게 조성된 창업 자금으로 두 사람은 보급형 믹서와 블렌더, 그리고 몇 가지 조리 도구를 샀다. 하지만 어디에서 팔 것인지가 관건이었다.

두 사람은 포와이 거리를 샅샅이 훑고 다니며 괜찮은 장소를 물색했다. 그러나 대부분 월 임대료가 2~4만 루피인데다가 20만 루피의 보증금까지 요구했다. 두 사람이 감당할 수 없는 비용이었다.

"학교 정문 근처에 있는 식료품 상설 장터에 가판을 차리는 것까지 알아봤는데, 이미 도시 관리국에 세를 내는 행상들이 자리를 모두 차지해서 저희가 들어갈 자리가 없었습니다."

마침내 두 사람은 문을 연 지 얼마 되지 않아 아직 사람들이 많이 찾지 않는 케이크 가게를 우연히 발견했다. 가게 전면에 가판대로 활용할 수 있는 작은 공간이 있었다. 두 사람은 가게 주인에게 임대료 6000루피를 지불하는 조건으로 가게 앞 작은 공간을 사용하게 해달라고 제안했다.

"선금으로 2000루피를 먼저 드리면서 매출이 발생하는 대로 나머지 금액을 지불하겠다고 했죠. 다행히 가게 주인이 선뜻 동의해 주었어요!"

메뉴는 어떻게 구성할 것인가? 이후 일주일 동안 두 사람은 기숙사 방에 틀어박혀 맹렬히 실험했다. 커드25도 학생 식당에서 몰래 훔쳐 와서 썼다. 친구들의 시식과 평가를 통해 최종적으로 초코, 딸기, 포도, 장미 이렇게 네 가지 맛을 메뉴로 결정했다(아이스크림은 추가 선택 메뉴로 정했다).

이제 마지막으로 카운터로 쓸 테이블을 확보하는 일만 남았다. 그런데 스테인리스 테이블은 너무 비싸서 살 수 없었다. 궁리 끝에 낡은 컴퓨터 책상에 플라스틱 보드를 덧대어 사용하기로 했다. "사람들의 시선을 끌기 위해 보드 위에 '펀자브'와 '라씨'라는 글자를 출력해서 붙였습니다. 나름대로 괜찮았어요!"

마침내 2010년 2월 23일, 카드케 글라씨가 문을 열었다. 페이스북과 입소문을 통해 인기를 얻으며 이들의 라씨를 사먹기 위해 사람들이 길게 줄을 서기 시작했다. 사장이 장사를 제대로 하는지 한번 보자는 심보로 찾아오는 손님도 있었다. 영업 첫 날, 한 잔에 25루피 하는 라씨를 44잔 팔았다.

그러나 첫 날의 성공에 들뜨거나 기분 좋아할 수가 없었다. 그날 저녁, 함께 일을 시작한 히만슈가 갑자기 그만두겠다고 통보한 것이다. 쁘라브끼란은 매우 당황했다. 어쨌든 그는 마음을 추스르고 다음날 가게 문을 열었다. 다음날도, 그 다음날도 영업은 계속되었다. "매일 오후 5시까지 수업이 있었어요. 그래서 영업은 오후 5시부터 10시까지만 했습니다."

처음엔 무척 힘들었다. 내성적인 성격이라 사람을 상대하는 일에

---

25 curd: 우유에 산(酸) 또는 레닌이나 펩신 따위를 넣었을 때 생기는 응고물

자연스럽게 적응하는 것이 쉽지 않았다. 게다가 자존심 문제도 있었다. '육체노동'을 하고 있는 자신을 동기들이 뭐라 생각할지 신경이 쓰였다. "두렵기도 하고 선뜻 내키지 않기도 했지만, 제 생각과는 달리 사람들은 대체로 긍정적으로 반응해 주었어요."

비웃듯 낄낄거리는 이들도 있었지만 대부분은 그가 멋진 일을 하고 있다고 격려해 주었다. "다들 네가 기어이 해냈다고 말하고 있어!" 이런 말들이 쁘라브끼란의 사기를 끌어올리는 데 한몫했다. 열흘 쯤 지나자 친구들은 각자의 일로 바쁜 나머지 그의 가게를 더 이상 찾지 않았고, 급감하는 하루 방문자 수만큼 젊은 기업가의 의욕도 떨어지기 시작했다.

"수시로 쪽지 시험도 봐야 했고 정기 시험도 준비해야 했어요. 그렇지만 전 하루도 거르지 않고 가게 문을 열었습니다. 토요일과 일요일에도요."

가게를 봐 줄 직원을 고용하면 해결될 일이었지만 그것도 말처럼 쉬운 일이 아니었다. 외지에서 직장을 구하러 오는 사람에게는 숙소를 제공해야 했지만 숙소를 제공해 줄 형편이 못 되었다. 또 뭄바이 사람은 지금 다니는 직장을 그만두게 하려면 최소 한 달 전에는 통보할 수 있도록 시간을 줘야 했다.

"일주일 정도면 사람을 구할 수 있을 것으로 예상했는데 실제로는 42일 걸렸어요. 그 42일 동안에 거의 초인적인 힘을 발휘하며 일과 학업을 병행했어요."

2010년 3월 14일, 〈타임스 오브 인디아〉 뭄바이 판에 "인도공과대학생 라씨로 점수 따다 IITian Scores with Lassi Bar"라는 제목의 기사가 실렸다.

덕분에 카드케 글라씨는 하룻밤 사이에 유명해졌다. 주변에서 사람들이 몰려들었다. 쁘라브끼란의 라씨 사업은 호황을 맞았고 하루 150잔 가까이 팔았다. 혼자서는 감당이 되지 않자 친구에게 도움을 요청했다.

그의 라씨 사업에 대한 소식이 고향인 루디아나에 알려진 과정은 평범하지 않았다. 쁘라브끼란의 형은 루디아나에서 MBA 과정을 밟고 있었다. 어느 날 교수님이 강의실로 들어와 교탁에 신문을 펼쳐 놓으며 이렇게 말했다. "이 친구를 좀 봐라. 펀자브 출신 대학생인데 뭄바이에서 라씨 사업을 하고 있단다. 자네들은 뭐하는 건가? 쓸모없는 인간들 같으니라고!"

말할 필요도 없이 쁘라브끼란의 부모님은 큰 충격을 받았다. "이러라고 너를 인도공과대학에 보낸 줄 아니? 게다가 이런 일을 신문 기사로 알아야 하는 것이냐?" 하지만 라씨 장사를 시작한 이후로 쁘라브끼란의 얼굴은 두꺼워졌다. 어떤 상황에서도 좀처럼 불편함을 느끼지 않게 되었다.

"사실 그 몇 해 전에 아버지가 사업에서 큰 손실을 보시고 폐업을 했거든요. 그래서 부모님께서는 제가 인도공과대학에 진학해서 그럴 듯한 직장에 들어가게 되길 바라셨죠."

하지만 쁘라브끼란의 아버지는 여기에 긍정적인 측면이 있음을 깨달았다. 뭄바이 같은 대도시에서는 어떤 청년이든 방황하기 마련인데, 아들은 적어도 뭔가 유익한 일을 하고 있었기 때문이다. 그러니 무엇이든 배우는 게 있을 터였다. "아버지께는 걱정하지 마시라고 말씀드렸습니다. 이건 그냥 재미로 해 보는 것이고 결국에는 취직을 할 거라고요."

그렇게 해서 쁘라브끼란은 인도공과대학 정문 근처에서 라씨 사업을 이어 나갈 수 있었다.

싯다르트 무놋은 카드케 글라씨의 단골 고객 중 한 명이었다. 그는 초코 라씨를 사 먹기 위해 쁘라브끼란의 가게에 자주 들르곤 했다.

"우리 둘 다 3학년이었고 같은 과였지만 기숙사가 달라서 얼굴은 알아도 딱히 친하지는 않았어요."

사실 두 사람에게는 공통점이 많았다. 쁘라브끼란처럼 싯다르트 역시 개성이 강하고 독립적인 성향을 갖고 있었다. 싯다르트도 1학년 때부터 취업보다는 창업에 더 큰 관심을 두고 있었고, 그래서 남들이 추구하는 것과 다른 것들을 시도했다.

"맨 처음에는 온라인에서 돈을 벌어 보자고 생각했습니다. 하지만 얼마 지나지 않아 이 일이 엄청난 노력 없이는 불가능하다는 것을 깨달았어요."

싯다르트는 웹사이트 제작 방법을 배우기 시작했다. 그러면서 자신의 웹사이트의 방문자 수를 충분히 확보할 수만 있다면 구글 광고 프로그램인 애드센스를 활용해 돈을 벌 수 있다는 것을 알게 되었다. 그 첫 단계로 그는 방문자들에게 무작위로 상품을 지급하는 가상 게임 사이트 인터넷페이즈닷컴internetpaise.com을 제작했다. 방문자들이 찾아오기 시작했다. 하지만 사이트 관리는 나날이 힘들어졌다.

"하루 70~80건의 질문에 답글을 보내야 했어요. '어떻게 하면 참여할 수 있나요', '상품은 어떤 건가요' 이런 흔한 질문도 반복될 뿐더러, 대답하기 난해한 질문까지 쇄도하는데…, 짜증이 나서 그만 사이트를 폐쇄해 버렸습니다."

싯다르트는 이어서 인도공과대학 코칭센터 근처에 있는 학원에서 물리학을 가르치는 아르바이트를 시작했다. 가르치는 일에 큰 재미를 느꼈고, 주말이면 7~8시간 연달아 강의를 맡곤 했다. 한 달 수입이 많으면 2만 루피까지 생겼으니 꽤나 쏠쏠한 돈벌이가 아닐 수 없었다. 그렇게 번 돈으로 처음엔 주식 시장에 잠시 발을 담갔지만, 곧 그보다 더 흥미로운 '투자 대상'을 발견하게 되었다. "도메인을 사모으기 시작했죠. 도메인 확보는 곧 제 취미이자 즐거운 놀이가 되었어요."

독특하면서도 '판매 가능한' 도메인을 사는 것이 관건이었다. 사나흘에 한 번꼴로 싯다르트는 그런 도메인을 찾아냈고 대개의 경우 100루피 내외로 구매까지 할 수 있었다.

싯다르트는 여러 가지 계획과 프로젝트에 몰두하느라 늘 시간이 모자랐기 때문에 방학에도 고향에 내려가지 않았다. 2010년 여름도 다르지 않았다.

같은 시기에 쁘라브끼란의 라씨 사업도 큰 호황을 누리고 있었다. 뭄바이 공대 선배 중 한 사람이 카드케 글라씨를 마음에 들어했고 사업에 투자하기로 했다. 100만 루피의 투자금으로 10개의 매장을 오픈할 계획을 세웠다. 이를 실행에 옮기기에 앞서 투자자는 사업 모델에 대한 최종 점검을 하기로 했다.

"그는 제게 5만 루피를 주면서 라씨 매장을 유동인구가 월등히 많은 갤러리아 쇼핑 센터로 옮길 것을 권했습니다. 고객들의 반응을 보자는 거였죠."

갤러리아 매장은 2010년 6월에 오픈했고 라씨의 가격을 올렸음에도 불구하고 성황을 이루었다. 그러나 위기는 예상치 못한 곳에서 찾아왔다. 우기가 되자 일일 판매량이 50잔에서 5잔으로 줄어든 것이다. 그렇게 급락한 매출은 이후 두 달 동안 회복되지 않았다.

그해 9월, 쁘라브끼란은 잠시 휴식을 갖기 위해 매장을 닫기로 결정했다.

"예전에 축하한다고 말하던 사람들이 이제 그 친구, 실패할 줄 알았다고 하더라고요." 그러나 쁘라브끼란은 사업 경험을 통해 다른 사람의 반응 따위에 쉽게 동요하지 않는 뻔뻔함과 강인한 정신력을 얻었다. 그는 누가 뭐라든 자신을 믿었다. "이게 아니라면 나한테 맞는 다른 일이 있을 거야. 분명 내가 잘 할 수 있는 다른 무언가가 있을 거야."

이 무렵, 쁘라브끼란은 싯다르트와 함께 팀을 꾸려 '구제 청바지와 티셔츠'라는 소셜 이니셔티브를 만들었다. 인도공과대학의 모든 기숙사를 돌며 학생들이 안 입는 옷을 기증 받는 활동을 했다. 2009년에는 800~900벌 정도가 모였고 2010년에는 4000벌이 넘게 모였다. 두 사람은 기증 받은 옷을 모아 재활용 유통 전문 사회적 기업인 군제이Goonj로 보냈다.

"함께 일하면서 좋은 파트너라 느꼈어요. 우린 팀워크가 남달랐거든요. 함께 뭔가를 할 수 있겠다는 생각이 들었죠."

당시 싯다르트는 자신이 만든 웹사이트 베와쿠프닷컴을 시험하던 중이었다. 베와쿠프닷컴은 누구든 들어와 자신의 베와쿠피bewakoofi, 즉 '바보 같은 짓거리'를 공유하면 다른 방문자들이 등급을 매기고 결과적으로 개개인의 '바보 지수'가 생성되는 웹사이트였다.

싯다르트는 자신의 웹사이트를 홍보하려고 직접 티셔츠를 만들어 입고 다녔다. 그러자 사람들이 그의 티셔츠에 관심을 보이며 어디에서 살 수 있는지 알고 싶어 했다.

"그때 이게 좋은 사업 아이템이 될 수도 있겠다 싶었죠. 한번 해보기로 했습니다."

싯다르트와 쁘라브끼란은 그해 10월 티셔츠 사업에 뛰어들었다. 학교 내에서만도 적잖은 물량을 주문 받았다. 각 기숙사별로 매년 200~300벌가량의 단체 티셔츠를 주문하고 있었기 때문이다. 두 사람은 후배 한 명을 사업에 끌어들였고, 얼마 지나지 않아 같은 계통의 사업을 하고 있던 선배 2명과도 만나게 되었다.

"선배들과 파트너십을 맺고 함께 일하기로 했습니다. 그래서 새로 비공개 유한회사를 설립하고 등기를 마쳤어요."

그러나 인간관계에 문제가 생기면서 동업은 3개월 만에 와해되고 말았다. 원점으로 돌아온 셈이었다. 이번에는 싯다르트가 '온라인 진로(전공) 컨설팅' 사업을 시도해 보기로 했다.

"토목공학을 전공으로 선택하기 전에는 토목공학에 대해 전혀 아는 바가 없었어요. 코칭센터의 학생들도 마찬가지일 거라 생각합니다. 이런 서비스에 대한 수요가 충분히 있을 것 같았습니다."

싯다르트는 몇 달 동안 컨설팅 사업에 공을 들였다. 웹사이트를 제작하고 홍보용 전단지를 만들고 심지어 기꺼이 사무실 공간을 제공하는 파트너도 구했다. 그러나 한 달도 채 지나지 않아 그 파트너가 동업 의사를 철회하고 말았다.

"저희는 다시 티셔츠 사업으로 돌아왔습니다. 2011년 4월 졸업과 더불어 본격적으로 이 사업에 매달렸죠."

두 사람은 포와이 거리에 방 2개짜리 아파트를 임대해 사무실 겸 주거용으로 사용했다. 주문량의 절반은 여전히 뭄바이 공대에서 나왔고 나머지는 다른 대학에 다니는 친구들을 통해 들어왔다.

그들은 이제 기업 고객 또한 공략하기 시작했다. 티셔츠에서 그치지 않고 필요하다면 가방이나 배지, 트로피 등을 맞춤형으로 공급할 수 있다고 홍보했다. 관건은 뭄바이 최고의(그리고 가장 저렴한) 공급업자를 찾아내는 일이었다.

이 당시 회사에는 직원이 한 명밖에 없었고 두 동업자 사이에 '누가 어떤 일을 한다'는 명확한 업무 구분도 없었다. 그들의 목표는 지속적으로 성과를 내서 제대로 된 펀딩을 받는 것이지만, 결코 쉬운 일은 아니었다. "대학을 졸업하던 무렵까지 거둔 수익금 10만 루피를 몽땅 아파트 보증금으로 쓴 상황이었거든요. 그래서 초기에는 그저 살아남기 위해 여기저기서 돈을 빌려야만 했습니다."

상황이 점점 나아져 월 매출액이 20만 루피에 이르기 시작했다. 두 사람은 이제 엔젤 투자자를 찾아 나섰다. 동기들과 모임을 가지면서 입소문을 내고 기회만 주어지면 어디든 찾아가서 프레젠테이션을 했다.

"사람들을 만나려고 밤낮을 가리지 않고 돌아다녔어요! 우리 사업에 관심을 보이는 것 같으면 누구라도 만나고 다녔습니다."

그들이 만난 사람들이 모두 호의적이었던 것은 아니다. "고작 이런 일을 하려고 인도공대에 들어간 건가? 좋은 학벌을 낭비하는 셈이 아닌가!"라고 반응하는 사람도 있었다. 가판 장사까지 해 본 청년은 그저 어깨만 으쓱할 뿐이었다. 그런 반응에 이제는 익숙해져 있었다.

이들이 풀어야 할 또 다른 과제는 30~40대 투자자들을 상대로 청년 브랜드의 비전을 어떻게 설득할 것인가, 하는 문제였다. 마침내 이들은 자신들의 비전을 이해하고 즉각적인 의사결정을 내린 인도 공대 출신 선배를 만나게 되었다.

"그분은 우리를 보자마자 '할 수 있을 것 같다'는 느낌을 받은 것 같았습니다. 구자라티 상인 계급 출신답게 그는 우리 아이디어에 힘이 있다는 걸, 우리 아이디어가 먹힐 거라는 걸 알아챘던 겁니다."

그렇게 베와쿠프는 적지만 첫 번째 시드 펀딩[26]을 받았다. 같은 일을 좀 더 큰 규모로 진행하기 위해서였다. 투자금의 일부는 티셔츠 인쇄 설비를 갖추는 데 사용했다. 외주로 하면 편리하기는 했지만 직접 인쇄한다면 여러 가지를 마음껏 시도해 볼 수 있다는 장점이 따랐다. 또한 필요할 경우, '당일' 제작도 해 줄 수 있었다.

"인쇄 작업을 외부 업체에 맡겼을 때는 업체에서 실수를 하기도 하고 심지어 견본 제작을 거부하기도 했어요. 여간 골치 아픈 일이 아니었죠!"

인쇄 설비를 갖춘 이후 두 사람은 수주를 늘리기 위해 더 많은 노력을 기울였다. 대학 축제 담당자와 기업 관계자에게 사전 약속 없이 전화하거나 방문하는 일이 많아졌다는 의미다. 발에 불이 나도록 뛰어다니고 인쇄하고 배송했다. 그러는 가운데 베와쿠프의 브랜드 콘셉트가 생겨났다.

"〈잼JAM〉 매거진에서 영감을 얻어 우리도 재미있는 카피와 기사를 써서 베와쿠프 매거진을 발행하기 시작했습니다. 하지만 나중에는

---

[26] seed funding: 새로운 사업이나 프로젝트의 출범을 돕기 위해 투자되는 돈

페이스북을 통해서만 브랜드 이미지를 구축하기로 결정했어요."

12월이 다가오고 뭄바이 공대의 유명한 축제 무드 인디고Mood Indigo도 코앞으로 다가왔다. 베와쿠프 브랜드를 소개할 더없이 이상적인 기회였다. 두 사람은 축제장의 가판대를 예약했다. 그리고 15일 만에, 7가지 디자인에 다양한 사이즈로 300장의 티셔츠를 제작했다. 검정과 노랑으로 디자인한 베와쿠프 로고를 찍어서.

"반응이 어떨지 알 수가 없었기 때문에 300장만 제작했어요. 절반 정도는 팔 수 있을 거라고 생각했죠."

놀랍게도 300장의 티셔츠는 사흘도 지나지 않아 '완판'되었다. 간타 엔지니어링Ghanta Engineering 디자인27이 가장 인기가 많았다. 매대로 찾아와 선불로 대금을 지불하며 주소와 이름을 적어 놓을 테니 소포로 보내 달라는 사람들도 많았다. 여기서 두 젊은 기업가는 아이디어를 얻었다. 전국 대학생들에게 판매할 수 있는 웹사이트를 제작하는 것은 어떨까?

"사실은 매장에 입점해서 판매하는 방식을 생각하고 있었어요. 그 당시만 해도 온라인에서 옷을 사는 일이 그다지 일반적이지 않았거든요."

축제 기간 동안 사람들의 반응을 보고 가능성을 확인한 그들은 재빨리 다음 스텝을 위한 결정을 내렸다. "사람들에게 우리가 1월에 오픈할 홈페이지에 방문하면 훨씬 많은 종류의 티셔츠가 구비되어 있을 거라고 말했어요!"

---

27 힌두교 의식에 쓰는 종(간타)을 그려놓고 밑에 'ENGINEERING'이라는 글자를 박은 도안

베와쿠프닷컴은 2012년 2월 10일부터 온라인 영업을 시작했고 첫 달에만 50장의 티셔츠를 팔았다. 제품은 택배로 배송했다. 배송 과정에서 분실되거나 잘못 배송되기도 했지만 판매량이 많지 않았기 때문에 고객의 불만을 신속하게 해결할 수 있었다.

"주문 고객 한 사람 한 사람에게 관심을 기울일 수 있었습니다. 매번 주문부터 배송까지의 과정을 추적하곤 했죠. 제대로 받았는지 확인해야 했으니까요. 그러면서 우리는 온라인 쇼핑몰 사업에서 물류가 얼마나 중요한지 깨달았습니다."[28]

주문량이 늘어남에 따라 베와쿠프닷컴은 배송 업체를 좀 더 믿을 만한 블루다트Blue Dart로 변경했다. 증가된 트래픽을 무난히 감당하기 위해 웹사이트 관리 업무도 업그레이드해야 했다. 뭄바이 공대 학생 중에도 프리랜서로 일하는 프로그래머들이 수두룩했지만 두 사람은 그런 일시적인 처방이 해결책이 될 수 없음을 잘 알았다.

"적절한 인재를 고용하는 것이 쉽지는 않지만 우리는 회사 내에 상근 프로그래머가 반드시 필요하다는 결정을 내렸습니다."

무언가를 팔아야 할 때는 당연히 사람들이 상품을 인식해 주길 바란다. 하지만 그렇다고 해서 기차가 플랫폼에 들어올 때 쫓아가서 '티셔츠 사세요'라고 외치며 팔고 싶어 하는 사람은 없다. 스타벅스처럼 사람들이 알아서, 또 계속해서 찾아주는 브랜드를 만들고 싶어 하기 마련이다.

---

[28] 인도는 주소 정비가 제대로 이뤄지지 않아 상품 배송에 많은 어려움을 겪어 왔다. 그러나 2013년 아마존닷컴이 인도에 진출하면서 '빠른 배송'이 경쟁력이 되기 시작했으며, 아마존닷컴의 진출은 주소 정비와 상품 배송의 신속화를 가져왔다.

"페이스북을 통해 베와쿠프 브랜즈의 이미지를 구축하는 일은 순조롭게 진행되었습니다. 우리는 티셔츠만 제공하는 것이 아니라 재미와 오락까지 제공하거든요. 그래서 사람들이 계속 기대하고 찾게 되는 겁니다. '다음은 뭘까?'"

베와쿠프의 페이스북 페이지는 하루에 15-20회 인도 전역의 사용자들이 전해 주는 시사 유머들로 업데이트된다. 물론 가끔 문제도 생긴다. 예를 들어 정치 관련 유머는 매우 인기가 높지만 정치인들이 지나치게 민감하게 반응하는 문제가 있다.

"페이스북으로부터 두어 번 경고를 받은 후 '정치적 발언 금지' 규칙을 정했습니다. 종교나 사람들이 쉽게 반감을 느낄 만한 주제도 금지하고 있습니다!"

1년도 채 지나지 않아서 베와쿠프닷컴은 하루 200~300장의 판매고를 올리게 되었고, 대부분의 전자상거래 기업들과는 달리 수익을 거두고 있었다. "처음 시작했을 때는 월 매출이 10만 루피 정도였습니다. 지금은 월 매출액이 종종 1000만 루피를 넘어섭니다."

놀라운 것은 베와쿠프 제품의 필수 재료인 티셔츠를 전량 뭄바이에서 조달하고 있다는 사실이다. 그래서 '실시간 제작'의 이점을 십분 살릴 수 있었다. 주문이 들어오면 인쇄와 배송까지 당일에 처리해 고객 만족도를 높일 수 있다는 얘기다. "루디아나나 티루푸르에서 티셔츠를 조달하면 운송에만 열흘 걸리거든요!"

베와쿠프닷컴은 2013년 만우절에 깜짝 세일을 진행해 평소의 열 배가 넘는 주문을 받았다. 그럼에도 불구하고 사흘 만에 전량 배송에 성공했다. 고객 만족의 기치를 이어 나간 것이다.

2014년 3월까지 베와쿠프는 남성용 사각팬티와 파자마, 맨투맨 셔츠 등 새로운 제품 라인과 여성복 코너를 신설하는 한편, 톡톡 튀는 휴대폰 케이스와 노트북 컴퓨터 스킨에 이르기까지 제품 영역을 확장했다. 2013 회계연도를 마감한 2014년 3월 말 기준 연 매출은 5000만 루피다.[29] 물론 계속 사업을 확장해 매출을 늘릴 계획이다.

"우리는 단순히 옷을 파는 회사가 아닙니다. 베와쿠프는 젊은이의 브랜드입니다. 앞으로 2~3년 후에는 베와쿠프 카페나 베와쿠프 TV를 만나게 될지도 모르죠. 어떤 것이든 가능하지만 그 중심엔 언제나 베와쿠프가 있을 겁니다."

현재 이 회사에는 150명의 직원이 일하고 있다. 절반은 생산과 배송, 나머지는 고객 관리와 디자인, 마케팅을 담당한다. 베와쿠프는 이제 인턴으로 일을 배우고 싶은 기업으로도 유명하다. 지난해에는 수십 명의 인도공과대학생이 인턴 과정에 지원해 6명이 선발되었다.

경영에 있어 중요한 부분, 예를 들어 회계 같은 부분에서는 전문가를 고용한다. 그러나 아무리 훌륭한 회계사가 있다 하더라도, 기업가는 반드시 사업이 돌아가는 상황을 파악해야 한다. "사업을 속속들이 알지 못하면 누구에게라도 속아 넘어갈 수 있으니까요." '너무 젊다', '어리숙하다', '경험이 부족하다'라고 말하는 사람들보다 한 수 앞서려면 세상 물정에 밝아야만 한다.

베와쿠프닷컴은 상당히 빠른 기간 내에 규모 있는 기업으로 성장했다. 그러나 이들의 꿈은 그보다 훨씬 더 웅장하다. 이 회사는 현

---

[29] 인도의 회계연도는 4월 1일부터 이듬해 3월 31일까지다.

재 외부 투자 유치를 적극 고려하며 더 크게 성장할 기회를 노리고 있다. "향후 5년 내에 반드시 상장회사로 만들 생각입니다."

기존의 방식을 거부하는 '얼간이'들이
결국 세상을 변화시키는 법이다.
자신만의 길을 당당히 걷는 '얼간이'들이
계속 나오길 기대한다.

젊은 기업가들에게 전하는 팁

싯다르트 무놋 Siddharth Munot
1988년생 | 뭄바이 인도공과대학 | siddharth@bewakoof.com

중요한 것은 열심히 일해야 한다는 겁니다. 열심히요. 꾸준히 열심히 하세요. 그리고 또 열심히, 아주 열심히 하셔야 합니다. 열심히 하고 싶어야 해요. 그러니 끊임없이 스스로에게 동기를 부여하시기 바랍니다.

　우리 두 사람은, 한 사람이 힘들고 낙심해 있을 때 서로 돕고 의욕을 불어넣어 주었습니다. 단언하건대 파트너와 함께한다는 것은 분명 좋은 일입니다. 저는 2인 창업이 매우 이상적인 조합이라고 생각해요.

젊은 기업가들에게 전하는 팁

쁘라브끼란 싱 Prabhkiran Singh
1989년생 | 뭄바이 인도공과대학 | prabhkiran@bewakoof.com

젊은 나이에 사업을 시작하다 보면 변변한 인맥도 없고 자금도 없는 것이 당연합니다. 정말 힘들죠! 중요한 순간마다 자신을 증명해야 하고요. 하지만 창업의 장점도 무시할 수 없습니다. 자유롭게 여러 가지를 실험할 수 있기 때문이죠.

   누구나 실패할 염려가 없는 완벽한 계획을 원합니다. 하지만 다양한 시도를 해 봐야 합니다. 그중 어떤 것은 성공할 것이고 어떤 것은 실패하겠지요. **실수로부터 교훈을 얻는 법이니 실수를 두려워하지 마세요.**

   세상으로 나가 부딪쳐 보세요. 그 외에는 달리 교훈을 얻을 수 있는 방법도, 성공할 수 있는 방법도 없습니다.

5. 길은 열리기 마련이다

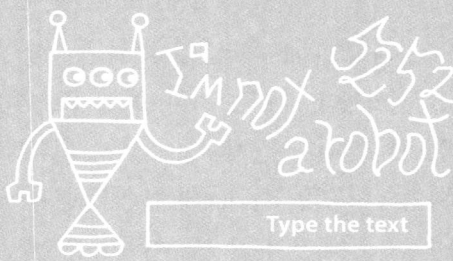

이노비스 테크놀로지스
INNOVESE TECHNOLOGIES

사용자가 사람인지 컴퓨터의 자동 수집 프로그램인지 확인하는 캡차 프로그램을 고객들이 즐겁게 반응하는 쌍방향 캡차 프로그램으로 만들어 기업들이 마케팅에 활용할 수 있는 서비스를 제공하였다. 이노비스는 네트워크 플레이와 함께 2013년 3월 독일 베르텔스만 그룹의 출판 회사 그루너운트야르에 인수되었다.

www.innovese.com

대표 안킷 굽타, 드루브 소가니, 니라즈 아가르왈
분야 IT 기술
창업 2012년
본사 뉴델리

처음 필라니의 비를라 과학기술대학Birla Institute of Technology and Science, BITS, 30을 방문했을 때 나는 '마법'을 체험했다. 우리는 사와이마도푸르 역에서 내려 버스를 타고 캠퍼스로 향했다. 학교는 말 그대로 허허벌판 한 가운데 덩그러니 서 있었다. 하지만 캠퍼스에 발을 들여놓자마자 젊음의 생기와 화사한 색채, 넘치는 에너지에 휩싸이지 않을 수 없었다. 학교 축제 오아시스Oasis가 펼쳐지고 있었던 것이다.

비를라 과학기술대는 오랜 세월 인도공과대학 못지않은 일류 대학으로 인정받아 왔지만, 여러 면에서 인도공대와는 사뭇 다른 학풍을 자랑한다. 필라니 비를라 과기대 학생들은 자유를 만끽한다. 그들에게는 교과 과정을 선택할 자유, 강의실에 나타나지 않을 자유, 그냥 '자기다울' 자유가 주어진다. 많은 학생들은 당연히 이를 '느긋하게 여유를 부릴' 특권쯤으로 받아들인다. 하지만 일부는 이를 나름대로 현명하게, 그리고 극소수는 아주 지혜롭게 사용한다. 안킷 굽타와 니라즈 아가르왈 그리고 드루브 소가니는 그 극소수의

---

30 인도의 다국적 제조 및 서비스 기업 비를라가 운영하는 대학

학생이었다.

"항상 '무언가를 이루고 싶다'는 열망이 있었습니다. 그래서 3학년 때 동기인 니라즈와 함께 웹 개발 회사를 시작한 겁니다. 드루브는 나중에 함께하게 되었습니다."

기업가정신은 연애와 비슷하다. '진정한 상대'를 발견하게 되기까지 여러 다양한 사업 아이디어에 빠져들어야 하기 때문이다. 그렇게 '진정한 상대'를 만나고 나면 오직 그 하나에 '올인'하지 않는가.

안킷과 니라즈가 우연히 이노비스의 아이템이 된 요캡차YoCaptcha 아이디어를 발견했을 때가 그랬다. 그러나 안타깝게도 멋진 러브스토리에는 으레 훼방꾼이 끼어드는 법. 그들에게 훼방꾼은 다름 아닌 '이기심'이었다. 그렇게 전도유망한 스타트업은 내부 문제로 인해 와해되고 말았다.

이노비스는 이후 독일계 다국적 기업 그루너운트야르Gruner+Jahr에 인수되었다. 안킷과 드루브는 현재 그 회사에서 일하고 있으며 니라즈는 분석 및 '빅데이터' 분야로 넘어가 새로운 회사를 차렸다.

사랑은 마음을 강인하게 만들고 영혼의 꽃을 피우게 한다. '영원히' 지속되지 않더라도 말이다. 그러니 마음속에 사랑을 품어라. 삶을 사랑하고 일을 사랑하고 이익을 사랑하고 성장을 사랑하라. 문제가 발생해도 어떤 길이든 열리기 마련이다. 그러니 겁부터 집어먹지는 말도록!

　사업가 아버지와 공무원 어머니 사이에서 태어난 안킷 굽타는 자이푸르에서 쭉 성장했다. 안킷은 아버지가 이런저런 사업을 벌이고 때로는 고생하는 모습을 보며 자랐지만, 자신도 사업가가 되겠다는 꿈을 키웠다. 사업이 '멋진' 일로 보였기 때문이다.

　5학년 여름 방학, 안킷은 부모님에게서 용돈 5루피를 받았다. 어린 안킷은 이렇게 선언했다. "이 5루피를 100루피로 만들 거예요."

　어릴 적 안킷은 할아버지를 즐겁게 해 드리기 위해 신문을 보고 세상 소식을 할아버지께 읽어드렸는데, 그러다 보니 신문을 읽는 것이 습관이 되었다. 안킷은 그날의 신문기사를 종이 한 장에 요약 정리한 다음에 복사해서 동네 사람들에게 파는 '사업'을 구상해 냈다.

　"돌이켜 보면 그때 어른들이 제가 정리한 신문기사를 굳이 돈을 내고 볼 필요는 없었지만 격려 차원에서 2~3루피 정도를 주셨던 것 같아요."

　그렇게 한 달이 지난 후, 안킷의 요약 기사, 일명 〈석간 안킷타임스〉는 150루피라는 적잖은 돈을 벌어다 주었다.

　안킷에게 인생의 전환점이 찾아온 것은 6학년 때 컴퓨터에 빠지면서부터였다. 한 친척이 안킷의 집 바로 건너편에 컴퓨터 학원을 차린 게 발단이었다. 여름방학 동안 안킷은 그곳에서 등록 업무를 하며 일을 도왔다.

"그곳에서 컴퓨터를 맘껏 쓸 수 있었어요. 그러면서 CD-ROM과 동영상을 접했고 인터넷이 어떤 것인지도 알게 되었죠. 모든 것이 흥미진진했습니다."

2000년, 자이푸르에서 PC는 그저 신기한 물건이었고 피시방도 흔치 않았다. 이미 마이크로소프트의 윈도 미Windows Me가 출시된 후였지만 안킷이 쓰던 컴퓨터의 운영체제는 여전히 도스DOS였다. "실제로 5.25인치 플로피디스크를 쓰고 있었다니까요!"

친척이 운영하는 학원에서 컴퓨터를 접한 안킷은 여름방학이 끝나고 부모님께 이렇게 말했다. "저만의 PC를 갖고 싶어요."

부모로서는 12살짜리 아들의 요구가 당혹스러울 수밖에 없었다. 당시 구색을 갖춘 유명 상표의 PC 가격은 5만~7만 루피나 했다. 중산층 가정에서 일시에 지출하기에는 큰돈이었다. 자신의 '꿈의 장비'를 손에 넣기까지 안킷은 5~6개월 동안 끈질기게 애원하고 간청해야만 했다.

"300~500루피짜리 보드게임이나 사달라고 하던 아이가 5~7만 루피짜리를 사 달라고 하니, 부모님이 많이 당황하셨을 거예요. 그래도 부모님이 두 손 들 때까지 졸라서 7만 루피짜리 컴퓨터를 겨우 얻어 냈습니다. 제 인생 최고의 결정 중 하나라고 생각해요."

당시에는 사용자가 인터넷을 직접 연결해야 했고, 안킷은 매뉴얼대로 인터넷을 연결했다. "그 이후로 월드와이드웹은 제게 지식과 동기 부여의 어마어마한 원천이 되어 주었습니다. 거기서 얻은 정보를 토대로 무언가를 만들기도 했고, 세상에서 어떤 일들이 벌어지고 있는지 알아보기도 했으며, 재미 삼아 프로그램을 제작하기도 했습니다."

드루브 소가니는 안킷이 다니던 성 안셀모 핑크시티 중고등학교St. Anselm's Pink City Senior Secondary School의 같은 반 친구였다.

드루브의 집에는 이미 PC가 있었다. 그러나 안킷과는 달리, 드루브가 PC를 사용하는 목적은 로드래시Roadrash라는 비디오 게임을 하기 위해서였다. "11~12학년 때 컴퓨터공학과에 다녔어요. 다섯 번째 과목도 '컴퓨터'였고요. 하지만 딱 거기까지였어요. 저는 프로그래밍에는 관심이 없었거든요."[31]

안킷과 드루브는 학업 성적이 우수했다. 둘은 10학년 이후 공대 입시 학원에 같이 다녔고 여러 군데 입학시험도 함께 치렀다. 두 사람의 끈끈한 우정은 바로 이 시기를 통해 다져졌다.

"우리는 대학에 가서 무엇을 배우고 싶은지, 대학을 졸업한 후에는 무엇을 하고 싶은지, 삶의 철학은 무엇인지 등을 이야기하느라 몇 시간씩 보내기도 했습니다."

12학년이 끝나갈 무렵, 드루브는 비를라 과기대 입학시험을 통과했지만, 안킷은 재수를 해야 했다. 그 다음 해 안킷의 입학시험 점수는 4년제 화학공학과에 들어가기에는 넉넉했지만, 그가 정말 가고

---

[31] 인도에서는 우리의 고2~3학년에 해당하는 시기에 대학에서 전공 학과에 대한 예비 지식을 쌓는 개념으로 과를 나누어 수업한다. 필수 과목 4개 외에 학생이 원하는 한 과목을 별도로 선택할 수 있다.

싶어 하던 컴퓨터공학과에 가기엔 부족했다.

"한참 고민하다가 그냥 화학공학과에 들어가기로 마음을 굳히고 있었어요. 그런데 드루브와 함께 비를라 과기대에 다니던 친구들이 5년제 통합 과정에 들어가라고 적극적으로 추천해 주었어요."

비를라 과기대의 5년제 복수학위 과정은 (수학이나 물리, 생물학, 화학 등) 기초과학 한 분야의 석사학위와 공학 학사학위를 동시에 취득하도록 돕는 프로그램이었다. 친구들이 안킷에게 이 과정을 권한 이유는 1학년 성적에 따라 전공을 결정할 수 있기 때문이었다.

"안킷을 잘 알았어요. 반드시 컴퓨터공학을 전공해야 되는 친구였죠. 그래서 복수학위 취득 프로그램을 선택해서 마지막으로 한 번 더 컴퓨터공학을 전공할 기회를 노려 보라고 권했던 겁니다."

안킷은 비를라 과기대에 들어가 1년 동안 학업에만 열중했다. "위험한 결정이라는 것을 잘 알고 있었습니다. 반드시 컴퓨터공학을 전공할 수 있는 기회를 잡아야 했거든요. 안 됐다면 아마도 크게 낙담했겠죠."

그렇게 확실한 목표를 갖고 정진한 끝에 안킷은 바라던 바를 이룰 수 있었다. 그리고 전공이 확정된 2학년 때부터 비로소 학업 이외의 대학 생활도 즐기기 시작했다.

"개인적으로 비를라 과기대를 다니면서 2학년 때가 가장 즐거웠어요. 이수해야 할 필수 과목이 비교적 적어서 다양한 경험을 할 수 있었으니까요."

비를라 과기대에서는 모든 것이 선택의 연속이다. 어느 교수에게 강의를 들을 것인가부터 누구와 방을 함께 쓸 것인가, 심지어 강의에 출석하는 것까지 모든 것을 스스로 선택해야 한다. 이곳에서는 출석이 의무가 아니다.

"필라니 비를라 과기대 학생 공동체는 동기를 부여 받을 수 있는 아주 대단한 원천입니다. 이곳은 자기주도적인 학생들이 발전할 수 있도록 훌륭한 촉매제 역할을 합니다. 그 대학을 다닌 것을 행운이라고 생각해요." 드루브의 말이다.

비를라 과기대의 단점은 지리적 위치였다. 대도시에서는 당연히 누릴 수 있는 편의 시설은 없거나 부족했고, 세상과 단절되어 있다는 것은 가벼운 문제가 아니었다. 하지만 그렇기 때문에 오히려 학생들이 대학 생활 한두 해 만에 오아시스 같은 대규모 문화 축제와 전국 규모의 스포츠 행사를 조직하고 관리할 수 있는 역량을 갖추는 것인지도 모른다.

"2학년 때부터 오아시스에서 핵심 역할을 수행했습니다. 간행물 및 통신 팀장을 맡아 인도 전역의 수많은 대학생들과 연락을 주고받으며 협력하는 일을 했으니까요." 드루브의 말이다.

한편 안킷은 교내에서 디자이너로 통했다. 안킷은 평소 도안을 구상하고 그리는 일을 즐겼을 뿐 아니라 실력도 전문가 못지않게 뛰어났다. 그래서 대학 행사에 필요한 포스터를 만들기도 하고 심지어 웹사이트의 유저 인터페이스UI를 제작해 주기도 했다. 2학년 1학기가 끝날 무렵, 안킷은 그렇게 공짜로 제공하던 서비스로 작은 사업을 시작하기로 마음먹었다.

"재치 있는 카피를 잘 만드는 친구들 몇 명을 모아서 애드섀크AdShack라는 디자인 팀을 구성했습니다!"

첫 번째 고객은 인도 청년 기후 네트워크Indian Youth Climate Network였는

데, 단체의 주요 행사인 바들라브2009[32]의 포스터 제작을 의뢰했다. 곧이어 학교에서 개최된 한 학회 덕분에 두어 명의 외국 고객도 유치했다. 하지만 다들 생업이 아니다 보니 진지하게 참여하는 분위기는 아니었다. '큰 사업체로 발전시키는 것'이 애초의 목표였지만 도무지 그렇게 될 기미가 보이지 않았다.

"함께 일하는 친구들이 열정도 없었고, 진지하지도 않았습니다. 저 역시 거기서 더 발전할 것이라고 생각하지도 않았고요."

당시 비를라 과기대 캠퍼스에는 큐브(Cube)라는 빠르게 성장하고 있는 스타트업이 하나 있었다. 컴퓨터만 아는 괴짜 크래커[33] 니라즈 아가르왈은 이 회사의 공동 창업자 중 한 명이었다. 그러나 큐브의 실질적 리더는 2009년도에 졸업한 아르빈드 싱이었다.

"저는 부끄러움을 많이 타는 성격이에요. 그래서 늘 뒤로 물러나 있는 편입니다. 고객들을 직접 상대하는 일은 어떻게 해야 하는지 도무지 모르겠더군요." 니라즈는 솔직하게 말했다.

그런 이유로 니라즈는 큐브의 일에 별로 관심을 두지 않았다. 행운은 예상치 못한 곳에서 온다. 안킷과 니라즈는 메신저에서 채팅을 하던 중 유레카의 순간을 맞이했다. "그럼, 우리 서로 힘을 합쳐 함께 일해 보는 게 어때?"

두 사람 모두 3학년이었고 5년제 복수학위 취득 과정을 밟고 있었다. 어릴 적부터 컴퓨터에 푹 빠져 살았고, 프로그래밍을 할 줄 안

---

32 Badlaav: 변화라는 의미의 힌디어
33 cracker: 불법적이거나 비윤리적인 활동도 하는 컴퓨터 해커를 일컫는 용어

다는 공통점도 있었다. 프로그래머로서는 니라즈가 한 수 위였지만 안킷은 디자인과 커뮤니케이션 능력이 뛰어났다.

"우리는 디자이너와 개발자가 협력하면 매우 놀라운 결과물을 창출해 낼 수 있다는 것을 깨달았습니다."

이 합작회사의 첫 임무는 회사 이름을 짓는 일이었다. "구글에서 검색하다가 이노베이션innovation, 혁신이라는 단어를 다른 언어에서는 어떤 식으로 표기하는지 찾아보자는 생각이 떠올랐어요."

그렇게 다양한 철자를 검색하며 고민한 끝에 지은 이름이 '이노비스innovese'였다. 마침 'co.in'이 아닌 '닷컴.com'도메인도 비어 있었다. 그리하여 2009년 12월 8일 이노비스닷컴innovese.com은 도메인 등록을 마치고 정식으로 출범했다.

이 신생 기업은 가장 먼저 소셜미디어와 비를라 과기대 홈페이지 bitsaa.org를 활용해 동창 및 졸업한 선배들을 대상으로 홍보를 시작했다. "학생 신분이었지만, 우리는 40개가 넘는 웹사이트를 호스팅하고 81건의 고객 프로젝트를 완수해서 총 40~50만 루피의 순익을 거뒀습니다."

이노비스는 비를라 과기대를 중심으로 입소문을 타기 시작했고, 곧 동문들로부터 홈페이지나 앱 개발 프로젝트를 추진해 달라는 주문이 들어오기 시작했다. 그렇게 프로젝트를 수행하느라 분주하던 어느 화창한 날, 이노비스에 한 통의 이메일이 도착했다. 일면식도 없는 사람이 보낸 그 메일에는 이렇게 쓰여 있었다.

"인터넷에서 귀사에 대해 알게 되었습니다. 귀사의 디자인이 무척 참신해 보여서 웹사이트 제작을 의뢰하고자 합니다."

이메일을 보낸 사람은 프라임 아카데미Prime Academy라는 대입 학원의 창업자인 랄리트 쿠마르Lalit Kumar라는 인물이었다. 그는 비를라 과기대와 아무런 인연이 없었지만 이노비스에게 훌륭한 고객이 되어 주었다. 프로젝트를 맡길 뿐 아니라 사업과 관련하여 많은 것을 가르쳐 주었다. 웹사이트의 제작을 의뢰할 때만 해도 랄리트는 이노비스가 대학생들이 운영하는 회사라는 사실을 몰랐다.

"우리가 시험 때문에 일정을 조정해 줄 것을 부탁하자 그분의 호기심이 발동한 겁니다. '그럼, 이노비스의 직원이 모두 학생이란 말인가요?'라고 물으며 흥미로워 하더군요."

뭄바이 인도공과대학 출신으로 경영학을 제대로 배운 적이 없는 랄리트에게도 나름의 스토리가 있었다. 달랑 5명의 학생으로 시작해 6개의 직영 학원을 두고 수천만 루피의 매출을 올리는 학원 그룹을 키워 낸 인물이었다.

"많은 대화를 나누었습니다. 그분은 어떻게 처음 사업을 시작했고 어떤 고비를 거쳤으며 어떻게 성장세를 탔는지 우리가 물어보는 것을 성실하게 답해 주셨어요. 우리가 만든 웹사이트도 마음에 들어 했고 우리가 학생인 것과 상관없이 실력을 인정해 주었어요. 아주 큰 힘이 되었습니다."

프라임 아카데미는 온라인 게시판을 갖춘 15페이지 분량의 웹사이트 제작비로 3만 5000루피를 지불했다. 이노비스에서는 매출이 곧 순이익이었다. 그러나 돈 좀 생겼다고 나가서 흥청망청 써 버리는 그런 학생들은 아니었다.

"사실 필라니에는 크게 돈 쓸 데가 없어요. 한 달에 1만 루피 정도의 용돈이 필요한 동네가 아니라는 말이죠!"

안킷과 니라즈의 꿈은 '회사를 크게 성장시키는 것'이었다. "선배들이 시작한 스타트업 중에 잠깐 유명세를 타고 언론에 나오기도 하다가 결국엔 흔적도 없이 사라진 사례가 적지 않습니다. 저희는 그런 전철을 밟고 싶지 않았어요."

두 사람은 수익금 중 1만 7000루피로 서버를 대여하기로 했다. 이렇게 이노비스는 홈페이지 제작뿐 아니라 웹 호스팅 서비스까지 제공할 수 있게 되었다. "웹 호스팅 서비스 연회비로 3000루피를 받았습니다. 호스팅 서비스 수익으로 매출이 상당히 늘어났어요!"

겨울방학은 두 사람이 프로젝트 업무를 처리할 수 있을 만큼 길었다. 2010년 2월, 사업을 본격적으로 시작한 지 3개월 만에 이노비스는 총 10건의 의뢰를 수주해서 성공적으로 완수했다. 그렇게 회사의 수익은 늘어 갔지만 무언가 부족한 느낌이 들었다.

"1월 말 경에 우리는 회사의 미래에 대해 진지하게 논의했어요. 회의를 할수록 한 가지가 확실해지더군요. 저렴한 웹사이트를 제작하는 회사로 알려지는 것은 우리가 원하던 바가 아니었어요. 그래서 우리만이 할 수 있는 무언가를 만들어 보자고 결심했죠!"

그 당시 페이스북에서는 소셜 인터뷰Social Interview라는 애플리케이션이 인기가 높았다. 이 앱에서는 유저의 친구들에 대해 재미있는 질문을 던진다. 예를 들면 이런 것이다. 당신의 친구 X는 피자를 먹을 때 페퍼로니를 올려서 먹을까 아니면 빼고 먹을까?

"소셜 인터뷰도 그렇지만 당시 인도 학생들 사이에서 인기가 높았던 슬램북34도 저희에게 영감을 주었습니다."

---

34 Slambook: 친구들끼리 돌아가며 질문을 던지거나 의견을 적는 공책

"단순히 새로운 것이라 해서, 그것이 당신의 흥미를 불러일으킨다고 해서 다른 사람들의 흥미도 불러일으킬 수 있는 것은 아닙니다. 그들이 흥미를 느낄 수 있도록 만들 방법을 찾아야만 합니다."

2010년 2월, 안킷과 니라즈는 온라인 버전의 슬램북을 만드는 작업에 착수했다. 이 앱에는 '언제 처음 만났습니까?' '당신은 나의 어떤 면을 좋아합니까?' '생애 최고의 순간은 언제였습니까?' 등 온갖 시시껄렁한 질문들로 가득했다. 이들의 슬램북 앱은 2010년 2월 페이스북을 통해 온라인에 배포되었고 순식간에 성공을 거두었다.

"단 4개월 만에 실 사용자가 8만 5000명에 이르렀고 회사의 서버가 다운되기 시작했습니다." 고객사 홈페이지 30개를 호스팅하는 서버에서 그 앱도 돌리고 있었던 탓이다. 두 젊은 기업가는 웹개발 사업으로 벌어들이는 돈을 모조리 슬램북 사업에 투자하기로 했다. "푼돈을 버는 맛에 만족하는 대신 슬램북 개발에 좀 더 투자하기로 했습니다."

"우리가 델리까지 가서 돈을 쓰며 즐기는 맛에 물들어 가던 무렵이었습니다. 문득 이런 생각이 들었어요. 이 돈을 좀 더 나은 용도로 써야 하지 않을까?"

두 사람은 앱의 소스코드를 개선하고 최적화했다. 고성능 서버를 갖추는 데에도 투자를 아끼지 않았다. 덕분에 슬램북은 더욱 빠른 성장세를 타기 시작했다. 슬램북 앱은 단 8개월 만에 유저 수 34만 5000명을 돌파했고 그들이 올린 댓글은 5백만 건을 넘어섰다.

"그것은 작지만 우리가 거둔, 최초의 진정한 성공이었습니다. 신기하게도 우리 회사를 인수하겠다는 제안까지 들어왔으니까요!"

이노비스에 인수를 제안한 기업은 소셜 미디어 분야를 적극적으로 개척하던 일용소비재 기업이었다. 그들은 이렇게 말했다. "현재 당신들의 앱은 이미 30만 명의 유저를 보유하고 있습니다. 이름만 바꾸어서 우리 회사의 애플리케이션으로 만들고자 합니다."

수차례의 논의와 평가 그리고 협상이 전개되었다. "돈을 투자할 때 사람들의 사고방식이 어떻게 작동하는지 알게 되었습니다. 그리고 그들이 제안한 가격은 사용자 1인당 50~75페세[35]였어요. 앱 자체가 아니라 유저 수만 따져서 계산한 겁니다." 물론 인수를 제안한 회사는 상대가 아직 학생들이라는 사실도 잘 이용했다.

그들이 제안한 '인수' 대금 수십 만 루피는 충분히 매력적이었다. "실제로 우리에게 상당한 영향을 미쳤습니다. 그렇게 노력을 기울이고도 1인당 3~4만 루피밖에 모으지 못한 마당에 이 제안을 받아들이는 게 현명한 처사가 아닐까 하는 생각도 든 겁니다. 약 15만 루피씩 나눠 가질 수 있는 데다가 인수 소식으로 좀 더 유명해질 수도 있었으니까요."

흥미가 상당히 동하기는 했지만 결국 안킷과 니라즈는 매각하지 않기로 결정했다. 그러나 이 과정에서 두 사람은 자신감을 얻게 되었다. 자신들이 만든 '상품'을 사고 싶어 하는 사람들이 있다는 사실을 확인하면서 생긴 자신감이었다. '우리가 만든 서비스가 상품성이 있다!' 믿음은 문을 열고 길을 만든다고 하지 않는가. 문제는 '어느' 길로 가야 옳은지 어떻게 알 수 있느냐였다.

"안킷과 저는 수많은 아이디어를 놓고 토론하고 브레인스토밍하

---

[35] 1페세=0.01루피

면서 아이디어의 상업화 방안에 대해 고민하고 또 고민했습니다."

그들이 당시 검토한 아이디어들은 카풀 앱, 소셜 네트워크 서비스(링크드인36이 영 맘에 들지 않아서), 반응형 웹사이트 구축 앱 등이었다. 실제로 홈페이지 구축 앱을 만들어서 2010년 오아시스 축제 기간에 몇 명에게 팔기도 했다.

열띤 토론과 설계, 코딩은 쉬지 않고 계속되었다. 그러던 2010년 8월, 이노비스는 필라니 비를라 과기대의 기술 기업 인큐베이터 Technology Business Incubator, TBI의 지원을 받는 최초의 대학생 기업이 되었다. 그렇게 캠퍼스 내 TBI에 입주한 덕분에 이노비스는 일에만 집중할 수 있고 인터넷 속도도 엄청나게 빠른 그럴 듯한 '업무 공간'을 확보할 수 있었다.

"며칠씩 밤샘 작업이 이어지곤 했어요. 작업을 하다가 아침이 되면 TBI에서 바로 강의실로 달려가는 경우도 종종 있었죠!"

이 학생들은 작은 커피머신을 가져다 놓고 친구들을 초대해 밤늦도록 커피를 마시며 수다를 떨기도 했다. 이런 부분 역시 학생 사업가가 누릴 수 있는 '멋진 점'이라고 생각했다.

이들에게 전환기가 찾아온 것은 2010년 겨울, 중간고사 결과 발표가 임박했을 무렵이었다.

"저희 학교에서는 최종 성적CGPA 카드를 나눠 주기 전에 학교 홈페이지에 먼저 올리거든요. 특정 페이지에 들어가서 학번만 입력하면 성적을 쉽게 확인할 수 있었어요."

---

36   LinkedIn: 세계 최대 비즈니스 인맥관리 서비스 사이트

자신의 성적뿐 아니라 친구들의 성적까지 알아보고 싶어 하는 학생들이 있었다. 여기에서 그치지 않고 해당 페이지에 스크립트를 실행해 아예 전체 결과물을 엑셀 시트로 다운로드하는 해커들도 있었다. 이에 대한 불만을 접수한 학교 당국은 학생들의 프라이버시를 보호하기 위해 '캡차'를 도입했다.

캡차captcha는 유저가 스팸봇[37]이 아닌 실제 사람인지 확인하기 위한 보안 장치다. 자그마한 상자 안에 모양이 일그러진 문자나 숫자를 제시하며 유저에게 입력할 것을 요구하는 자동 가입 방지 기술이다. 아마 인터넷을 돌아다녀 보았다면 접한 적이 있을 것이다.

캡차의 도입으로 낙심한 학생들이 있을지 모르지만, 안킷과 니라즈는 흥분에 휩싸였다. "캡차 때문에 저희 둘 사이에 아주 재미있는 토론이 벌어졌어요. 우리가 캡차를 한 번 뚫어 볼까?"

두 사람은 사전 조사에 착수했다. 캡차가 무엇인지부터 알아야 하지 않겠는가. 지금까지 캡차의 해킹에 성공한 사람이 있는가? 그러다 불현듯 떠오른 생각이 있었다.

"고작 800명의 유저에게 제시되는 캡차를 이것저것 풀어 보면서 네 시간을 매달리다 보니, 인터넷에서 하루에 과연 몇 개의 캡차가 해독되고 있을까 하는 의문이 생겼습니다."

간단히 구글에 검색해 보니 매일 2억 8000만 개가량의 캡차 이미지가 해독되고 있음을 알게 됐다. 그 숫자에 캡차 이미지 해독에 소요되는 평균 시간 2~3분을 곱하면 날마다 캡차 이미지 인식에 엄청난 양의 '주의집중 시간'이 소요되는 셈이었다.

---

[37] spambot: 스패밍에 사용되는 프로그램이나 장치

두 사람은 또한 리캡차Recaptcha에 대해서도 알게 되었다. 카네기멜론 대학교의 루이스 폰 안Luis von Ahn 교수가 도서의 디지털화를 목적으로 개시한 프로젝트였다. 책의 문자를 스캔하는 데 사용되는 광학적 문자 판독OCR 소프트웨어의 경우 30퍼센트 정도의 단어를 정확하게 판독하지 못하는 상태였다. 인간은 충분히 파악할 수 있는 문자 이미지를 30퍼센트나 판독하지 못한다는 얘기였다.

리캡차는 매일 캡차 이미지를 해독하는 수백만 유저들로부터 도움을 받아 불분명해 보이는 문자도 판독할 수 있게 되었으며, 그러한 개선에 힘입어 1851년 이후 발간된 〈뉴욕타임스〉를 모두 디지털화하는 과업을 완수했다. 이 회사는 2009년 구글에 인수되었다.

"리캡차는 하루에 대략 1000만 개의 단어를 해독할 수 있었습니다. 잠재력이 엄청나다는 의미죠. 그런 잠재력을 그냥 둘 수는 없었습니다!"

캡차를 비즈니스로 활용하는 '문제'를 궁리하던 중 유레카의 순간이 찾아왔다. 광고에 이용하면 어떨까? 무작위로 조합된 일련의 문자를 제시하는 대신, 펩시의 광고 메시지를 제시하고 유저에게 이를 입력하게 한다면?

"캡차 이미지가 알아보기 어려워서 여러 번 입력해야 하는 경우가 있습니다. 무작위로 조합된 'AXBY121' 같은 코드도 몇 번 입력하고 나면 간혹 머릿속에 떠오르기도 하잖아요. 그래서 생각했죠. 만약 캡차에서 제시하는 문자가 광고 문구라면 그 브랜드에 대한 인지도 상승률recall value, 기억 지수은 어마어마하겠다!"

한껏 들뜬 니라즈와 안킷은 다시 구글 검색을 통해 그런 앱이 아직 나오지 않았음을 확인했다. 둘은 그 즉시 작업에 착수했다!

"아키텍처나 구조화에 대해선 아예 생각조차 하지 않았어요. 그저 빨리 만들어서 얼마나 멋진 것인지 세상에 보여 주자는 일념뿐이었죠."

그날 저녁 안킷은 고향인 자이푸르에 다녀와야 할 일이 생겼다. 새로운 아이디어로 한껏 들뜬 니라즈는 기다리지 않고 백엔드 엔진 개발을 시작했다. "책상이나 바닥에서 잠들어 버리는 날이 허다했어요. 일에 몰두하다 보면 어느새 새벽 5시였고 그제야 우리가 또 밤을 샜구나 하는 생각이 들곤 했죠!" 그들의 작품 요캡차[38] 첫 번째 버전의 코딩은 그렇게 열흘 만에 완료되었다.

"안킷이 자이푸르에서 돌아왔을 때 요캡차의 시제품을 보여 주었습니다. 우리는 그때 큰 사업이 될 것을 확신했죠."

그 즈음 델리에서 인도기업가협회The Indus Entrepreneurs, TiE의 연례 회의가 개최되고 있었다. 두 사람은 이 행사에 참여해 요캡차에 대한 반응을 알아보기로 마음먹었다.

그때까지만 해도 이들의 제품은 학생들의 프로젝트 수준에 가까웠다. 하지만 TiE 연례회의 참석자들은 훌륭한 아이디어라고 칭찬하며 갖가지 질문을 쏟아 냈다.

"사실 그 경험을 통해 단순히 제품 개발만으로는 충분하지 않다는 것을 깨닫게 되었습니다." 학교에서였다면 학우들의 경탄이 터져

---

[38] 이노비스가 개발한 텍스트 기반 캡차 광고 위젯. 캡차는 "컴퓨터 사용자가 인간인지 컴퓨터 프로그램인지 구별하는 컴퓨터 테스트"로 인식 기술의 일종이다. 프로그램을 이용한 자동 가입이나 무작위 등록 등을 막는 데 주로 쓰인다.

나왔을 것이고 교수님들도 대단한 일을 해내고 있다고 칭찬했을 것이다. 그러나 막상 현실은 그와는 사뭇 달랐다. 사업을 할 생각이라면 우선 비용과 영업 이익, 사업 계획 등을 고려해야 했다.

"그 시절 저는 머리도 어깨까지 길렀고 수염도 깎지 않고 다녔어요. 딱 보기에도 버릇없는 대학생 같았죠. '다들 꺼져 버려. 우리가 광고계의 혁신을 주도한다!' 이런 태도였어요."

그러나 필라니로 돌아오는 두 사람의 마음속에는 개발 작업 외에도 해야 할 일이 많이 남았다는 깨달음이 있었다.

"대학생활 내내 빛도 못 보고 사장되는 아이디어들을 수없이 봤습니다. 자신의 아이디어를 어떻게 시장에 내놓아야 하는지 제대로 알지 못해서 그렇게 된 경우가 대부분이었죠."

"우리는 다양한 사업 계획서 경진 대회에도 참가했습니다. 타타넨 퍼스트닷TATA NEN First Dot에서는 상위 30위에 들기도 했고요."

이 무렵 작동되는 '시제품'을 완성했다. 몇몇 사이트에서 두어 개의 가상 광고를 통해 파일럿 프로그램을 돌려 보기로 했다.

"시험 프로그램을 가동한 사이트는 '젊음의 목소리Youth ki Awaaz'라는 블로그였습니다. TiE 회의에서 만난 안슐 티와리 씨가 운영하고 있었죠. 요캡차를 시험해 보게 해 달라고 부탁했어요."

두 사람에게는 그 모든 과정이 배움과 성장 그리고 성숙의 단계였다. 이들의 사고와 토론은 점점 수준이 높아졌다. 그저 재미있고 '멋진' 것만 생각하던 수준에서 이제 어엿한 기업가로서 '미래'를 내다보기 시작한 것이다.

"하지만 여전히 많은 일들을 동시에 진행하고 있었어요. 웹사이트 개발과 슬램북 호스팅에, 물론 학업도 병행하고 있었죠!"

요캡차에서는 아직 수익이 발생하지 않았지만, 이노비스에는 유럽과 미국, 인도 등지에 120여 명의 고객이 있었고, 슬램북 유저는 30만 명을 넘어선 지 오래였다. 하지만 두 사람은 본능적으로 이 시점에서 요캡차에 집중해야 한다고 느꼈다.

"우리가 슬램북을 죽인 것은 아니에요…자연스럽게 소멸되게 둔 것뿐이라고 말하고 싶습니다."

슬램북이 사라진 것은 이들이 요캡차로 역량을 집중시킨 탓도 있지만 외부적 요인도 일부 작용했다. 페이스북에서 개발자 API[39]를 새롭게 갱신할 때마다 그들 역시 구동에 문제가 생기지 않도록 애플리케이션을 수정해야 했던 것이다.

"언제부턴가 우리는 앱을 업데이트하는 일에 흥미를 잃었고, 그 결과 기능들이 하나 둘씩 작동을 멈추게 되었습니다."

당시 슬램북에는 3만 7000건의 '좋아요'가 있었는데, 어느 날 갑자기 페이스북이 정책을 변경하는 바람에 그 기록이 '0'으로 리셋되는 상황도 벌어졌다. "너무 화가 나서 페이스북에 복구 요청 이메일을 두어 차례 보냈어요. 하지만 신경도 쓰지 않더군요. 우리를 신경쓸 만한 존재로 보지 않았던 거죠. 그래서 포기했습니다."

4학년이 끝나갈 무렵 안킷의 성적은 더 이상 톱클래스가 아니었다. 안킷이 벼락치기로 시험을 치르면서 4년 CGPA 8점(10점 만점) 선은 간신히 지켜내는 정도로만 공부했기 때문이다. "사실 사업을 병행하면서도 학업 성적은 더 올릴 수 있었어요. 하지만 학업에 대한

---

[39] application programming interface: 운영체제와 애플리케이션 사이의 통신에 사용되는 언어나 메시지의 형식

흥미를 잃었어요. 결국 두 과목에서 D를 받았지만 '뭐 어때'라고 생각해 버렸죠!"

다행히 1학년과 2학년 때 9점 이상의 평점을 따 놓아서 3학년 때 받은 평점 4.3점을 어느 정도 상쇄했고, 그래서 4년 평점이 웬만한 모양새를 갖출 수 있었다. "부모님의 눈을 살짝 속인 셈이죠. 성적표에는 매번 누적 평점만 나오니까요."

성적은 나에 대한 다른 사람의 평가다. 그것보다 중요한 것은 '스스로' 자신을 얼마나 뛰어난 사람으로 생각하느냐다.

2011년 6월, 안킷과 니라즈는 실습 학교Practice School 과정에 들어갔다. 비를라 과기대 졸업반이라면 누구나 거쳐야 하는 6개월간의 필수 인턴 과정이었다. 안킷은 하이데라바드에 있는 브라보 루시Bravo Lucy에 들어갔고 니라즈는 노이다의 오페라 솔루션Opera Solutions에서 인턴 과정을 밟았다. 당시 이노비스에는 마케팅을 담당할 인재가 절실히 필요했다.

"2011년 8월에 드루브를 영입했어요. 안킷과 함께 사업 개발 업무를 맡아 달라고 했죠."

드루브는 한 학기를 휴학하고 독일로 날아가 BMW 사 인턴 과정을 밟고 왔기 때문에 졸업까지 다시 6개월이 남아 있었는데, 남은 한 학기도 강의를 듣는 대신 '논문을 제출하는 과제'로 대체하고 구루그램(구. 그루가온)에 있는 자동차 컨설팅 회사에서 일을 시작한 상태였다.

"물론 첫사랑은 자동차였지만 요캡차를 접하고는 상당히 흥미롭다는 생각이 들었습니다. 더욱이 안킷은 어려서부터 잘 알던 친구이기도 해서 그 사업에 합류하는 게 낫겠다고 판단했습니다."

얼마 지나지 않아 이들은 아흐메다바드 경영대학원에서 주관하는 아이엑셀러레이터iAccelerator에 대해 알게 되었다. 신생 IT 스타트업을 위한 3개월 과정의 멘토링 프로그램이었다. 뒤늦게 소식을 들은 탓에 신청 마감 기간이 이미 지난 상태였지만 끈질기게 매달려 신청서를 제출할 수 있었다. 노력이 헛되지 않아 이노비스는 2010~2011년 시즌에 선정된 9개의 스타트업 중 하나가 되었다.

하지만 이들 각자에게는 먼저 해결해야 할 일이 있었다. 니라즈와 안킷은 인턴 과정을 완료해야 했고 드루브는 논문을 제출해야 했던 것이다. 이들은 아흐메다바드 경영대학원 혁신·인큐베이션·기업가정신 센터CIIE의 공동 CEO인 프라나이 굽타Pranay Gupta를 찾아가 간청했다. "저희가 한 달 후에 합류할 수 있도록 허락해 주십시오!"

프로그램 운영진은 이 젊은 기업가들에게 특혜를 주기로 했고, 세 사람은 한 달 늦게 프로그램에 합류했다. 최선을 다하겠다는 굳은 의지와 함께. 마치 기숙사 방에서 길게는 스무 시간 동안 쉼 없이 일하던 시절로 돌아간 것 같았다.

"그래도 가끔은 바깥으로 나가 신선한 공기를 마셔야 해요!"

필라니 비를라 과기대에서는 취업 시즌이 펼쳐지고 있었던 터라 니라즈는 에픽Epic, 포켓젬스Pocket Gems, 맥킨지McKinsey 등 다수의 기업으로부터 면접 제의를 받기도 했다. 그러나 그는 모든 제의를 거절했다. 안킷은 아예 취업 활동을 위한 등록조차 하지 않았다. 학교로 돌아가 수업을 듣고 싶은 생각도 전혀 없었다.

"대기업에 취직한 사람들은 조직에서 '훌륭한 인재'로 인정받으려고 얼마나 많은 노력을 기울이겠습니까. 그만큼의 노력을 자기 사업에 쏟는다면 훨씬 나은 일을 훨씬 많이 할 수 있다고 생각합니다."

우연찮게 안킷의 실습 학교 고용주 또한 이들이 뽑힌 아이액셀러레이터 프로그램에 선정되었다. 그의 스타트업 프레임벤치40는 비를라 과기대 동문들이 공동 창업한 회사였는데, 이들은 안킷의 '허위' 인턴십 활동을 눈감아 주기로 했다. 졸업을 위해서는 반드시 이수해야 하는 과정이라는 것을 알고 있었기 때문이다.

"그렇게 해서 저는 제 일을 계속할 수 있었고 결국 'A'라고 적힌 성적표를 받아들게 되었습니다."

아이액셀러레이터 프로그램을 통해 얻은 경험은 여러 가지 면에서 도움이 되었다. 프로그램에 참여한 다른 스타트업과는 달리 이노비스의 제품은 당장 출시 가능한 상태였다. 따라서 이들은 경영을 이해하는 데 주력했다.

"무엇보다 우리가 광고 미디어 업계에 발을 들여놓았다는 점을 깨닫게 되었어요. 광고 업계가 어떻게 돌아가고 있는지부터 이해해야 했죠. 광고회사는 어떤 회사인가, 광고매체 구매 대행사는 무엇인가, 고객들의 행동 방식은 어떠한가, 고객에게 접근하는 적절한 방법은 무엇인가, 펩시 같은 대기업을 직접 접촉할 수 있는 것인가 아니면 광고대행사를 거쳐야만 하는가, 이런 것들에 대해 전혀 아는 바가 없었습니다."

다행히 아이액셀러레이터 프로그램에서 컨테스트투윈contests2win의 알록 케즈리왈Alok Kejriwal, 미디어투윈media2win의 고우라브 샤르마Gaurav

---

40 Framebench: 필라니 비를라 과학기술대 출신의 로힛 아가르왈과 비닛 마르칸이 창업한 회사로, 초기 명칭은 아나야 랩스(Anaya Labs)였다.

Sharma, 베리사인Verisign의 마니쉬 다랄Manish Dalal, 메이크마이트립MakeMyTrip의 아밋 소마니Amit Somani 등과 같은 업계 전문가들과 만나 볼 수 있도록 주선해 주었다.

"프로그램을 마칠 무렵에는 비즈니스 미팅에서 CPM, CTR, ROI[41] 같은 전문 용어를 어떤 식으로 사용하는지도 알게 되었습니다."

아이액셀러레이터 프로그램은 참여한 스타트업 모두에게 50만 루피의 종잣돈 펀딩도 제공한다. 이 투자금의 절반은 CIIE가, 나머지 절반은 엔젤 투자자들이 지원한다. 이노비스에 투자한 엔젤 투자자는 아누즈 풀스탸Anuj Pulstya와 마니쉬 반다리Maneesh Bhandari였다.

개인사업자나 파트너십 형태로 운영되는 스타트업은 원하는 경우 법인 설립에 필요한 지원도 받을 수 있다. 세 사람은 프로그램의 지원을 받아 이노비스를 비공개 유한회사로 전환했다.

아이액셀러레이터 프로그램은 2012년 1월 27일에 종료되었고, 2월에 세 사람은 회사를 델리로 이전하기로 결정했다. 이노비스에 투자한 엔젤 투자자 아누즈 씨가 라젠드라 나가르에 사무실을 가지고 있었는데 한쪽 공간을 임대료 없이 사용하게 해 준 것이다.

책상과 의자만 더 들여놓는다고 훌륭한 공동 사무 공간이 조성되는 것은 아니다. 마음도 통하고 서로에게 도움이 되는 요소도 갖춰져야 한다. 라젠드라 나가르 사무실은 그런 업무 환경을 제공하는 최적의 공간이었다. 프레임벤치와 이노비스는 아누즈 풀스탸와 그

---

[41] CPM(Cost Per Thousand iMpressions): 광고를 1000회 노출시키는 데 소요되는 비용, CTR(Click Through Rate): 노출된 광고가 클릭되는 횟수, ROI(Return on Investment): 투자수익률

의 아내 니루 샤르마와 함께 사무실을 사용하게 되었다.

"아누즈와 니루는 우리의 든든한 지원군이 되었어요. 이노비스의 미래를 놓고 시간 가는 줄 모르고 토의를 벌이던 날이 헤아릴 수 없이 많았죠!"

꿈과 희망이 충만한 환경이었다. 사무실 출근시간은 오전 10시였지만 퇴근 시간은 따로 없었다. 니라즈는 가지아바드에 있는 자신의 집에서 출퇴근을 했고 안킷과 드루브는 근처에 작은 아파트를 구해서 생활했다. 일에 지쳐 길 건너에 있는 집으로 갈 힘조차 없을 때면 그냥 사무실에서 자기도 했다.

이 시기에 이노비스는 새로운 단계에 접어들었다. 제품을 고객들에게 설명하고 홍보하는 데 주력하는 단계였다. 이노비스는 두 부류의 거래처를 확보해야만 했다. 이노비스의 기술을 이용해 브랜드 메시지를 각인시키고자 하는 광고주와 많은 수의 캡차를 노출시킬 수 있을 정도로 충분한 트래픽이 발생하는 웹사이트를 타깃으로 했다. 첫 미팅을 성사시키는 것부터 쉬운 일은 아니었다.

"기업과 접촉하기 위해 우리가 사용한 방법들은 여러 가지가 있지만 대부분은 무작정 전화를 걸고 찾아가는 방식이었습니다!"

이노비스와 계약을 체결한 첫 번째 대형 웹사이트는 이비보닷컴Ibibo.com이었다. 뒤이어 자파크Zapak, 웨이투에스엠에스Way2sms와의 계약이 성사되었고, 자그란Jagran 그룹 전체와의 계약도 이뤄졌다. 가장 힘들게 확보한 거래처는 〈타임스 오브 인디아〉였다.

"직접 만난 〈타임스 오브 인디아〉 측 사람들만 10~12명 정도였습니다. 과장에서부터 CTO에 이르기까지 직급도 다양했죠. 마지막

엔 CEO까지 만났습니다."

계약이 성사되기까지 4개월의 시간이 소요되었고 그나마 〈타임스 오브 인디아〉 측이 원하는 조건이 모두 반영된 계약이었다. 〈타임스 오브 인디아〉 경영진은 어떤 혁신적인 기술이든 포착하는 대로 자신들의 연구 개발 부서에서 복제품을 개발할 수 있다는 조건을 가장 먼저 내세우며 "경쟁 제품을 만들 수 있도록 허용하는 계약이 아니면 체결할 수 없습니다"라고 말했다.

세 사람은 두 가지 이유로 그들의 요구 조건을 수용하는 데 동의했다. 첫째는 〈타임스 오브 인디아〉의 플랫폼을 절실히 원했기 때문이고, 둘째는 요캡차의 역(逆)설계42는 불가능하다고 확신했기 때문이다.

"우리의 제안도 그들에게는 구미가 당길 만한 것이었습니다. 광고주는 우리가 확보하고 수익은 웹사이트와 공유하는 방식이었으니까요. 웹사이트의 입장에서는 아무런 노력도 기울이지 않고 수익을 올리는 겁니다."

이제 광고주를 물색할 차례였다. 이 역시 결코 쉽지 않은 일이었다. 다들 요캡차 아이디어에 관심이 가기는 하지만, 새로운 방식에 대한 의구심도 있었기 때문이다.

광고대행사와 접촉하는 동시에 힌두스탄 유니레버HUL나 피앤지P&G 같은 대기업과도 접촉을 시도했다. 그러나 2월부터 5월까지 단 한 건의 계약도 성사시키지 못했다. 그래서 세 사람은 투자가들을 대상

---

42 reverse-engineering: 완성된 제품을 분해하고 분석하여 제품의 기본적 설계 개념과 적용 기술을 파악하고 재현하는 것

으로 하는 사업 설명회도 동시에 진행했다. 어떤 투자가도 선뜻 투자에 나서지 않았지만 예상치 못한 수확도 있었다. 뭄바이 엔젤 투자자들을 위한 설명회에서 광고 업계 전문가인 라비 키란Ravi Kiran의 관심을 끌어낸 것이다. "라비 키란이 저희의 멘토가 되어 주셨죠."

2012년 6월, 이노비스는 첫 번째 돌파구를 찾아냈다. 바로 인도 최대의 글로벌 기업인 릴라이언스 인더스트리스Reliance Industries와의 계약을 성사시킨 것이다. 그때부터 이노비스는 탄탄대로를 달리기 시작했다. 뒤이어 HUL, 스타 월드Star World, 액시스 은행Axis Bank, 인디아 스테이트 은행 등 굵직한 기업들이 줄줄이 이노비스의 고객 명단에 이름을 올렸다.

"주당 적게는 2만 5000~3만 루피, 많게는 50~60만 루피를 받고 광고를 내보내게 되었습니다."

광고로 발생한 수익은 이노비스와 웹사이트 제공자가 60:40의 비율로 나누었다. 수익이 발생하고 현금이 유입되면서 초기의 긴장감은 현저히 완화되었지만 여전히 현금 흐름 측면에서 약간의 문제가 발생했다. 광고 계약 기간이 종료된 지 60~90일이 지나야 대금이 지불되는 구조였기 때문이다.

"그때는 아이액셀러레이터 프로그램을 통해 들어온 투자금 50만 루피가 모두 바닥난 상태였어요. 그래서 사비를 털거나 지인들에게 빌려서 회사를 운영해야만 했습니다."

계약을 성사시키기 위해 고군분투하는 과정은 만족스러운 결과로 이어졌지만 이노비스의 창업자들을 하나로 결집시키고 유지하는 일은 또 다른 험난한 과정의 연속이었다. 그리고 그 과정의 끝은 해피

엔딩이 아니었다. 사실 이노비스가 델리로 이전한 이후부터 균열의 조짐이 보였다. 니라즈가 라젠드라 나가르에 있는 사무실로 출근하지 않기 시작한 것이다. 그는 전화와 이메일을 통해 업무를 수행하는 쪽을 선호했고, 이 때문에 팀 전체의 의욕이 저하됐다.

"사업이 생각대로 잘 굴러가지 않으니까 니라즈가 점점 관심을 덜 기울이는 것이라고 느낄 수밖에 없었죠. 니라즈는 핵심 프로그래머였기 때문에 그가 자리를 지키지 않으면 심각한 타격을 입을 수밖에 없었습니다."

니라즈에게도 사정이 있었다. 인턴 과정을 밟고 있는 사무실에 매일 출근해야만 했던 것이다. 그가 인턴을 하고 있는 오페라 솔루션은 노이다에 위치해 있었고, 그 회사는 (출석하지 않아도 되는) 학교와는 달랐다. "제 인턴 월급을 이노비스에 기부하겠다고까지 했지만…서로 인식의 차이가 있었죠. 더 이상 예전 같지 않더라고요."

스타트업은 갓난아기와도 같다. 지속적인 보호와 관심을 필요로 한다는 의미다. 엄마가 다른 곳에 정신을 팔고 있으면 아기는 칭얼거리다 울음을 터뜨리기 마련이다. 창업자의 집중력이 흐트러지면 스타트업은 쇠약의 길을 걷게 되는 법이다.

안킷은 상황이 '정상화'되기를 간절히 원했다. 니라즈는 실습 학교 기간이 종료된 5월부터 정상적으로 출근했지만 그때는 이미 다른 마음을 먹고 있었다. 세 사람은 함께 논의하며 정리할 것을 정리하고 문제를 해결하려 노력했다. 하지만 뜻대로 이뤄지지 않았다.

2012년 6월, 니라즈는 문자 메시지를 통해 공식적으로 이노비스를 떠나겠다는 의사를 밝혔다. 오페라 솔루션에서 제안한 고액 연봉의 일자리를 수락한 것이다.

니라즈가 떠난 후 안킷은 마케팅 업무보다는 기술적인 측면에 집중해야 했다. 캡차는 웹사이트 운영의 핵심 요소다. 캡차가 제대로 구동되지 않으면 사이트 전체가 제대로 작동하지 않기 때문이다.

"어떤 때는 1초에 250건의 캡차를 처리해야 했습니다. 기술적으로 정말 고난도의 문제였죠!"

영업 업무는 드루브가 인턴 몇 명의 도움을 받아서 수행했다. 인턴 직원들은 직접 고객을 상대하지는 않고 주로 수주 활동 지원 업무와 프레젠테이션 작성 업무를 맡았다. 인턴들은 대부분 델리 대학 출신이었지만 지리적으로 상당히 떨어진 하이데라바드에서 온 친구도 있었다. "그 친구는 우리 회사에서 일하고 싶다는 열망이 아주 강했어요. '걱정 마세요. 교통비는 제가 알아서 할게요. 최소한의 급여만 주시면 됩니다!'라고 하더군요."

광고주들은 끊임없이 '새로운' 것을 요구하기 마련이다. 이노비스는 그에 부응해 양방향 캡차를 개발했다. 단순히 문자를 입력하는 방식에서 벗어나 유저들이 마우스로 펩시콜라 병 위에 병따개를 끌어다 놓는 것같이 재미있는 동작을 취하도록 만든 것이다. "끊임없는 혁신으로 광고주들의 흥미를 유지해야만 했습니다!"

그 다음 혁신은 설문 조사 기반 캡차의 개발이었다. 이 참신한 아이디어의 지적 재산권을 보호하기 위해 이노비스는 특허청에 데이터 수집 특허Patent Data Capture를 출원했다.

2012년 11월, 안킷이 인도(북부)의 글로벌 학생 기업가 상Global Student Entrepreneur Award을 수상한 것은 또 하나의 자랑스러운 성과였다. 이 상의 수상으로 안킷은 인도 대표로 뉴욕 증권거래소New York Stock Exchange가 주관하는 글로벌 결선에 참가할 자격을 얻었다. 비록 우승은 못했어도 많은 것을 배운 귀중한 경험이었다.

"국제적인 비즈니스 전문가들이 어떻게 아이디어를 평가하는지 알게 되었고 값진 피드백도 얻었습니다."

이노비스의 첫 회계연도가 종료된 2013년 3월 31일, 요캡차의 연매출은 300만 루피였다.

새로운 회계연도의 시작과 더불어 이노비스는 사업 영역을 확장하기 위해 디지털 광고 플랫폼인 네트워크 플레이Network Play와 협력하기로 했다. 네트워크 플레이의 영업팀을 통해 요캡차는 좀 더 많은 광고주와 접촉할 수 있을 터였다. 두 회사는 '수익 분배'를 골자로 하는 업무 협약을 체결했다.

"네트워크 플레이의 영업팀과 함께 미팅에 참석하고 제품설명회도 가졌습니다. 그 과정에서 최고경영자인 라모한 순다람Rammohan Sundaram을 만나게 되었죠. 요캡차에 대단히 큰 관심을 보이더군요. 우리가 회사를 만들게 된 경위에서부터 제품 개발 과정까지 모든 것을 알고 싶어 했죠." 그때 처음으로 '기업인수'에 관한 논의가 시작되었다.

스타트업으로 시작한 네트워크 플레이는 2012년 3월 독일 베르텔스만Bertelsmann 그룹의 출판 회사인 그루너운트야르에 인수되었다. 여타의 대형 출판 기업들과 마찬가지로 그루너운트야르 역시 디지털 시대에 적응하기 위해 발빠르게 움직이고 있었다. 요캡차는 그들에게 최적의 '물건'이자 대단한 '기회'였다.

"인수 관련 논의는 3달 동안 이어졌고 6월에 비공식적 합의에 도달했습니다."

최종 결정을 내리기에 앞서 안킷과 드루브는 이노비스의 최초 투자자들과 아이액셀러레이터 프로그램 이후 줄곧 조언과 멘토링을 해 준 프라나이 굽타에게 자문을 구했다.

"한편으로는 지금까지 해온 것처럼 우리가 운영해 나가는 것이 어떨까 생각했어요. 하지만 그루너운트야르라면 우리 제품을 제대로 다루며 더 발전시켜 나갈 것이라는 생각도 들었습니다."

인수 거래는 2013년 9월 최종적으로 마무리되었다. 합병 이후 안킷은 네트워크 플레이의 기술 책임자, 드루브는 비즈니스 개발 책임자의 직책을 맡았다. "현재 우리가 맡고 있는 직책에 만족하고 있으며 앞으로 계속 이 회사에 몸담는 것에도 불만이 없습니다."

그러나 가 보지 않은 길이나 좀 더 나은 환경에 대한 '미련'은 언제든 남는 법이다. 만약 이노비스가 실리콘밸리의 스타트업이었다면 상황이 어떤 식으로 전개됐을까? "물론 우리가 미국에서 시작했다면 회사의 가치는 더 높게 평가되었을 것입니다. 분명 훨씬 비싼 값에 팔렸겠죠." 창업자 세 사람이 헤어지지 않고 시종일관 고락을 함께했더라면 어땠을까? "그랬다면 분명 투자 유치에 성공하고 우리 손으로 회사를 더 크게 성장시켰을 겁니다!"

니라즈가 없는 상태에서 투자를 유치하는 일은 왜 그렇게 어려웠을까? 니라즈는 회사를 떠나기는 했지만 서류 상 여전히 적지 않은 지분을 보유한 주주였다. 그것은 잠재적 투자자들이 간과할 수 없는 중대한 문제였다. 안킷과 드루브는 밤잠을 설쳐 가며 관련 법률을 검토해 봤지만 쉽게 해결할 수 있는 문제가 아니었다.

"우리는 초창기 '팀'이 얼마나 중요한가에 대한 교훈을 얻었습니다. 팀 구성원 중 하나가 중도에 그만둘 경우 얼마나 심각하고 위험한 혼란이 발생할 수 있는지 잘 알게 되었죠."

모든 것은 끝이 있기 마련이다. 사랑, 전쟁, 비즈니스, 모두 마찬가지다. 회사의 매각으로 각자 큰돈을 만지게 된 것은 아니었다. 하지만 그것이 젊은 기업가들의 탈출구를 열어 주었다는 사실만으로도 나름의 큰 의미를 지닌다. 석판을 깨끗이 지우고 새로 출발할 수 있는 기회가 주어진 것이다.

안킷의 부모님은 분명 아들이 거둔 성과를 자랑스러워한다. 물론 거기까지 오는 과정에서 도저히 이해하지 못할 상황도 없지 않았을 것이다. 도대체 우리 아들이 무슨 일을 하고 있는 것인가?

드루브의 부모님은 비교적 간섭하지 않는 편이었지만 아들이 고군분투하는 모습을 걱정스럽게 지켜봐야만 했다.

"성공적인 소프트웨어 회사를 운영하는 사촌 형이 있어요. 그 형이 저의 롤모델이자 영원한 지속적인 영감의 원천입니다."

니라즈는 사업가 집안 출신이었던 터라 부모님이 반대하거나 염려하지 않을까 걱정할 필요가 없었다. 그의 부모님은 적극적인 지원을 아끼지 않았다. 무엇보다 학생 기업가가 된다는 것이 엄청난 경험이었기에 더욱 그랬다.

"제가 번 돈으로 학비를 낼 수 있다는 것은 상당히 뿌듯한 일입니다. 덕분에 '일중독자'가 된 게 가장 큰 성과인 것 같아요…성공할 때까지 끊임없이 일하는 사람요!"

니라즈는 현재 알고스케일Algoscale이라는 빅데이터와 예측분석 분야의 스타트업을 세워 총력을 기울이고 있다.

돌부리에 걸리고 넘어지더라도
다시 일어서서 걷기 시작하면 된다.
그러나 그런 과정을 밟으려면 어쨌든
'어딘가'에서는 반드시 시작해야 한다.
그 '어딘가'가 바로 여러분의 기숙사 방일 수도
있다.

이 책을 읽는 독자 여러분에게 한 가지만 물어
보고 싶다.
아무것도 하지 않고 앉아만 있을 것인가
아니면 지금 당장 일어서서 발을 내딛을 것인가?

젊은 기업가들에게 전하는 팁

안킷 굽타 Ankit Gupta (왼쪽)
1988년생 | 필라니 비를라 과학기술대학 | ankit@innovese.com

21~22살 나이에 자신의 사업을 시작하겠다고 결정했다면, 성숙한 학생이라는 증거일 것입니다. 자신의 의지로 취업을 하지 않겠다는 의사결정을 내린 것이니까요. 그렇다면 여러분은 번득이는 천재성으로 열정을 다 바쳐 매진할 수 있는 대상을 찾은 것입니다. 힘든 시기가 닥치더라도 스스로를 실패자로 생각한다거나 실패를 두려워하는 것은 금물입니다. 포기하는 것에 대한 생각은 떠올리지도 마세요.

　스스로 확신을 가지지 못하면 부모님에게도 확신을 줄 수 없습니다. 부모님께는 항상 솔직하게 털어놓고 자신이 내린 결정에 대한 확고한 의지를 보여 주세요. 또한 함께 시작하는 학생들끼리 반드시 '동업 계약서'를 작성하라는 조언을 꼭 기억하시기 바랍니다. 개인적인 사정이나 고액 연봉을 제시하는 일자리의 유혹 때문에 어느 날 갑자기 회사를 떠나겠다고 결심하는 동업자가 생길 경우, 그 동업 계약서가 매우 유용하게 쓰일 것입니다.

젊은 기업가들에게 전하는 팁

드루브 소가니 Dhruv Sogani (사진 오른쪽)
1988년생 | 필라니 비를라 과학기술대학 | dhruv@innovese.com

무언가에 대해서든 자발적인 투자가 생기지 않으면 쉽게 포기하게 됩니다. 어떤 계획을 세우든 그것을 즐길 수 있어야 합니다. 설령 주변에서 비판을 쏟아 내거나 계획을 추진하는 데 어려움을 겪더라도 즐거우면 끝까지 갈 수 있는 동력이 되기 때문이지요.

젊은이가 가질 수 있는 최대의 장점은 자신이 하고 있는 일에 대한 확고한 신념입니다. 아이디어보다 중요한 것은 그 아이디어를 자신은 물론 사회 전체가 자랑스러워할 만한 수준으로 발전시키고자 하는 열망이고요.

스타트업 세계는 매력이 넘칩니다. 앱을 개발하는 일도 어렵지 않고요. 자신이 만든 앱이 유명세라도 얻게 되면 '내가 해냈다'라고 생각하게 될 겁니다. 물론 하늘을 나는 듯 멋진 일입니다만, 언젠가는 다시 땅으로 내려와 현실을 직시해야 합니다. 지속 가능한 비즈니스를 구축해야 한다는 뜻입니다.

니라즈 아가르왈 Neeraj Agarwal
1989년생 | 필라니 비를라 과학기술대학 | nee.agl@gmail.com

대학생 시절은 인생을 실험할 수 있는 최적의 시기입니다. 인턴십 같은 기회를 최대한 활용하고 가능한 많은 것을 배울 자세를 갖는 것이 중요합니다. 이 시기를 자신만의 비즈니스 계획을 수립하고 시제품이나 최소한의 기능만이라도 갖춘 제품을 만들어 볼 수 있는 시간으로 활용할 수 있습니다.

높은 학점을 받아야 한다는 부담을 느낄 필요도 없습니다. 형편없는 수준으로만 받지 않도록 관리하세요. 하지만 어떤 과목도 소홀히해서는 안 됩니다. 스타트업을 시작하거나 운영할 때 도움이 될 수도 있으니까요.

6. 진정한 사랑 찾아 올인

인오픈 테크놀로지스
InOPEN TECHNOLOGIES PVT. LTD

뭄바이 인도공과대학에서 만든 컴퓨터 교육 서비스로 강사를 포함한 교육 내용 전체를 제공하는 서비스와 기존 교사를 교육하는 서비스로 구성되어 있다. 인오픈의 교육 과정은 컴퓨터에 관한 기본 지식에서부터 프로그래밍, 출판, 인터넷 보안 및 윤리에 이르기까지 컴퓨터공학 전반을 망라한다. 이 교육프로그램은 인도 130여 개의 지역 300여 개의 사립 학교에서 60만 명 이상의 학생들에게 2개 국어로 서비스되고 있다.

www.computermasti.in

대표 루페시 샤흐
분야 교육 기술 스타트업
창업 2009년
본사 뭄바이

매년 수십만 명의 학생이 인도공과대학 연합입시에 응시하지만 합격하는 사람은 수천 명뿐이다. 이 시험에 붙지 못하면 가족과 친구들의 눈 밖으로 밀려난다. 겨우 17살이나 18살 나이에 스스로를 '패배자'로 인식하게 되는 것이다.

루페시 샤흐도 그런 학생이었다. 그는 인도공과대학 입학에도 실패했고 12학년 말에 치른 보드 시험[43]에서도 낙제했다. 성적으로는 그 어떤 변변한 공대에도 진학하지 못했고 심지어 기부입학으로 대학에 들어가서도 첫 시험에서 낙제했다. '실패'조차 그에게 질린 듯 말했다. "가서 다른 여자나 찾아보지 그래!"

그가 찾은 새 '여자 친구'는 오픈소스 소프트웨어였다. 마치 평생의 사랑이 찾아온 듯했다. 열정과 집착의 대상이 생긴 것이다. 경이로운 세계가 눈앞에 펼쳐졌다. 인생의 '유턴'이 이런 것일까?

루페시는 뭄바이 인도공과대학에서 인턴으로 일하며 배울 기회를 스스로 만들어 냈다. 컴퓨터실의 구석에 칸막이를 치고 있었지

---

43 board exams: 자격시험의 일종으로 대학 입학이나 교육 프로그램, 취업 등에 활용된다.

만 그곳에 있다는 것 자체를 복이라 여겼다. "4개월 동안 하루 14시간씩 작업했습니다. 제 능력을 증명해 보일 기회였으니까요!"

그렇게 루페시는 난생 처음으로 성공과 가볍게 스쳐가는 인연을 잠시나마 맺었다. 이후 창업을 했다 실패하고, 또 다른 회사를 세웠지만 거의 실패에 가까운 상황에 직면했다.

인오픈 테크놀로지스는 창업 후 5년을 버티고 나서야 비로소 단단한 기반을 다질 수 있었다. 이 회사는 현재 인도를 비롯해 미국과 일본 등지의 200여 개 학교, 50만 명 이상의 학생을 대상으로 컴퓨터공학 교육을 실시하고 있다.

사랑한다면 두려워할 게 없으며, 실패했다고 죽으라는 법은 없다. 새로운 '사랑'을 찾아라. 살아가는 이유이자 웃을 수 있는 이유가 되어 줄 것이다.

루페시 쿠마르 샤흐는 다르질링 인근의 소도시 실리구리에서 태어났다. "아버지는 목재상을 하셨어요. 아버지와 삼촌이 자그마한 제재소를 운영하며 목재를 다듬어 파는 것을 보면서 자랐죠. 집 주변에 늘 나무와 톱밥이 널려 있었어요!"

루페시는 (라자스탄 주) 마르와리 족 중산층 가정 출신으로, 마르와리 족 사람들은 관습적으로 대학을 마치고 아버지의 사업을 물려받았다. 루페시는 방학 때면 제재소 사무실에서 송장 발부 같은 업무를 하며 아버지를 도왔지만 아무래도 '장사꾼' 유전자를 물려받지는 않았던 모양이다. "고객에게 나무 대신 플라스틱을 쓰시라고 조언해 주었던 적이 있어요. 그게 비용 면에서 훨씬 효율적이라고 생각했거든요."

직원이 그 일을 사장인 루페시의 아버지에게 전했을 때 그의 아버지는 믿을 수 없다는 듯 고개를 가로저었다. 자신의 아들은 장사를 배우기보다는 공대로 진학하는 게 낫겠다고 생각했다. 그래서 일류대 진학을 꿈꾸는 다른 모든 학생들과 마찬가지로 루페시도 코타에 있는 반살 학원에 등록하고 입시를 준비했다.

"언제부터인가 방황하기 시작했어요. 결국 인도공대 진학에 실패했죠. 게다가 12학년 말에 치른 보드 시험에서도 낙제하고 말았습니다."

10학년 때까지는 상위 10퍼센트 안에 드는 학생이었는데 물리학에서 낙제해 재시험을 치러야 했으니 큰 충격이 아닐 수 없었다. 다시 시험을 준비하는 3개월 동안 루페시는 길고도 힘겨운 시간을 보내야만 했다. "그때는 제 인생에서 가장 암울한 시기였습니다. 저에게 용기를 주며 포기하지 말라고 했던 사람이 누나밖에 없었어요."

루페시는 해양공학과 입학 자격은 확보했지만 아버지가 한사코 반대했다. 해양공학을 배워서 무엇에 쓰겠냐는 말이었다. 이제 무엇을 어떻게 해야 할까.

"실리구리로 돌아갈 수도 없었습니다. 나보다 뒤처졌었는데 훨씬 좋은 대학에 간 친구들을 마주할 용기가 나지 않았던 겁니다."

결국 루페시는 알와르에 있는 사립 공대Institute of Engineering& Technology, Alwar에 5만 루피를 기부하는 조건으로 들어갔다. 초기에 그는 대학 생활에 제대로 적응하지 못했다. '더 잘할 수 있었는데…'라는 생각이 머릿속에서 떠나질 않았기 때문이다. 그런 심리 상태로 좋은 성적을 거둘 리 만무했고 결국 1학년 기말고사에서 낙제점을 받았다. "재수강과 계절 수업 등을 통해 구멍난 학점을 때우긴 했습니다."

인생의 밑바닥을 걷는 것 같았던 그때 루페시가 찾아낸 한 줄기 희망은 오픈소스였다. 그는 리눅스Linux에 푹 빠져들었고 그것으로 무엇을 할 수 있는지 알아보려고 컴퓨터실에 틀어박혀 시간을 보내기 시작했다.

"리눅스는 훌륭한 플랫폼이지만 비전문가가 다루기에는 어렵습니다. 그래서 초보자들도 쉽게 사용할 수 있는 하이브리드 운영체제가 필요하다는 생각이 들었어요."

그런 프로그램이 없었기에 자신이 직접 만들기로 결심했다. 하지만 그보다 먼저 오픈소스 소프트웨어 관련 경험을 좀 더 쌓아야 했다. 학생이 그런 경험을 쌓기에 가장 좋은 방법은 전문가의 제자로 들어가는 것이었다. 그런 생각을 하며 학생식당에 앉아 있던 중, '형의 친구들이 뭄바이 인도공과대학에서 인턴 근무를 한 적이 있다'는 선배의 얘기를 우연히 엿듣게 되었다.

"그 순간 결심했죠. 뭄바이 공대에 가고야 말겠다!"

루페시는 뭄바이 공대 전화번호를 인터넷으로 검색해서 교수들에게 무작위로 전화를 걸기 시작했다. 한 달 반 동안 노력을 기울인 끝에 컴퓨터공학과의 학과장인 파탁 교수와 직접 통화할 수 있게 됐다. 파탁 교수는 전혀 달가워하지 않았다. "다시는 귀찮게 하지 않았으면 좋겠군요." 그는 퉁명스럽게 말하며 전화를 끊었다.

그러나 루페시는 쉽게 포기할 수 없었다. 그는 끊임없이 이메일을 보내고 전화를 했다. 자신의 오픈소스 프로젝트가 어떤 것인지 설명하기 위해서 말이다. 그리고 그것이 분명 '가능한' 일이며 아직은 정확한 방법을 찾지 못했지만 자신이 가능하게 만들 수 있다고 설득했다.

"교수님이 더 이상 견디지 못하고 허락해 줄 때까지 정말 성가시게 굴었죠. 그렇게 3개월간 인턴 과정을 밟을 기회를 확보했습니다."

루페시는 친구 3명도 함께 프로젝트에 참여할 수 있게 해 달라고 부탁했다. 컴퓨터공학과의 쉬리다르 교수는 루페시와 친구들을 위한 기숙사를 마련해 주고 이들의 멘토가 되기로 했다. 당시 인도 레드햇44의 수장 벤카테슈 하리하란Venkatesh Hariharan도 이들의 멘토로 나섰다.

"그분들은 주로 전반적인 방향을 제시해 주셨고요, 구체적인 부분은 모두 저희가 알아서 해결해야 했습니다."

뭄바이 공대에서의 인턴 과정은 2005년 7월에 시작했다. 루페시는 열과 성을 다해 프로젝트에 매진했다. 넉 달 동안 그는 일요일도 없이 매일 14시간씩 쉬지 않고 코딩에 매달렸다. 뭄바이 공대 캠퍼스의 저비용 솔루션 랩Affordable Solutions Lab이 사원이라면 루페시는 가장 열렬한 신도였다. 꿈에 그리던 인도공과대학에서 자신의 실력을 증명하고픈 열의에 가득 찼기 때문이다.

(예정보다 한 달이 늘어나) 그렇게 4개월이 끝나갈 무렵 루페시와 친구들은 '인툭스 운영체제Intux OS'를 완성했다. 유저 친화적인 '윈도 스타일'의 리눅스 운영체제였다. 파탁 교수와 쉬리다르 교수 모두 만족스러워했다. 이제야 일이 좀 풀려가는 듯했다! 그러나 너무 갑작스럽게 전혀 예상치 못한 시련이 닥쳐 왔다.

"어머니께서 유방암 선고를 받고 병원에 입원하셨습니다. 하던 일을 모두 중단하고 어머니를 돌봐 드려야 했어요."

그의 일상은 방사선 치료와 화학요법, 수술 등 어머니의 치료를 중심으로 돌아갔다. 어머니는 얼마 후 복잡하고 까다로운 수술을 받고 유방암 3기에서 기적적으로 회복되었다. "우리 누나는 아주 강

---

44 Red Hat: 미국에 본사를 둔 소프트웨어 개발업체. 1994년에 창립된 리눅스 배포판 제작 회사 레드햇 리눅스가 1995년 ACC Corporation과 합병하면서 레드햇이 세워졌다.

인한 사람입니다. 어머니가 가장 좋은 치료를 받을 수 있었던 건 모두 누나 덕분이었어요."

루페시는 학교로 돌아와 프로젝트를 완성했고, 인툭스는 2006년 중반 대중에게 공개되었다. 몇 개월 후에는 인툭스를 다운로드한 유저가 10만 명을 넘어섰다. 오픈소스 프로그램은 무료였기 때문에 수입이 발생하지는 않았지만 루페시는 무척 기쁘고 뿌듯했다.

애초 3개월로 정했던 뭄바이 공대에서의 인턴십은 무기한 '연장' 되었다. 더불어 루페시가 다니던 대학의 5학기부터 7학기까지 그의 출석률은 사실상 '제로'였다. "다행히 학장님이 지원을 아끼지 않으셔서 학과장에게 편의를 봐 달라고 얘기해 주셨어요. 덕분에 시험만 보면서 간신히 학점을 딸 수 있었습니다."

대학 생활 마지막 달 루페시는 학장과 동업해 교육 회사를 설립했다. 같은 학과 친구 세 명도 합류했다. 이들이 만든 벤처는 공대 학생들에게 오픈소스 소프트웨어 교육 솔루션을 제공하는 회사였다. "인툭스가 성공하려면 리눅스에 대한 이해도를 높이는 일이 우선임을 깨달았거든요."

회사는 즉시 영업을 시작했고 6개월 만에 6000명의 학생들에게 리눅스를 가르쳤으며 인도 공군과 교육 프로그램 제공 계약도 체결했다. 이들은 라자스탄과 뭄바이, 델리 전역에서 7일과 14일, 30일 과정의 교육 프로그램을 운영했다.

그렇게 6개월이 지나고 회사의 매출은 600만 루피를 넘어섰다. 그러나 루페시는 자신이 발행한 수표가 잔고 부족으로 되돌아오는, 이른바 '개인부도'라는 황당한 사태에 직면했다.

"그제야 회사가 제대로 등록되어 있지도 않고 프로젝트가 있을 때만 인원을 구성해 업무를 수행하는 형태로 운영되고 있다는 사실을 알게 되었습니다. 게다가 제 지분도 학장이 처음 약속한 49퍼센트가 아니라 고작 20퍼센트로 표시되어 있더군요."

"회사가 무엇인지, '유한회사'는 또 무엇인지 하나도 몰랐습니다. 시키는 대로 서명하기만 했죠. 제가 저지른 가장 큰 실수였습니다."

학장을 믿었기에, 내용을 기입하지도 않은 회사 등록 신청서[45]에 서명을 했던 것이 화근이었다. 그는 어렵게 마음을 먹고 학장에게 자초지종을 따져 물었다. 그러자 학장은 합의서를 다시 작성하고 새롭게 시작하자고 약속했지만 끝내 그는 약속을 지키지 않았다. 루페시는 계속해서 자신의 몫을 요구하고 주장하는 대신 말없이 포기하는 쪽을 선택했다.

"함께 일하던 동료들에게 더 이상 미래가 보이지 않는 회사에 이대로 남을 수 없다고 말했습니다. 다행히 팀 전체가 저와 함께 회사를 떠나기로 했다는 사실에 큰 위로를 받았죠. 그래도 정직하게 일하면 언제든 다시 일어설 수 있고 다시 성공할 수 있다는 것을 아주 일찍부터 깨달았습니다."

그날 저녁 루페시는 동료인 무쿨과 루치와 함께 뭄바이로 갔다. 뭄바이는 루페시에게 특별한 의미가 있는 도시였고, 무한한 가능성으로 가득 찬 도시였다.

"새롭게 태어날 수 있을 것 같았습니다. 이 도시에서라면 제가 뭔가 멋진 일을 할 수 있겠다는 생각이 든 겁니다."

---

45 유한책임회사는 회사 등록 신청서를 등기소에 제출해야 정식으로 등록된다.

그러나 그 전에 당장 해결해야 할 현실적인 문제들이 있었다. 뭄바이에 도착한 후 루페시는 비하르 호수 근처에 있는 하루 400루피짜리 허름한 호텔에 45일 동안 머물렀다. 이제 주머니에 든 돈이 서서히 바닥을 드러내고 있었다. "어느 날 보니 빈털터리가 되어 있더군요. 점심 한 끼 사먹을 돈조차 없었어요. 하지만 아버지께 도와 달라고 손을 내밀지는 않았습니다!"

힘겨운 상황 속에서 한줄기 서광이 비추었다. 뭄바이 공대의 쉬리다르 교수와 다시 연락이 닿은 것이었다. 새롭고 멋진 사업 아이디어까지 발견하게 되었다.

    교육을 통해 기술을 전파하는 일에 남다른 열정을 가지고 있던 쉬리다르 교수는 컴퓨터공학 교육과정을 위한 교재 편찬 작업을 마친 상태였다. 학자로서 그는 자신의 교재를 인터넷에 배포해 누구나 이용할 수 있게 해야겠다고 계획하고 있었다. 그러나 루페시의 '사업 유전자'는 돈이 될 기회를 놓치지 않았다. 루페시는 학교와 연계한 교육 사업을 제안했다. "쉬리다르 교수님도 그 아이디어를 긍정적으로 받아들였습니다. 교수님 연구실 안쪽 회의실을 작업실로 사용하도록 조치해 주셨어요. 상상도 못할 일이 벌어진 겁니다. 제가 인도 공대에서 일하게 되다니요!"

    루페시는 한 달 동안 뭄바이 전역의 학교 관계자들을 만나고 컴퓨터공학 교육 현실을 파악했다. 역사나 지리, 수학 등에 비하면 컴퓨터공학은 새로운 과목이었고 교수법과 교재가 아직 발전하는 단계였다. 그러나 뭔가 '특별함'이 부족했다.

    "우리가 개발한 교육과정의 특징은 비판적 사고법에 중점을 두었다는 것입니다. 저는 인도의 기술 교육 방법을 근본적으로 변화시키고 싶었습니다."

루페시는 대담하게 쉬리다르 교수에게 둘이 공동으로 정식 회사를 설립하자고 제안했다. 쉬리다르 교수는 선뜻 내켜하지 않았다. 비즈니스는 그에게 생소한 분야였기 때문이다. 그러나 젊은 청년의 열정과 의지가 그의 마음을 움직였다. "그래. 같이 해 보자!"

법인 설립을 위해서는 공인회계사가 필요했다. 루페시는 저스트다이얼을 통해 적합한 공인회계사를 찾았다. 인도공과대학 정문 바로 앞에 사무소를 두고 있던 아슈토시 스리바스타바였다. 루페시는 그를 만나 자신의 비전과 목표를 설명했다. "지금 우리에게는 돈이 없지만 수익이 생기면 반드시 제대로 지불하겠다고 했습니다."

회계사는 신뢰를 담보로 함께 일하기로 했다. 그는 단순히 함께 일하는 데서 그치지 않고 자신이 사용하는 사무실 공간의 절반을 젊은 기업가에게 내주었다. 루페시와 4명의 팀원들은 기쁜 마음으로 도움을 받아들였다. 인오픈 테크놀로지스 법인은 2009년 9월 30일자로 정식 등록되었고 루페시와 쉬리다르 교수 두 명이 공동창업자로 이름을 올렸다. 루페시가 회사의 경영을 책임지고 쉬리다르 교수는 비상임 이사로 참여하는 방식이었다.

"업무 공간 외에도 여러 가지 도움을 받았습니다. 정말 많은 신세를 졌습니다. 아슈토시는 법인 회계 문제부터 회사를 설립하는 데 필요한 온갖 잡다한 일을 모두 처리해 주었습니다."

한편 루페시는 뭄바이 공대의 인큐베이팅 시스템인 SINE[46]의 지

---

[46] Society for Innovation and Entrepreneurship: 혁신 및 기업가정신 센터

원을 받는 스타트업으로 선정되기 위해 온갖 노력을 기울였다.

"인큐베이팅 프로그램에 지원하려고 물어보니 사업 계획서를 먼저 제출하라고 했습니다. 물론 그 당시 저는 그런 걸 어떻게 작성해야 하는 건지 전혀 몰랐어요."

자세할수록 더 좋은 사업 계획서일 것이라는 생각에 루페시는 78쪽 분량의 사업 계획서를 작성해 제출했다. 외부 심사위원들은 다음과 같은 메시지와 함께 그가 제출한 사업 계획서를 돌려보냈다. "감사 인사와 자기소개를 포함해 11쪽 분량으로 줄여서 제출한다면 검토해 보겠습니다." 네 번이나 수정한 다음에야 루페시는 사업 계획서를 최소 분량으로 줄였다. 퍼시스턴트 시스템스Persistent Systems의 아난드 데슈판데Anand Deshpande와 쉬리다르 슈클라Shridhar Shukla 박사, 에듀컴프Educomp의 샨타누 프라카시Shantanu Prakash 등이 포함된 업계 전문가들이 루페시가 제출한 사업 계획서를 검토했다.

"외부 심사위원들의 검토 과정을 통과하기까지 적어도 15번은 면접을 봐야 했습니다!"

2009년 11월 23일, 인오폰 테크놀로지스는 뭄바이 공대 인큐베이터에 공식 합류했다. "뭄바이 공대의 인큐베이팅 지원을 받는다는 사실은 무엇이든 할 수 있다는 자신감을 갖게 해주었습니다. 세상을 바꿀 수 있을 것 같았습니다!"

인오폰의 사업모델은 서서히 제 모양을 갖추어 나갔다. 먼저 학교를 대상으로 두 가지 교육 서비스를 제공하기로 했다. 강사를 포함한 교육 내용 전체를 직접 제공하는 서비스와 학교에 근무하는 기존 교사들을 교육하는 서비스, 이렇게 두 종류였다. 가장 큰 문제는 실험 프로젝트를 개시할 학교를 물색하는 일이었다.

"인도공과대학의 지원을 받고 있었기 때문에 대외적인 신뢰도가 높았지만 학교의 이사들과 교장들의 입장에서는 의심이 들 수밖에 없었을 겁니다. 이해합니다. 우리가 사업을 시작하고 금방 문을 닫으면 어떻게 하냐는 게 다들 걱정이셨으니까요." 어느 분야에서든 변화를 받아들이라고 설득하는 일에는 시간과 인내가 필요한 법이다.

인오폰의 컴퓨터 마스티Computer Masti 교육 과정을 가장 먼저 도입한 학교는 물룬드 지역에 위치한 슈리 슈리 라비샹카르 비디야만디르 SSRVM였고, 그 다음은 보리빌리였다. 이들 학교에서는 교장 선생님과 교무주임 선생님이 특히 협조적이었다. "사소한 문제가 발생했지만 신속히 해결했습니다. 우선 1학년부터 3학년을 대상으로 시작했고 반응이 아주 긍정적이었죠."

더욱 다행스러운 것은 학교 측에서 1분기 교습비 40만 루피를 선불로 냈다는 사실이다. 하지만 마케팅 팀은 물론 강사진까지 전문가로 구성하기에는 여전히 부족한 금액이었다.

"학교에서 교습비로 지출할 수 있는 금액이 학생 1명 당 300루피에서 1000루피 사이라는 사실을 알게 되었습니다."

"직원들의 급여를 제외하면 교재 인쇄 비용이 가장 큰 지출을 차지했습니다. 예산의 거의 25퍼센트가 인쇄비로 지출되었으니까요."

이들에게는 엔젤 투자자가 필요했는데, 믿음의 날갯짓을 보내 준 천사는 다름 아닌 비상임이사 쉬리다르 교수였다. 그는 노후를 대비해 평생 모아온 돈을 50만 루피씩 총 4회에 걸쳐 회사에 투자했다. 루페시도 친구들의 도움을 받아 30만 루피의 자금을 마련했다. SINE 인큐베이션 프로그램을 통해 연 5퍼센트의 이자로 15만 루피도 대출 받을 수 있었다.

회사 운영에 자금은 없어서는 안 될 중요한 요소이지만 돈으로 모든 일이 다 해결되는 것은 아니다. 뭄바이 공대 교수들이 제공하는 지적 자원, 특히 쉬리다르 교수와 파리다 교수, 말티 교수가 제공하는 학술적 지원은 돈으로 환산할 수 없는 소중한 자산이었다.

"그분들은 모두 컴퓨터공학 분야의 구루입니다. 회사를 위해 아낌없이 지원해 주셨어요. 스타트업이 그 정도 수준의 인적 지원을 받는다는 것은 거의 불가능한 일이라고 생각합니다!"

인오폰의 교육과정은 컴퓨터에 관한 기본 지식에서부터 프로그래밍, 출판, 인터넷 보안 및 윤리에 이르기까지 컴퓨터공학 전반을 다룬다. 또한 여타 '교과서' 형식과 달리 인오폰의 교육과정은 '스토리텔링' 형식이다.

"테자스, 요티, 모이즈, 이렇게 세 캐릭터가 등장합니다. 이 세 명이 서로 대화를 주고받으며 전반적인 개념을 설명하죠. 우리는 이를 대화형 탐구 유도 방식이라고 부릅니다."

이 교육과정은 또한 단계적으로 사고하는 습관을 형성하는 도구로도 쓰인다. "모든 활동을 작은 단위의 활동으로 세분해서 가르칠 수 있습니다. 그렇게 함으로써 학생들이 2~3학년 때부터 사고력을 기를 수 있게 되지요."

이 새로운 교수법을 기존 교육자들에게 소개하기 위해 인오폰에서는 독창적인 방식을 도입했다. 첫 해부터 루페시는 학교장들이 한 자리에 모일 수 있는 컨퍼런스를 조직하기로 마음먹었다. 주제는 '컴퓨터공학 연구'였고 장소는 뭄바이 공대였다. 첫 해에는 고작 7명만 참석했지만, 이제는 대세가 되었다. 지금은 한 해에도 여러 번씩 행사를 진행하고 있다.

첫 번째 회계연도가 마감된 2010년 3월, 인오픈은 매출 100만 루피와 160만 루피의 손실을 기록했다. 8개의 학교를 대상으로 교육을 진행했고, 책자 형태의 교재와 오픈소스 소프트웨어 일체, 그리고 교사 훈련까지 제공하는 단계에 이르렀다. 게다가 학생의 수준에 맞춘 맞춤형 교육과정까지 개발된 상태였다.

"이 교육과정이 소수의 엘리트 학교에 국한되지 않게 하는 것이 저희의 비전이었습니다."

그리하여 '컴퓨터 마스티' 강의 요강은 주후의 잠나바이 나르시 학교Jamnabai Narsee School 같은 유명 사립학교에서부터 다라비와 타네 지역의 빈민가 학교에 이르기까지 차별 없이 제공되었다. 많은 학생들이 프로그램을 이용할 수 있도록 인오픈은 콘텐츠를 8개의 인도 방언과 2개의 외국어로 번역해 서비스하는 대담한 시도도 감행했다.

"번역 작업은 비용이 많이 드는 프로젝트였지만 최대한 많은 수의 학생들에게 교육의 기회를 제공하는 것이 우리의 목표였던 만큼 반드시 해야 할 중요한 일이었습니다!"

많은 비용이 소요되는 번역 작업은 인디아 스테이트 은행에서 CGTMSE47 중장기 기업 대출을 받음으로써 가능했다. CGTMSE 정책에 따라, 프로젝트의 사업성에 설득력이 있다고 판단되는 경우 최

47　Credit Guarantee Fund Trust for Micro and Small Enterprises: 미소기업 및 소기업을 위한 신용보증기금신탁을 통한 대출 제도로 은행은 대상자에게 2000만 루피까지 무담보 대출을 지원할 수 있다.

대 2000만 루피까지 대출할 수 있었다. 신용 대출이기 때문에 담보를 제공할 필요도 없다. "대출금을 손에 넣기까지 4개월이 걸렸어요. 2010년 8월 마침내 500만 루피를 받았죠. 덕분에 회사의 성장 속도가 엄청나게 빨라졌습니다."

2011년 3월, 인오폰은 23명의 직원을 두고 720만 루피의 연 매출을 기록하는 수준으로 성장했다. 사업은 아직 적자 상태를 면치 못하고 있었지만 루페시는 흔들리지 않았다.

"성장 속도가 빠르면 즉각적인 이익을 발생시키지는 못한다는 것을 잘 알고 있었기 때문에, 손실액이 80~100만 루피였지만 지극히 정상적인 과정이라 받아들였습니다."

2011년 여름, 벤처 캐피탈 회사인 벤처리스트Ventureast의 아디티야 나타라잔Aditya Natarajan이 SINE를 방문했다. 그는 특히 52개 학교 4만 명의 학생들에게 교육을 제공하고 있던 인오폰 테크놀로지스의 사업 영역과 규모에 매우 깊은 인상을 받았다. 게다가 사업의 성장 가능성이 무한하다고 보았다!

벤처리스트는 이 신생기업의 성장에 가속도를 붙여 줄 50만 달러의 시드머니를 투자하기로 하고, (퍼시스턴트 시스템스 최고운영책임자인) 쉬리다르 슈클라 박사도 인오폰 이사회에 합류했다.

"회사를 시작한 첫날부터 지금까지 투명하고 체계적인 방법으로 운영하고 있습니다. 그런 운영 방식이 자금을 조달하는 데 큰 힘이 되었습니다."

2012년 3월, 인오폰은 연 매출 2300만 루피를 넘어서며 130만 루피의 흑자를 기록했다. 모든 일이 순조롭게 돌아가고 있었고 다음

라운드 펀딩을 위한 협상도 이미 진행되고 있었다. 어떤 글로벌 교육 기업과 인오폰 테크놀로지스 사이에 4억 루피의 투자 및 전략적 제휴관계를 골자로 한 계약이 성사되었다.

2012년 12월 31일, 인오폰은 충격적인 현실과 맞닥뜨렸다. 800만 달러(당시 환율로 4억 루피)의 투자금을 약속했던 투자자가 갑자기 인도 사업을 전면 중단하면서 인오폰에 대한 투자도 철회하고 만 것이다. 문제는 인오폰에서는 그 투자금에 맞춰 확장 계획을 세우고 직원 수를 늘리고 교재를 인쇄하는 등 이미 상당한 자금을 '지출'했다는 사실이었다. 말 그대로 현금이 말라 버렸다.

"당시 상황을 간단히 설명하면, 직원이 44명이나 있는데 법인 통장에는 달랑 2000루피밖에 남아 있지 않았다고 해야 할까요."

그런 상태의 회사가 과연 살아남을 수 있을까? 루페시의 발등에 불이 떨어졌다.

"당시에는 미래를 생각할 여유가 없었어요. 당장 눈앞에 닥친 현실에 집중하기에도 벅찬 상황이었죠."

집에 불이 나면 누구나 탈출구를 찾기에 급급하기 마련이다. 그러나 인오폰의 팀은 끝까지 자리를 지켰다. 그 자리에서 싸우다 죽겠다는 각오였다. 직원들은 자신의 재산을 털어 회사에 보태기도 하고 심지어 지인들로부터 돈을 빌려오기도 했다. 월급이 석 달이나 밀렸다. 하지만 직원들은 회사와 운명을 같이하기로 굳게 다짐했다.

"그런 사람들과 함께한다는 것은 큰 복이었습니다. 저를 믿고 회사의 사명을 믿는 팀이 있었기에 이 자리까지 올 수 있었지요."

믿음은 태산도 움직인다고 했다. 인오폰 직원들의 믿음은 이사회 임원들의 마음을 움직여 지갑을 열게 만들었다. 임원들은 개인 돈을 연성 차관48 형태로 내주어 회사의 위기 탈출을 도왔다. 이와 유사하게 적지 않은 고객들이 1년 치 교습비를 선뜻 선불로 내주었고, 심지어 자신의 돈을 빌려준 사람까지 있었다.

"그 4~5개월 동안은 정말 어려운 시기였습니다. 하루하루가 긴장의 연속이었어요!"

2013년 11월, 인오픈에 호박이 넝쿨째로 굴러 들어오는 경사가 일어났다. 일본의 교육전문기업 베네세홀딩스Benesee Holdings에서 전략적 투자를 제의한 것이다. 회사에 대한 가치평가도 24개월 전에 비해 5배나 높게 책정되었다. 흔히 있는 일은 아니었다.

"스타트업에 대한 가치를 평가할 때 대부분은 매출액을 기준 삼는데, 우리 회사의 경우 지적 자산Intellectual Property을 기준으로 높은 가치 평가를 받았다는 데에 의의가 있는 겁니다."

인오픈은 재미있는 인터랙티브 교재를 개발하기 위해 MIT 미디어랩에서 개발한 비주얼 프로그래밍 언어 '스크래치Scratch'를 도입했다. 그 프로그램의 공동 개발자인 미첼 레스닉Mitchel Resnick 교수가 프로그램에 대해 설명하고 교류를 맺기 위해 루페시를 보스턴으로 초청했다. 흥분을 감출 수 없는 순간이었다.

"레스닉 교수님과 그분의 팀원들이 우리 제품을 매우 높게 평가하며 '세계 최고의 컴퓨터공학 교육 솔루션'이라고 칭찬했습니다."

비공식적이긴 했지만 MIT로부터 인정을 받았다는 사실에 루페시는 또 한 번 대담한 시도를 감행할 자신감을 얻었다. 베네세와 제휴하여 인오픈의 컴퓨터 마스티를 실리콘밸리에 있는 7개 학교에서

---

48 상환기간이 길거나 금리가 낮아 차주에게 원리금 상환부담이 가벼운 차관

파일럿 프로그램으로 개최한 것이다. 그들은 시범 프로그램을 위해 인도에서 사용하던 책자형 교재를 아이패드용 디지털 교재로 변환했다.

인오폰은 인도 각 주 교육부와 협력하기 시작했다. 컴퓨터 마스티를 처음 도입한 곳은 아삼 주였다. 대략 40만 명에 이르는 아삼 주 공립학교의 학생들이 현재 인오폰의 교육 방법을 통해 컴퓨터공학을 배우고 있다. 그 외에도 비하르, 고아, 마하라슈트라 등의 주 정부와도 프로젝트를 진행하고 있다.

2014년 3월, 인오폰은 350개 학교와 협력하여 프로젝트를 진행하며 매출액 3600만 루피를 돌파했다. 자이푸르와 하이데라바드에서도 인오폰의 교육 사업이 시작되었고, 뭄바이에서는 날로 확장세를 얻어 갔다.

"학술적 측면을 늘 강화하고 있습니다. 현재 우리 회사에는 박사학위 소지자들은 물론 교수법 설계 전문가와 심리학 박사까지 있습니다. 최근에는 구글 출신 직원을 채용하기도 했습니다!"

루페시는 인턴십 과정과 인턴 직원들의 힘을 굳게 믿는다. 그래서 지난 5년 간 30명 이상의 인턴 직원이 인오폰을 거쳐 갔다. "처음 인도공과대학 출신 직원을 채용했을 때 너무나 감격스러웠어요. 우수한 인재를 확보하는 것은 모든 경영자의 로망입니다. 우리 회사에 들어오는 인턴을 한 명 한 명 모두 소중하게 생각하는 한편, 인턴 과정의 질과 격을 높이기 위해 노력을 기울이고 있습니다."

인오폰이 얼마나 큰 성과를 거두든 루페시는 보잘 것 없었던 자신의 과거와 초심을 잃지 않으려 노력한다. 그는 초창기에 방 하나 거실 하나 부엌 하나 있는 집에서 열 두 명의 직원들과 함께 살던 시절을 결코 잊을 수 없다. 그 시간 동안 깊은 연대감을 쌓을 수 있었기 때문이다.

"함께 일을 시작한 8명의 동료들 가운데 5명이 아직도 회사에 남아 있고 각자의 지분을 소유하고 있습니다."

지난 한 해 동안 루페시는 2번의 인수합병 제안을 거절했다. 오히려 인오폰은 적지 않은 돈을 보상하며 인큐베이팅 지원 조건으로 인도공과대학에 양도했던 1퍼센트의 지분을 되찾아왔다. SINE의 지원을 받은 모든 스타트업들 가운데 가장 빨리 수익을 창출한 기업이 되었다.

인오폰 테크놀로지스의 미래 사업 계획에는 디지털북을 활용한 B2C 분야로의 진출, 대학 및 비영리 온라인 교육기관인 칸 아카데미 Khan Academy 와의 제휴 관계 수립 등이 포함되어 있다.

"우리는 컴퓨터공학 교육의 세계적 대명사가 될 것입니다."

최근 인오폰은 이런 미래 지향적 행보의 일환으로 호미바바센터 Homi Bhabha Centre 로부터 '스몰 사이언스 Small Science'라는 과학교육 프로그램을 인수했다. 그것을 사내 전문가들의 손으로 개선해서 과학 교육을 바꾸어 놓을 계획이다. "학생들이 어떤 과목이든 상관없이 비판적으로 사고할 수 있도록 도우려고 합니다."

자기 발전과 성장을 위해 루페시는 현재 콜카타 경영대학원에서 비즈니스 분석 분야의 임원급 MBA 과정을 이수하고 있다. 그런 과정을 밟으며 각종 수치와 '패턴'을 이해하는 능력을 길러 가고 있다.

"임원급 MBA 과정에 들어갔을 때 저는 겨우 24살이었습니다. 당연히 동기 중에서 가장 나이가 어렸죠!"

가족들도 마침내 모두 '만족'한다고 루페시는 말한다. 특히 그가 하는 일이 대외적으로 인정받고 언론의 기삿거리로 등장할 때면 더욱 흡족해한다.

"부모님은 언제나 자식이 순탄한 삶을 살기를 원하시죠. 자식이 고생하기를 바라는 부모님은 없을 것입니다." 그는 이렇게 말하며 어깨를 으쓱했다.

포기를 하든 끝까지 매달리든, 그것은 자신의 선택이다. 인생에서 가장 큰 결정인 결혼도 마찬가지다. 마르와리 족 특성상 '결혼해서 안정적으로 살아라'라는 주변의 압박이 말로 표현할 수도 없을 정도로 엄청나다. 그러나 열정이 있다면 인생의 모든 면에서 그 열정을 발산하고 싶기 마련이다. 적당히 안주하는 것은 있을 수 없다.

"지금은…조금 지쳐 있긴 합니다. 조금 쉬고 싶어요!"

그러나 이 또한 지나갈 것이다. 좋은 일이 있으면 나쁜 일도 있고 밀려 왔다 밀려 가는 법이다. "포기 직전까지 간 적이 수없이 많았습니다. 하지만 어떻게든 살아남았죠. 신념을 지켜낸 겁니다."

태풍의 눈은 고요하고 평온하다.
밤의 어둠 속에서 새벽의 희망이 찾아온다.
실패를 통해 많은 교훈을 얻게 된다.
가장 큰 교훈은,
흔들리지 않고 묵묵히
자신의 길을 가야 한다는 것이다.

 젊은 기업가들에게 전하는 팁

루페시 샤흐 Rupesh Shah
1986년생 | 알와르 공과대학 | rupesh@inopen.in

성공의 핵심 요소가 뭘까요? 바로 열정입니다. 열정이 넘치고 선한 의도를 가진 사람은 결국엔 이로운 일을 하고 옳은 길을 가게 마련입니다.

저는 대학교에 입학 당시만 해도 스타트업이라는 단어가 있는지도 몰랐고 아직도 기업가정신이라는 단어의 철자 entrepreneurship를 헷갈려합니다.

저는 살면서 수많은 실패를 겪었고 수없이 많은 난제에 부딪혔습니다. 하지만 지금까지 버텨 왔지요. 이는 제가 다른 사람보다 뛰어나서가 아닙니다. 다만 정한 목표를 끝까지 붙들었기 때문입니다. 실패를 통해 '이제 더 이상 잃을 것이 없으니 이후로는 얻는 일만 남았다'는 마음가짐을 잊지 말자는 교훈을 얻었습니다. 이런 실패의 경험들은 지금껏 제 인생을 지탱하는 버팀목이 되어 주었고, 저는 이 경험을 너무나 소중하게 생각합니다. 그래서 다시 한 번 잘 버티는 것이 중요하다고 말씀드리고 싶습니다.

누구나 문제에 직면합니다. 그러나 우리가 마주하는 문제들에는 공통된 패턴이 있어요. 과거의 '엄청난' 문제가 현재에는 평범한 문제가 된다는 것입

젊은 기업가들에게 전하는 팁

니다. 마찬가지로 지금의 '엄청난' 문제도 시간이 지나면 그저 그런 사소한 문제가 될 겁니다. 그러니 끝까지 버티세요!

요즘 학생들이 보통 평범한 대학원에 가서 MBA 과정을 밟고 평범한 직장에 들어가서 조금 있다가 또 다른 직장으로 옮기는 것을 일반적인 진로로 생각한다고 하더군요. 여러분은 그보다 더 나은 삶을 살 수 있습니다! 하지만 그러기 위해서는 먼저 자신에 대한 믿음부터 가져야 합니다. 자신이 좋아하는 것이 무엇인지 파악하고 거기에 초점을 맞추세요. 학생이든 사회 초년생이든 '사랑'할 수 있는 무언가를 찾는 일이 가장 중요합니다.

'무조건 회사를 차리는 것'이 목표가 되어서는 곤란합니다. 무슨 일이든 좋아하는 일을 시작해서 열심히 하다가 그 일을 확장해야 할 필요가 절실히 느껴질 때 회사를 설립하는 게 바람직하다는 뜻입니다. 일단 목표와 방향을 정하고 나면 실수가 거듭되거나 사람들이 비웃어도 무시하고 계속 나아가세요. 목표에 대한 열의와 열정만 잃지 않는다면 어떻게든 그 목표에 도달하게 될 것입니다.

3부

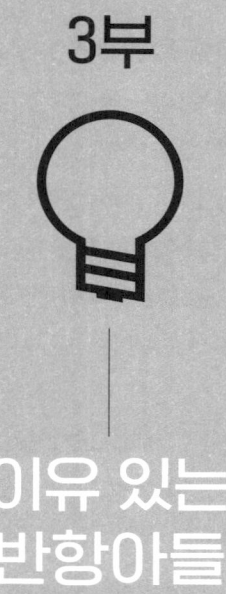

이유 있는 반항아들

이 창업자들은 워낙 개성이 강해서
남들이 좋다고 하는 길로 갈 줄 모른다.
그들이 향하는 곳은 이상하고 아름다운 도깨비마을 같은 곳이다.
취업 따윈 중요하지 않다.
내가 누구인지 아는 것이 먼저이기 때문이다.

7. 헝거 게임

부카드 BHUKKAD

벵갈루루 국립 로스쿨 캠퍼스에서 대학 구내 식당의 음식을 개선하기 위해 시작한 학생 친화적 패스트푸드 사업으로 2014년부터는 내추럴 헬스 푸드로 브랜드를 확장하고 있다. 부카드는 맛도 좋고 인공적이지 않고 만들기 쉽고 건강에 좋은 음식을 만들기 위해 노력한다. 모든 주문은 온라인을 통해서 하고 매장에서는 주문한 음식을 받기만 하는 OTO서비스를 제공한다.
www.thebhukkad.com
대표 아루즈 가르그
분야 OTO, 퀵서비스 레스토랑
창업 2011년
본사 벵갈루루

인도에서 법학을 전공하려는 젊은이들은 누구든 국립 로스쿨National Law School, NLS을 꿈꾼다. 아루즈 가르그도 그런 수천 명의 12학년생 중 하나였고, 운좋게 그 꿈을 이루었다.

아루즈는 NLS의 멋진 캠퍼스를 좋아했지만 정작 법학에는 관심이 없었다. 그래서 의욕을 불태울 다른 것을 찾았고, 주로 책을 읽거나 주변 사람들과 교류했다.

"아코샤닷컴akosha.com이라는 회사를 창업한 앙쿠르 싱글라Ankur Singla라는 선배에 대한 이야기를 듣게 되었어요. 그곳에서 인턴으로 일하고 싶다고 메일을 보냈죠."

인턴 생활을 통해 아루즈는 기업가정신의 핵심을 이해할 수 있었다. 핵심은 바로 "문제를 해결하는 것"이었고, 그가 캠퍼스로 눈을 돌렸을 때 발견한 가장 큰 문제는 '음식'이었다. 아루즈는 학생 친화적 테이크아웃 음식점을 캠퍼스에 열어서 이 문제를 해결해야겠다고 생각했다.

학교 당국은 망설였다. 왜 법대생이 사업을 하려고 한단 말인가? 하지만 인간이 만들어낸 법 위에 자연의 법이 있는 법. 모든 인간은 저마다 재능이 있고, 또 저마다 각자의 방법으로 세상에 기여한다. 아루즈에게는 사업을 위한 본능이 있었다.

  뱀은 성장을 위해 바위에 몸을 비벼 허물을 벗는다. 대학생이라면 대학에 다니는 동안 자신의 성장을 가로막는 것들을 벗어 버리고 성장할 기회를 찾아야 한다. 남들이 하지 않는 것을 시도하지 않으면 자신이 정말 원하는 것, 자신이 하고 싶은 일이 무엇인지 어떻게 알 수 있겠는가.

아루즈는 펀자브 주의 주도인 찬디가르에서 자랐다. "한스라즈에 있는 판츠쿨라 공립학교를 다녔습니다. 특별 활동을 매우 열심히 했고요, 토론과 연설을 좋아했습니다. 학교 대표 남학생에 뽑힌 적도 있어요."

사실 틈만 나면 교실 밖으로 나돌아다닌 것에 비해 그는 꽤 우수한 학생이었다. 또한 아버지가 변호사였기에 아루즈도 일찍부터 법학 쪽으로 마음이 기울었고, 일류 법대인 국립 로스쿨에 좋은 성적으로 입학하는 것이 꿈이었다. 몇 달 동안의 수험 기간을 거쳐 아루즈는 보통법 입학시험Common Law Admission Test, CLAT을 통과했다.

"처음 두 해 동안은 굉장했죠. 배울 게 많았고 국내 최고의 로스쿨에 다닌다는 자체도 신이 났고요."

하지만 학년이 올라갈수록 아루즈는 자신이 법학에 흥미가 없다는 사실을 깨달았다. 남은 인생을 법률가로 보낸다고 생각하니 끔찍했다. 법률가는 그의 일이 아니었다. 3학년이 되어서는 강의실에서 《*Stay Hungry Stay Foolish*》나 《*Connect the Dots*》 같은 책만 파고들었다. "그밖에 캡틴 고피나뜨Captain Gopinath의 전기인 《*Simply Fly*》에도

7. 헝거 게임 • 185

빠져들었어요. 이런 책들이 제게 기업가정신을 일깨워 주었습니다."

아루즈는 먼저 창업한 2007학번 선배의 이야기를 들었다. 소비자 불만 해결 전문 온라인 포럼인 아코샤Akosha를 운영하는 앙쿠르 싱글라Ankur Singla였다. 아루즈는 싱글라에게 메일을 보내 2011년 2월 한 달 동안 인턴 사원으로 아코샤에서 일하게 되었다. "책상 하나에 컴퓨터도 한 대뿐이었고 저 말고 다른 직원은 없었어요."

아코샤에서 일하는 동안 아루즈는 새로운 세상을 경험할 수 있었다. 매일 새로운 문제를 만났고 소소하지만 자축할 만한 작은 승리를 거두었다.

"아직도 기억이 생생합니다. 하루에 4명의 고객을 상대했고 너무 신이 났었죠. 작은 성공이었지만 그때는 세상을 다 가진 것 같았습니다."

아루즈는 앙쿠르와 함께 있으면서 많은 이야기를 나눴고, 기업가가 해야 할 일은 '문제 해결'이라는 것을 깨달았다. 아루즈는 가장 가까이 있는 문제를 찾았는데, 바로 기숙사 음식이었다. 형편없는 기숙사 밥을 먹고 싶어 하는 학생이 아무도 없었다.

"그래서 생각했죠. '캠퍼스에 작은 음식점을 열면 어떨까?' 친구들 두 명이 좋은 생각이라며 같이 해 보자고 했어요."

초기 자본금으로 2만 루피가 필요했다. 하지만 사업 구상 단계에서 두 친구는 발을 뺐다. 학업에 지장이 있을까 걱정하는 부모님의 압력 때문이었다.

"우리 부모님조차 '단 한 과목이라도 낙제해선 안 되고, 학점은 적어도 지금과 같은 수준으로 유지해야 한다'는 조건을 제시하셨죠.

저는 실망시키지 않겠다고 약속했습니다."

아루즈의 한 가지 원칙은 부모님에게 돈을 요구하지 않는 것이었다. 그래서 자금을 모으는 것이 그의 첫 번째 도전 과제가 됐다. 아루즈는 인턴 월급 대부분을 저축하고 NLS 연구 프로젝트에 참여해서 마침내 2만 5000루피를 손에 쥐었다.

"페이스북 콘테스트에도 참여했어요. 친구들을 모두 동원해 '좋아요'를 누르게 해서 상금 순위에 들었습니다. 약간의 돈을 마련할 방법은 찾아보면 있기 마련이죠!"

아코샤의 앙쿠르 싱글라도 1만 루피를 투자했다. 단지 그 콘셉트가 마음에 들었기 때문이다.

이제 학교 당국으로부터 허가를 받을 차례였다. 학교를 설득하는 일은 쉽지 않았다. 처음에는 위생과 품질 유지를 문제삼았다. 그러나 근본적인 문제는 학교에서 로스쿨 학생들에게 사업을 장려하는 바람직하지 않은 선례가 만들어질 수도 있다는 것이었다.

"MBA 캠퍼스였더라면 달랐을 겁니다. 하지만 로스쿨 캠퍼스에서는 사람들이 제가 법률과 전혀 관계없는 일을 한다는 사실을 받아들이기 어려워했습니다. 굉장히 망설이는 눈치였지만 집요하게 매달린 끝에 마침내 허가를 얻어냈습니다."

학생회 대표인 아자르 라브와 부총장인 벤카타 라오 교수가 적극적으로 지원해 주었고, 학교에서는 아루즈에게 약 9제곱미터 넓이에 월 1000루피의 임대료를 내고 사용할 수 있는 공간을 제공해 주었다. 이제 문제는 무엇을 파느냐였다.

"처음에는 외부 음식을 사와서 팔 생각이었어요. 하지만 별로 좋은 생각이 아니라는 걸 곧 깨달았지요."

아루즈는 자신만의 메뉴를 개발하기 위해 기숙사 방을 실험용 주방으로 바꾸었다. 그런 후 몇 가지 도구들과 요리용 철판을 준비해서 여러 가지를 요리하고 맛을 봤다. 미식가로 불리는 동기 쉐탄크 기노디아가 많은 도움을 주었다.

기숙사 학생들에게 공짜로 음식을 나눠 주면서 맛이 어떤지 물었다. 친구들이 밤에 찾아와서 먹어 보고는 갖가지 아이디어를 내놓기도 했다. 어떻게 하면 핫도그를 더 맛있게 만들 수 있을까? 어떤 소스를 사용하면 좋을까? 메뉴를 만드는 과정에서 많은 시행착오를 겪으며 치킨 살라미 샌드위치 같은 히트작도 만들어냈다.

"서브웨이Subway처럼 조합해서 먹는 음식점을 만들고 싶었어요. 그 생각이 머릿속을 떠나지 않았습니다." 서브웨이 방식은 고객이 간편식 식당에서 기대하는 모든 것, 곧 신선하고 건강에 좋은 음식을 빠르게 먹을 수 있게 해 준다.

아루즈는 가급적 현장에서는 조리를 하지 않는다는 원칙을 세웠다. "주문을 받은 후 요리를 하는 방식은 피해야 한다는 아이디어 때문이었습니다. 미리 요리해서 냉장고에 넣어두었다가 단지 조합하는 것이 간편식 전문점이 나아갈 길이라 믿었습니다."

퍼즐의 마지막 조각은 회사 이름을 짓는 것이었다. 부카드Bhukkad라는 이름은 NLS 후배인 비크람 샤흐가 제안했다. 아루즈는 그 이름이 마음에 들었다.

2011년 5월 1일, 피자, 샌드위치, 버거를 파는 부카드 테이크아웃 전문점이 오픈했다. 캠퍼스를 오가는 사람들은 무척 흥미로워했고, 첫날 5300루피의 매출을 올렸다.

"처음에는 사람들이 참신하다고 생각했는지 많이 찾아 주었어요.

한 달 후에는 매일 2000~3000루피의 매출을 유지할 수 있게 되었습니다."

부카드 카페는 오전 수업이 끝나는 오후 1시 30분에 영업을 시작해 오후 10시에 문을 닫았다. 초기엔 아루즈 혼자 서빙을 하면서 카운터도 봤다. 친구들이 찾아와 일을 도와주고 옆에서 음악을 연주해 주기도 했다.

"부카드는 모두가 들러 느긋하고 즐겁게 시간을 보내는 모임 장소가 되었어요. 제가 만들고 싶었던 곳이 된 거죠."

하지만 자원 봉사자만으로 사업을 운영할 수는 없었다. 결국 직원이 필요해진 아루즈는 학교의 야간 경비원을 설득해 그를 고용했다. 지금보다 나은 월급은 물론이고 야간 근무를 하지 않아도 된다는 장점을 내세웠다.

테이크아웃 식당을 운영하기 위해 전문 기술이 필요한 것은 아니었다. 관리 운용 규정만 있으면 되는 일이었다. 직원 교육이라고 해봐야 직원 옆에서 요령을 익힐 때까지 해야 할 일들을 설명하는 정도였다. 아루즈는 직원들이 이해하기 쉽게 매뉴얼을 적어 주었다.

운영은 순조로웠지만 사람 문제가 발생했다. 한 직원이 갑자기 그만두겠다고 하고, 또 다른 직원은 들어오자마자 떠나 버렸다. 엎친 데 덮친 격으로 다른 문제들도 불거졌고, 아루즈는 6개월간(2013년 1월~6월) 부카드 문을 닫을 수밖에 없었다.

"직원에게 모든 것을 맡길 수는 없다는 것을 깨닫고 혼자서 다시 시작했어요."

오전에 출근해 기본적인 영업 준비를 하는 아르바이트생을 두고 아루즈는 사업에 복귀했다. 하루에 2시간만 쉬며 카운터를 맡았다.

이번에도 많은 친구들이 찾아와 도와주었다.

아르바이트 직원 몇 명이 합류하고 일이 안정화되었고, 아루즈는 하루 한 시간 정도만 가게에 나와 재고를 파악하고 사소한 문제를 처리했다. 월 매출은 3만~3만 5000루피였고 5000~8000루피 정도의 순수익을 거두었다. 그 돈으로 아루즈는 외식비와 영화 관람료, 여행 경비 등을 해결했다.

"부모님에게서 용돈을 타지 않아도 되어서 정말 기뻤어요!" 아루즈는 부모님과 약속한 대로 학점을 유지했다. 그는 사업과 학업 모두 최선을 다하고 있었다. 하지만 4학년을 마칠 무렵, 어려운 결정의 순간이 다가왔다. 모두들 그에게 '사회 경험'을 좀 쌓으라고 조언한 것이다.

"로펌이 싫으면 식품 기업에서 일하면 되잖아." 사람들이 말했다.

며칠 동안 그의 마음속에서 격렬한 불길이 타올랐다가 사그라지기를 반복했다. 무엇이 올바른 길일까?

"결국 저는 사업이 이미 탄력을 받았으므로 계속 나아가는 것이 합리적인 판단이라고 결론 내렸어요."

그렇게 마음을 다지고 다시 캠퍼스로 돌아간 아루즈였지만 흔들릴 수밖에 없는 상황과 마주쳤다. 아말찬드 망갈다스Amarchand Mangaldas나 AZB 파트너스와 같은 대기업 전문 일류 로펌에 들어가고 싶은 마음은 애초에 없었다. 하지만 맥킨지McKinsey만큼은 달랐다. 맥킨지에 지원할 기회가 생겼고, 아루즈는 지원서를 넣기로 했다.

"맥킨지에는 사원들이 MBA 과정을 이수할 수 있도록 지원하는 프로그램이 있었어요. 그 점에 끌려 면접을 보러 갔지만 낙방했죠."

그는 새로운 관점과 열정으로 무장하고 부카드로 돌아왔다. 2013년 2월 아루즈는 벵갈루루에 곧 진출할 계획이던 패스트푸드 체인인 파소스Faaso's에서 2주 동안 일했다. 파소스의 창업자에게 그곳에서 일하게 해달라는 이메일을 보내 허락을 받았다. 돈보다는 경험을 쌓기 위해서였다.

"파소스도 마찬가지로 스타트업이었는데, 창업 이후 투자를 유치하고 크게 성장해서 프로세스와 시스템을 제대로 갖추게 됐습니다."

아루즈는 파소스에서 일하는 동안 운영 노하우와 원가 계산, 마케팅 같은 사업의 세세한 부분을 배울 수 있었다. 2주간의 일을 마친 후에는 자신의 회사도 이와 비슷한 규모로 키울 수 있다고 자신하게 되었다.

2013년 7월, 아루즈는 학교를 졸업하고 그의 생업이 된 사업을 본격적으로 추진해 나갔다. 마침 런던에 살고 있던 친척 한 명이 엔젤 투자자 겸 조언자가 되어 주겠다고 나섰다.

그때까지 부카드는 허가 없이 운영되고 있었고, 따라서 세금도 내지 않았다. 이런 방식은 바뀌어야 했다. 그러나 벵갈루루에서 음식 사업을 하는 데 필요한 4개의 면허를 취득하는 일은 결코 쉽지 않았다. 직접 발로 뛰며 얻어 내거나, 면허 하나당 1만 루피를 들여 컨설턴트를 고용해야 했다. "돈이 별로 없어서 직접 발로 뛰어야 했어요. 면허 시험 공부에만 5개월이 걸렸고요. 결국 우여곡절 끝에 면허를 취득했지요. 보너스로 공무원들을 움직이는 방법까지 터득했다면 다행이겠죠."

사업을 제대로 하려면 당연히 거쳐야 하는 고생이었다. 사업의 규모가 커져 투자자들을 구할 때 그들은 당연히 해당 사업이 법에 저

촉되지 않는지부터 확인할 것이다. 사업자를 등록하고 세금을 내는 이러한 전문적인 준비는 직원을 채용하는 데도 도움이 되었다.

2013년 10월에는 호텔경영학과를 졸업하고 5성급 호텔에서 2년의 경력을 쌓은 셰프를 고용했다. "식품 안전에 대해 잘 알고 주방을 책임져 줄 사람이 필요했거든요."

안정된 직장에 자리 잡은 셰프 산데시를 어떻게 5성급 호텔에서 스타트업으로 이직하게 만들었을까? 겉보기에는 매력적이고 호화로운 호텔이지만, 실제로 급여는 낮고 근무 시간은 터무니없이 길다는 문제가 있었다.

"당연히 돈을 더 많이 줘야 한다고 생각했어요. 하지만 산데시에게 말했죠. 그것 말고도 이 사업은 도전이라고, 여기서 업무 전반을 총괄하게 될 거라고요."

사업가는 꿈과 가능성을 판다. 하지만 꿈과 현실은 다를 때도 많다. '업무 전반'이라고는 해도 사실 모든 일이 배달용 승용차와 바나샨카리에 있는 아루즈의 원룸에서 일어나고 있었다.

"당장 부카드 직영점을 3곳 더 열어서 이 모델이 성공할 수 있다는 걸 입증하는 일이 급했어요!"

논리적으로는 다른 캠퍼스에 지점을 내는 편이 옳았다. 하지만 대학교는 방학과 공휴일 등으로 1년에 4~5개월 문을 닫는다는 약점이 있었다. 순수한 캠퍼스 매장 모델은 지속가능성 문제를 피할 수 없었다. 하지만 캠퍼스 밖이라면 부카드의 독창성을 발휘할 수 없다는 점이 또다른 문제였다.

"피자하면 도미노, 햄버거하면 맥도날드인데, 여러 음식점을 이리

저리 모아놓은 것에 불과한 우리 브랜드로는 게임이 안 되는 거였죠."

게다가 사실상 테이크아웃 전문 매장인 부카드는 인테리어로 승부할 수도 없었다. 그렇다면 무엇을 어떻게 해야 할까? 아루즈의 머릿속이 부카드에 대한 고민으로 가득 차 있을 때, 동시에 뱃속은 '저녁은 뭘 먹지'에 대한 고민으로 가득 찼다.

2013년 7월, 아루즈는 나이에 비해 콜레스테롤 수치가 높다는 진단을 받았다. 그래서 먹을 수 있는 음식의 폭이 좁았다. 의사는 감자튀김과 비스킷, 아이스크림은 물론이고 가공식품이라면 그냥 먹지 말라고 했다. "밖에 나가서 사 먹을 수 있는 것이 서브웨이 샌드위치나 이들리[49] 정도 밖에 없었어요."

콜레스테롤 수치를 낮추기 위해 식이요법을 하던 중 그의 머릿속에서 한 가지 생각이 번득였다. 맛있고 건강에도 좋은 패스트푸드를 만들 수는 없을까? 즉시 그는 연구에 돌입했고, 최소한의 방부제와 가공된 재료를 사용해서 준비한 음식, 즉 자연주의 패스트푸드를 제공하는 영국과 미국의 몇몇 기업[50]을 찾을 수 있었다.

"그들의 메뉴에도 기름진 음식이 있긴 했지만 '좋은 지방'이었어요. 바로 제가 원하던 것이었습니다!"

이렇게 부카드2.0은 더욱 친절하고, 깐깐하고, 건강하게 태어났

---

[49] idlli: 남인도에서 아침식사로 먹는 전통음식으로, 발효한 렌틸콩과 쌀가루 반죽을 찐 빵
[50] 파니나로(Paninaro)와 크로스티니(Crostini) 같은 체인 업체들이 '내추럴 패스트푸드' 철학을 고수한다.

다. 신속한 서비스와 '천연' 식품을 제공하는 패스트푸드 브랜드를 내세우며 어느 곳에서든 많은 사람들을 상대할 수 있게 된 것이다. 특히 집에서 밥을 먹지 않는 젊은 직장인들과 IT 종사자들의 비율이 높은 지역에서 환영 받을 것으로 예상했다. 아루즈는 엔젤 투자자와 그 계획에 대해 논의하고 공감을 얻어 냈다.

"요즘 회사원들이 많은 비즈니스 단지나 상업 구역에 점포를 열기 위해 알아보는 중이에요."

이제 남은 것은 제대로 된 메뉴였다. 이 점을 염두에 두고 셰프 산데시와 아루즈는 부카드의 모든 레시피에 적용되는 '식품 규칙'을 개정했다. 부카드 코드Bhukkad Code라 이름 붙인 규칙은 가공육과 백색 가루로 만든 빵, 포장된 드레싱의 사용을 금한다. 곧 신선한 재료를 사용해 주방에서 직접 건강한 방법으로 요리해야 한다는 것이다.

"우리는 계란을 주재료로 하는 드레싱에는 계란 흰자만을 사용합니다. 그리고 후무스[51]로 마요네즈를 대체하는 훌륭한 방법도 알아냈어요."

덧붙여 말하면, 부카드 주방에서는 질 좋은 올리브 오일만을 사용한다. 아주 바람직한 일이지만 비용 측면에서 괜찮을까? 여기에는 가격에 아주 민감한 학생들을 대상으로 했던 사업 경험이 도움이 되었다.

"캠퍼스에 있을 때 우리는 샌드위치 가격으로 샐러드를 제공했어요. 선풍적인 인기를 끌었죠. 당연히 돈도 벌었습니다. 페세 단위까지 따져서 원가를 계산하면 수익이 발생하게 만들 수 있습니다."

---

[51] 으깬 병아리콩과 기름, 마늘을 섞은 중동 지방 음식

부카드가 성공할 수 있는 방법은 가격을 올리지 않고 건강에 좋은 음식을 제공하는 것이었다. "가장 저렴한 식재료를 공급 받으려고 벵갈루루 전역을 뒤졌습니다. 그 덕분에 가격을 낮게 유지할 수 있게 되었죠."

많은 노력을 기울인 끝에 아루즈는 저렴한 가격에 통밀 빵을 조달할 수 있는 공급업체를 찾아냈다. 공급업자는 이렇게 말했다. "당신들이 스타트업이니까 더욱 함께하고 싶네요. 보통 레스토랑에 공급하는 단가보다 낮은 가격에 공급해 드리겠습니다." 그래서 부카드에서는 특별한 주문이 없다면 기본으로 통밀빵을 제공한다. 보통의 흰 빵을 사용한다면 가격을 올려야 할 것이다.

낮은 단가를 유지하려는 노력에도 불구하고 NLS에 있는 부카드 직영점의 음식 가격을 15~20퍼센트 올려야 했다. 하지만 놀랍게도 매상은 30퍼센트 증가했다. 아시안 그린 샐러드 같은 혁신적인 메뉴 덕분이었다. "그 메뉴를 미리 예약하는 고객들까지 있다니까요! 직접 만든 살사 소스와 강낭콩, 할라피뇨를 곁들인 '멕시칸 콩 샌드위치'도 엄청나게 인기가 많죠."

부카드의 혁신은 신선한 식재료를 사용하고, 가공 식품을 철저히 배제하기 위해 주방에서 매일같이 실험한 결과물이다. 그 과정에서 놀라운 대안을 찾기도 한다. 예를 들어, 파스타 요리에 일반적으로 사용되는 느끼한 크림소스 대신에 쓸 수 있는 건강한 소스도 만들어 냈다. "콜리플라워와 우유를 끓여 흰색 소스를 만드는 실험을 하고 있습니다." 이 아이디어는 당뇨병 환자를 위한 음식 블로그인 '슈가프리 스윗하트 Sugarfree Sweetheart'를 운영하고 있는 NLS 선배 프리야다르시니 케틀라야에게서 나온 것이다.

재고 관리는 매장 운영의 핵심이자 가장 어려운 분야다. 부카드는 이를 소프트웨어를 활용해 해결하고 있다. 델리에 있는 스타트업 포시스트Posist가 제공하는 클라우드 기반 소프트웨어 시스템에 투자한 것이다. 그래서 아루즈는 언제 어디서든 사무실 컴퓨터나 스마트폰 화면을 통해 각 직영점에 남아 있는 재료가 얼마나 되는지 실시간으로 파악할 수 있다.

현재 셰프를 제외하고 풀타임 직원은 단 2명뿐인데 이제 사업을 확장해야 할 시점이 되었다. "다른 사람들은 각자 자신의 역할을 수행하고 저는 해결사 노릇을 합니다." 아루즈는 좋은 인재를 찾아 내는 재미있는 방법을 알아냈다. 그는 식당에서 식사를 하고 마음에 드는 종업원을 발견하면 자신의 명함을 건넨다.

"얼마 전 크리스피 크림에 갔다가 주문만 받는 게 아니라 장사 수완도 아주 좋은 친구를 만났어요. 앞으로 3개월 내에 우리 식구로 만들어야죠."

필요한 것이 무엇인지 알고 그것을 얻는 방법까지 알면 진정한 사업가라고 할 수 있다. 주변 사람들이 아루즈에게 부카드라는 브랜드를 좀 더 세련된 이름으로 바꾸라고 조언했지만 그는 아직 바꿀 마음이 없다. 자신의 직감을 믿기 때문이다.

"부카드라는 이름이 좋아요. 어감도 좋고 무엇보다 제게 행운을 가져다주었으니까요! 하지만, 맞습니다, 우리가 브랜딩에 다시 공을 들여야 할 시점이 곧 오겠지요."

일단 3개의 직영점을 오픈하고 나서 아루즈는 사업을 확장하는 데 도움이 될 외부 투자자를 찾아볼 계획이다.

"상업용 주방 설비를 구축하고, 벵갈루루 전역에 부카드 직영점을 개설하는 것이 목표예요. 지금은 작은 회사지만 꿈은 크게 가졌습니다."

전공과는 동떨어진 별난 꿈이다. 하지만 아루즈에게는 영감을 주는 NLS 선배들이 있다. 물리스Mooli's라는 레스토랑을 런던에 열어 랩 샌드위치를 히트시킨 사미르 싱과 매튜 찬디다. 그들은 나중에 레스토랑을 매각했다.

아직 24살인 아루즈는 현재 시간과 열정을 쏟아 자신의 아이디어를 실현시키는 데 온전히 집중하고 있다.

가장 중요한 것은 자신의 신념이다.
사람들은 저마다 이런 저런 말을 할 것이다.
자연스러운 일이다. 중요한 것은 자기 내면의
목소리를 경청하는 것이다. 당신은 어떠한가?
현실에 안주하고 쉽게 만족하는가?
아니면 자신만의 부카드를 가지고 있는가?

젊은 기업가들에게 전하는 팁

아루즈 가르그 Aruj Garg
1990년생 | 국립 로스쿨 | arujgarg@gmail.com

세상은 용기 있게 도전하는 사람을 돕기 마련입니다. 일단 뛰어들고 거기서 버티세요. 어떤 식으로든 성과가 나올 것입니다. 초반에는 돈을 많이 벌 수는 없겠지만 참고 기다릴 줄도 알아야 한답니다. 저는 돈이 필요할 때마다 교내의 프로젝트에 참여해 돈을 모았어요.

뚝심 있게 하던 일을 계속 하세요. 설령 계속 그 길로 나가는 것이 바보짓처럼 느껴지더라도 말입니다. 어떤 과정에서든 문제는 발생하기 마련이고, 문제를 하나하나 풀다 보면 길이 보이기 마련입니다.

친구들이 많이 도와줄 것입니다. 학교 또한 일단 당신이 잘하고 있다는 것을 알고 나면 지원에 나설 테고요. 초기에는 주변의 모든 것이 방해하는 것처럼 느껴질 겁니다. 한동안 거절을 당해도 포기하지 마세요. 당신의 열정을 알게 된다면 마침내 허락하게 될 것입니다. 저의 NLS 동기들은 법률 업무를 맡아서 저를 도와주고 있죠. 고아에 있는 어느 디자인 회사는 브랜드 로고를 무료로 제작해 주었어요. 너무나 많은 사람들이 도움을 주셨기에 이렇게 자

젊은 기업가들에게 전하는 팁

리를 잡을 수 있었습니다. 그분들께 감사를 표하는 한편, '하늘은 스스로 돕는 자를 돕는다'는 금언 역시 강조하고 싶네요.

어떤 경우든 학업을 포기하진 마세요. 학위를 취득하는 것은 정말 중요한 일입니다. 계획을 잘 세우면 두 가지 일의 균형을 맞추는 것이 그렇게 어렵지 않습니다. 아직도 취업인지 창업인지 확신이 서지 않는다면 방학을 이용해 스타트업을 한번 시작해 보세요. 사업가의 길이 적합한지 그렇지 않은지 알 수 있는 아주 확실한 방법입니다.

8. 집처럼 편안하게

간파티 퍼실리티스 GANPATI FACILITIES

푸네 지역에서 대학생들에게 호스텔 숙박 시설 같은 서비스를 제공하는 호스텔 제공업. 숙소가 열악한 대학에서 착안하여 주거 복지를 개선하기 위해 주변 지역에 아파트를 임대하여 동료 학생들에게 숙소를 제공하는 쉐어하우스다. 사설 호스텔에서는 기대하기 힘든 인테리어와 시설을 제공하고 학업 멘토링까지 제공한다. 푸네에 있는 다른 대학에도 시설을 제공할 계획을 세우고 있다.

대표 아누라그 아로라
분야 하우징
창업 2013년
본사 푸네

　원하던 비즈니스 스쿨의 입학 허가서를 받았을 때 아누라그 아로라는 세상을 다 얻은 듯 기뻤다. 단 한 가지 문제가 있었으니, 그 학교에 기숙사가 없다는 것이었다.

　아누라그는 다른 학생들과 마찬가지로 사설 호스텔에 방을 얻었다. 아무런 의심 없이 선불로 1년 이용료 4만 8000루피를 지불했다. 하지만 푸네에 도착하자마자 전혀 예상하지 못했던 상황에 큰 충격을 받았다. "시설이 정말 끔찍했어요. 운영도 엉망진창이었죠. 사흘 만에 거기서 뛰쳐나와야 했어요. 4만 8000루피를 길바닥에 버린 셈이에요." 속으로는 열불이 터졌지만 아무것도 할 수 없었다. 아누라그는 친구 2명과 함께 아파트에서 세를 나눠 내며 살았다.

　2013년 4월 아누라그는 델리에서 여름 인턴 과정에 참여하던 중 학교 페이스북 페이지에 신입생들이 올린 질문을 읽었다. 가장 큰 관심사는 주거 문제였다. 설상가상으로 ICFAI Institute of Chartered Financial Analysts of India 비즈니스 스쿨IBS 캠퍼스가 푸네 시 외곽인 하다프사르로 이전하는 바람에 상황이 더욱 복잡해졌다. 호스텔 공급자가 전혀 없는 지역이었다.

불현듯 아이디어가 떠올랐다. 내가 직접 호스텔을 운영하면 어떨까? 못할 이유가 없잖아?

아누라그는 서둘러 인턴 과정을 매듭짓고 새 학기가 시작되기 보름 전에 푸네에 도착했다. 괜찮은 아파트 몇 채를 찾아 시설을 갖추고 75명의 학생들을 받았다. 호스텔 사업을 운영하면서 MBA 2학년 과정을 병행했다. 취업 준비를 해야 할 무렵 아누라그는 자신이 취업을 원하지 않는다는 것을 알았다. 1년 만에 사업이 2배로 성장했고 앞으로도 더욱 커질 가능성이 충분했기 때문이다.

"제 경영 철학은 아주 단순해요. 고객의 행복이죠. 저 역시 학생이었기 때문에 학생들이 무엇을 원하는지 잘 알고 있어요."

하지만 이 글을 읽는 당신은 어떠한가? 자신이 무슨 일을 하고 싶은지 알고 있는가? 그리고 그 일을 할 배짱이 있는가?

어쩌면 부모님은 진로를 바꾸는 여러분을 보고 당장은 실망할지도 모른다. 하지만 언젠가 그들은 말할 것이다. "얘야, 우리는 네가 아주 자랑스럽다."

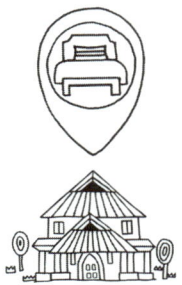

아누라그 아로라는 비하르 주 파트나에서 태어났다. "저희 집은 중산층이었어요. 아버지는 정부 공무원이어서 늘 제가 인도공대나 인도경영대학원에 진학해서 인도 행정부 관료가 되기를 원하셨죠."

아누라그는 탄탄대로를 밟고 있는 듯 보였다. 10학년 때 전 과목 평균이 94.8점이었으니까. 하지만 비하르 주는 공부하기에 좋은 지역은 아니었다. 그래서 그는 좋은 환경에서 공부하기 위해 델리로 전학했다. 그러고 나서 성적이 떨어지기 시작했다.

"쉽게 사랑에 빠지는 사춘기였고…여자 친구를 사귀었죠…12학년 말 대학 입학시험을 치르기 직전에 헤어졌는데 그게 악영향을 미쳤습니다."

대학 입시에서 괜찮은 성적을 내긴 했지만 아누라그는 너무나 혼란스러워 공대 입학 전형에 집중할 수 없었다. 그는 다음 시험을 준비하기로 결정했다. 재수 준비를 시작하는 동시에 용돈을 벌기 위해 아웃소싱 수급 전문BPO 회사에 들어갔다.

텔레퍼포먼스Teleperformance는 영업 실적에 따라 무제한 인센티브를 제공하는 아웃바운드 BPO였다. 18살 나이에 아누라그는 자신이 매달 7만~8만 루피를 벌 수 있다는 것을 알았다.

"그때는 방황하던 때였어요. 이렇게 돈을 잘 벌 수 있는데 왜 대학에 가야 하나 고민했죠."

아누라그는 델리 대학의 상경계열 통신교육 과정에 등록했다. 한편 열심히 일하고 열심히 놀기도 했다. "300만 루피도 넘게 벌었는데 옷 사고 영화 보고 외식하느라 다 썼어요."

아누라그는 현대 소나타를 구입해 특별 주문한 '2222' 번호판을 달고 다니는 등 자동차에 빠지기도 했다. 생활은 즐거웠지만 계속 이렇게 살아도 되는지, 이 상태에서 발전할 수 있을지, 고민이 떠나지 않았다.

"그렇게 2년을 보내고서야 새벽 1시 30분에서 아침 9시 30분까지 근무해야 하는 이 일을 지속할 수는 없겠다는 걸 깨달았어요."

그 무렵 아누라그의 아버지는 아들과 거의 말을 섞지 않았다. 실망했다는 말 외에는 할 말이 없었던 것이다. 아버지는 한때 교사 생활을 했는데, 제자들이 사회에 나가 크게 성공하고 있었다. "그래서 지인들로부터 '아드님은 무슨 일을 하나요?'라는 질문을 받을 때마다 무척 곤란하셨을 겁니다."

그때 아누라그는 공부를 해야겠다고 결심하고 MBA 입학시험 준비 과정에 등록했다. 그리고 마침내 IBS에 합격했다.

좋은 대학에 들어가기 위해 애쓰는 사람은 많지만 대학 생활 동안 주어지는 시간을 제대로 활용하는 사람은 그리 많지 않다. 아누라그는 마음을 단단히 먹고 IBS에 들어갔다. 그는 자신의 실력을 증명해 보이기로 결심했다. "톱클래스에 들어 아버지께 제 머리가 아직 쓸 만하다는 걸 보여 주고 싶었어요."

첫 학기 성적이 공개되고, 아누라그는 보란듯이 과에서 1등을 차지했다. 그의 아버지도 마침내 만족했다. 아누라그는 계속해서 좋은 성적을 거두었고 2013년 4월 인도의 유명 온라인 쇼핑몰 자봉Jabong의 자매 회사 쿠포네이션Cuponation의 하계 인턴 과정에 선발됐다. 인턴 기간 동안 아누라그는 소셜 마케팅 관련 프로젝트에 참여했고, 특히 페이스북을 자주 들여다보았다. 그래서 IBS 푸네 페이스북 페이지에서 신입생들이 던지는 수많은 질문이 주로 주거와 관련되어 있음을 알게 되었다.

아누라그는 자신이 푸네에 처음 와서 겪은 일이 떠올랐다. IBS에는 기숙사가 없어 사설 호스텔과 제휴를 맺고 있었다. 최대 6명이 공동 거주하는 이 호스텔은 사실상 기본 설비만 갖춘 아파트였다.

"시설이 정말 형편없었어요. 욕실에 온수기가 없어서 더운 물은 양동이로 받아다 썼고, 인도식 변기 하나를 여섯 명이 같이 써야 했어요. 게다가 건물주가 돈을 더 벌려고 주방 가벽을 제거하고 침실을 하나 더 만들기까지 했죠."

"저는 사흘 만에 나왔지만 임대료를 환불 받지 못해 4만 8000루피를 고스란히 날리고 말았어요."

새로운 신입생들은 더욱 곤경에 처할 상황이다. 학교가 아운드에서 푸네의 택지지구 하다프사르로 이전했기 때문이다. 하다프사르에는 사설 호스텔조차 없었다. 물론 중개인을 통해 아파트를 빌려 친구들과 함께 지낼 수는 있겠지만 말처럼 쉬운 일은 아니었다.

갑자기 아누라그의 머릿속에서 엉뚱한 생각이 번쩍 떠올랐다. "호스텔이 없다면 내가 하나 만들어도 되지 않을까?"

호기심 해소 차원에서 그는 학교에 전화해 이 문제에 대해 선배로서 책임감을 느낀다며 관심을 표명했다. 과에서 1등을 놓치지 않던 그는 학교에서 인정을 받고 있었다. 더욱이 그는 캠퍼스에서 몇몇 행사를 주최한 경험도 있었다. 대학 당국에 다른 대안이 별로 없다는 사실도 유리하게 작용했다.

"캠퍼스 행정 팀으로부터 허락을 받자마자 저는 프로젝트를 서둘러 마치고 푸네로 돌아왔어요." 신입생 입학까지 15일밖에 남지 않은 5월 중순이었다. 당장 임대할 수 있는 아파트를 찾는 일이 가장 시급했다. 아누라그는 친구들의 도움을 받아 중개인들과 연락하며 쓸 만한 곳을 알아보러 다녔다.

"학교 근처의 주거 구역은 거의 다 방문해서 가능한 한 많은 집주인들과 얘기를 나눴어요. 빌려 줄 아파트가 있는 집주인은 거의 다 만난 것 같아요."

아파트를 둘러보며 프로젝트의 수익이 얼마나 될지 가늠할 수 있었다. 확실히 돈을 벌 수 있을 것 같았다. 하지만 한푼이라도 더 벌려고 원칙을 무시하거나 타협하지는 않을 것이라는 아누라그의 생각은 확고했다.

"저는 좋은 곳에 살고 싶어요. 다른 학생들도 마찬가지일 거고요."

아누라그는 제대로 지어지고 유지 보수가 잘 된 집들을 얻기로 결심했다. 아마노라라고 불리는 하다프사르의 신흥 주택지에는 그런 물건들이 많았다. 임대료와 보증금이 조금 비싼 편이었다.

"싸구려 아파트를 사서 호스텔 사업을 하면 더 많은 돈을 벌 수 있었지만 그렇게 하면 고객들이 만족하지 않을 것이고 그러면 더 이상 발전은 없을 것이라고 생각했어요."

문제는 투자할 돈이 전혀 없다는 것이었다. 학교에서 그의 이름과 전화번호를 신입생들에게 알려 주었기에 문의가 많이 들어왔지만 보여줄 호스텔을 아직 하나도 계약하지 못했다.

아누라그는 일단 학생들에게 자신의 아파트를 보여 주었다.

"살림살이가 잘 구비된 깨끗한 곳이었죠. 저는 여러분이 이런 곳에서 살게 될 거라고 말했어요."

한 학생이 그 말을 믿고 1년 치 임대료로 5만 4000루피를 지불했다. 아누라그는 즉시 그 돈으로 학교에서 가까운 곳에 있는 괜찮은 아파트 5채를 계약했다. 그리고 그중 한 채를 꾸며서 집을 보러 온 학생들에게 보여 주면서 더 많은 임대료를 모았다. 그리고 다시 그 돈으로 더 많은 아파트를 계약하고 보증금을 지불하고 가구를 구입하는 비용으로 사용했다.

"사람들은 제가 초기 투자금 한 푼 없이 사업을 시작했다는 것을 알고나면 놀라서 입을 다물지 못하더군요."

일이 진행됨에 따라 정식으로 회사를 설립해야 할 때가 되었다. 아누라그는 개인사업자로 등록하고 사업용 계좌를 개설했다.

"가네샤 신 Lord Ganesha은 '모든 가정의 신'이잖아요. 그래서 회사명을 간파티 퍼실리티스 Ganpati Facilities라고 지은 겁니다."[52]

몇몇 학생들은 미리 호스텔 계약을 했지만 대다수는 부모와 함께 푸네에 도착한 후에 호스텔을 찾았다. 신입생들이 도착하기로 한 6월 1일이 코앞으로 다가왔고, 아누라그는 전날 밤을 꼬박 새웠다.

"새벽 4시에 콜카타에서 도착하는 사람들을 마중하려고 기차역

---

[52] 가네샤는 인도의 가장 인기 있는 신 중 하나로 간파티라고도 불린다.

으로 나갔던 기억이 아직도 생생하네요."

그날은 학생들, 학부모들과 상담하고, 호스텔로 안내하고, 요금을 받고 등록 업무를 처리하느라 정신없이 하루를 보냈다. 다행히 아누라그의 어머니가 푸네로 와서 아들을 도와주었다.

"제가 이 일을 하겠다고 했을 때 아버지는 감정적으로 무너지셨어요. 아들이 IIT나 IIM에 들어갈 거라고 기대하셨는데…하지만 저는 아버지의 기대를 충족시킬 수 없었어요. 하지만 어머니는 저를 가장 많이 지지해 주시고 큰 힘을 주셨습니다. 전업주부이지만 저에게는 전문직 경력자보다 위대한 분이죠. 어머니가 학부모 및 보호자들에게 편안하게 설명해 주신 덕분에 사람들이 모두 우리 호스텔에 믿음을 갖게 됐어요."

더욱이 아누라그는 입주 시 지켜야 할 12가지 사항에 동의하는 서명을 부탁했다. 금연, 금주, 이성을 데려오지 않을 것 등 사설 호스텔인데도 교내 기숙사 수준의 규칙을 정한 것이다. 그 규칙을 어기는 사람은 떠나야 하고 요금은 환불되지 않는다고 못박았다.

150여 명의 신입생들 중에서 75명이 간파티 퍼실리티스에 등록했다. 그렇게 낮에는 학생으로, 밤에는 사업가로 업무를 봐야 하는 이중생활이 시작되었다.

"3학기 때 서비스 마케팅 과목을 선택해서 들었어요. 사업을 다음 단계로 이끄는 데 도움이 되는 귀중한 노하우를 많이 배웠지요."

취업 시즌이 시작되었지만 아누라그에게는 확신이 있었다. 이 사업이 자신이 MBA 과정을 졸업하고 구할 수 있는 어떤 직업보다 돈을 많이 벌 수 있다는 사실 말이다. "취업해서 받을 수 있는 연봉이 50~60만 루피인데 비해 이 사업에서 제 수익은 첫해에만도 100만 루피가 넘었어요." 고민할 필요가 없었다.

IBS에서는 경영학석사Post Graduate Program in Management, PGPM와 MBA의 복수전공을 허용한다. 2014년 아누라그는 PGPM 시험에 멋지게 합격했다. 그는 이제 3개월 동안 MBA 시험을 준비하는 동시에 다시 신입생들을 맞을 준비를 해야 했다. "하루를 오전 7시에 시작하는데 언제 집에 올지는 정해져 있지 않았어요. 두 달 동안 면도랑 이발을 못했던 적도 있었지요."

이번에는 다른 방식으로 일을 처리하기로 했다. "지난번에는 아파트를 얻기 위해 중개인에게 30만 루피를 지불했어요. 이번에는 쿠마르 건축회사Kumar Builders에 먼저 접촉했더니 집주인들과 연결해 주더라고요."

아누라그는 아파트 소유주 4명과 직접 거래할 수 있었고, 그들이 투자자가 되어 준 덕분에 빈 아파트들을 여러 채 더 얻을 수 있었다. 5000루피의 계약금을 지불하고 그는 같은 단지에 있는 아파트 33채를 얻었다. 많은 학생들이 이제 숙소 문제를 해결할 수 있게 된 것이다.

"전에는 학생들 절반 정도가 아마노라 구역에 있고 나머지 절반은 쿠마르 단지에 살았어요. 그래서 혼자서는 시설을 감독하거나 문제점을 제대로 들여다보기가 쉽지 않았지요."

아누라그는 학생들에게 최고의 주거 환경을 제공하고 싶었다. 아마노라 구역은 번화가였지만 학교에서 멀었다. 쿠마르 단지는 학교뿐 아니라 ATM과 백화점도 가깝고 주변에 근사한 레스토랑도 2곳 있었다.

"첫해의 경험을 바탕으로 임대료 체계를 변경했어요."

초기에 아누라그의 호스텔에는 두 가지 요금 체계가 있었다. 하나는 임대료만 받는 것이고, 다른 하나는 와이파이와 전기 요금을 포함해 매월 500루피를 추가로 받는 것이었다. 하지만 패키지 요금을 낸 학생들이 전기를 마음놓고 사용한 탓에 요금 폭탄을 맞았을 뿐 아니라, 인터넷 문제가 발생하면 오밤중에도 학생들은 아누라그에게 전화해 당장 해결해 주기를 바랐다. 더 이상 통합 임대료 체계를 유지할 수는 없었다.

호스텔 배치도 더욱 학생 친화적으로 바꿔 나갔다. 첫해에는 방 2개짜리 아파트에 6인이 거주하는 방식침실과 거실에 각 2명씩이었고, 침실마다 침대 2개, 장롱 2개, 책상 2개씩 놓았다. 문제는 룸메이트끼리 서로 생활 패턴이 달라, 밤 시간에 한 명은 더 공부하고 싶어하는데 다른 한 명은 자고 싶어 하는 경우가 생기는 상황을 피할 수 없다는 것이었다.

"호스텔에서 가끔씩 싸움이 일어났고, 그러면 제가 개입해서 화해시켜야만 했지요. 그래서 생각해 낸 해결책이 각각의 방에 침대를 3개 놓고 홀을 공동 학습 구역으로 만드는 것이었습니다." 사소한 아이디어에 불과했지만 학생들의 삶의 질에 큰 영향을 미쳤다.

2014년 4월 IBS는 다음 해 입학 예정자들에게 입학 허가서를 발송했다. 호스텔 안내장도 함께 동봉되었다. 이번에는 간파티 퍼실리티스가 유일한 공급자는 아니었다. 경쟁업체가 생긴 것이다. 하지만 아누라그는 자신이 있었다.

"타 지역에서 오는 모든 학생들이 잘 갖춰진 '집 바깥의 집home away from home'을 누리게 하는 것이 제 목표입니다."

이 사실을 전하기 위해 아누라그는 기존 고객들의 추천 글과 사진이 들어 있는 안내장을 준비했다. 50~60명의 학생들이 안내장만 보고 온라인 송금이나 송금 수표로 지불하고 등록했으며, 직접 보고 결정하고 싶다는 학생들도 많았다.

그는 5월 내내 33채의 아파트를 꾸몄다. 150개의 침대와 매트리스, 장롱 등을 옮기는 것은 결코 쉬운 일이 아니었다. 이웃들이 다니는 데 방해되지 않게 늦은 밤 시간을 이용했다.

각각의 아파트에 커튼, 온수기, 쓰레기통, 도어매트, 냉장고, 세탁기 같은 공용 편의 시설도 갖췄다. 사설 호스텔에서는 기대하기 힘든 것이어서 고객들이 매우 좋아했다.

"한때는 동네 분식점 주인들과 제휴해서 저렴한 가격에 도시락을 공급했습니다. 세탁과 청소하는 아주머니들을 연결하기도 했고요."

아누라그는 수수료를 받지 않고 대량 구매에 따른 할인 혜택이 학생들에게 돌아가게 했다. 결국 가장 중요한 것은 고객의 신뢰를 얻는 것이기 때문이다. 그리고 이런 아누라그의 방침은 유효했다.

"이것도 경쟁입니다. 결국 제가 학생들과 학부모들에게 어떻게 말하느냐에 따라 많은 것이 달라지는 겁니다."

파트나에서 온 학부모를 만나면 아누라그는 그들을 '파트나 스타일'로 응대한다. 델리에서 온 학부모와 상담할 때면 그는 델리 사람이 된다. 하지만 가장 중요한 것은 그가 서비스를 과장하거나 허위 청구를 하지 않는다는 사실이다.

"텔레마케팅을 하면서 사용하는 말에 무척 주의해야 한다는 것을 배웠습니다. 언제나 덜 약속하고 더 해주는 게 낫습니다."

그는 학생들의 친구이자 멘토이자 안내자로서 늘 그렇게 하고 있다. 오후 5시 이후에는 누구라도 호스텔 사무실로 찾아가 '아누라그 선배'에게 전공 과목에서 모르는 내용을 물어볼 수 있었다. 아누라그는 학생들의 진로 상담도 해 준다.

"아버지는 항상 지식은 나눌수록 늘어난다고 말씀하셨습니다. 그 말처럼 저는 지식을 기꺼이 공유하려고 하지요." 그의 도움을 받은 몇몇 학생들은 최근의 시험에서 A 학점을 받았다.

아누라그가 다른 지역에 눈을 돌리는 것은 기분전환을 위해서다. 그는 종종 모든 비용을 자신이 부담해 호스텔 관리자들을 데리고 나흘 일정으로 푸네에서 가까운 관광 장소로 여행을 떠난다. 왜 그런 수고를 하는 걸까? 그렇게 해야 자신의 학생들과 이웃들이 행복할 수 있어서다.

"기본적으로 같은 건물에 사는 주민들이 편안하게 지낼 수 있어야 해서 저는 호스텔에서 파티를 벌이는 걸 금지하고 있습니다. 우리가 없는 동안엔 학생들이 좀 재미있게 놀 수도 있겠죠."

평일에는 생일 파티도 다른 주민들에게 폐가 되기 십상이다. 그래서 아누라그는 학생들의 생일 리스트를 관리하고 그들이 밤에 생일 케이크를 자를 때면 잊지 않고 그 자리에 참석한다.

"제 역할은 학생들이 적당히 놀 수 있도록 균형을 잡아 주는 거예요." 이렇게 말하며 그는 웃는다. "지금은 호스텔 임대료를 환불해 주지 않은 그 아저씨에게 고마워하고 있어요. 당시에는 그저 화만 났었는데…보세요, 그 덕에 지금 여기까지 왔잖아요!"

240명의 신입생들 중에서 150명이 간파티 퍼실리티스에 등록했다. 50명은 경쟁업체에 등록했고 나머지는 개인적으로 아파트를 빌렸다. 1년 이용료는 5만~5만 4000루피이고 30곳의 호스텔을 운영하는 아누라그의 회사는 창업 2년 차에 750만 루피의 연 매출을 올렸다. 적잖은 수익이 발생하고 있는 것은 물론이다.

계산은 아주 단순하다. 6인용 호스텔이므로 요금은 한 채당 매월 2만 5000루피다. 소유주에게 지불하는 월 임대료가 약 1만 5000루피다. 그렇게 발생하는 수익에서 가구 구입비나 부수적인 비용을 빼도 순수익이 250만 루피 이상이다.

단기간에 성공한 사람이라면 반드시 마주할 유혹을 물리칠줄 알아야 한다. 소득을 적게 신고하면 세금을 적게 낼 수 있고 그 돈은 마음껏 쓸 수 있다. 하지만 아누라그의 생각은 다르다. 좋은 차를 굴리는 한 가지 사치만 제외하면 그는 전적으로 사업에 집중하고 싶어 한다.

"저는 회사를 성장시키고 싶습니다. 그러기 위해서는 투자를 받아야 합니다. 안 되면 주택 담보 대출이라도 받아야겠죠. 회계 장부를 투명하게 유지해야 정말 제가 필요할 때 외부 자금을 끌어들일 수 있을 거라 생각합니다."

많은 집주인들은 학생이 호스텔을 나갈 때 보증금을 돌려주지 않는다. 그렇게 떼어먹어도 크게 문제가 되지 않는다는 것을 알고 있기 때문에 관행이 되었다. 그러나 아누라그는 8000루피의 보증금을 반드시 돌려준다.

"고객이 만족하지 못하면 그들이 후배들에게 우리 호스텔을 추천하지 않겠지요. 고객들을 만족시키면 누가 시키지 않아도 그들이 우리 브랜드의 홍보 대사가 되어 줍니다."

아누라그는 푸네에 있는 다른 대학에도 호스텔 시설을 제공할 계획을 세우고 있다. 그는 직장인을 대상으로 게스트하우스를 운영하거나 근로 여성들에게 거처를 제공하는 사업도 생각하고 있다. "학생 대상 호스텔과는 달리 거실에 소파와 TV를 설치하고 한 방에 2명의 여성만이 사용하게 하는 방식을 생각하고 있습니다."

이 젊은 사업가는 숙박 시설뿐 아니라 급식 시설까지 만들 계획이다. 이를 위해 그는 기업체에 음식을 조달한 경험이 있는 어머니께 도움을 청하고 있다.

아누라그는 자신의 동기생인 아아스타 푸로히트와 2014년 10월에 약혼했다. 아아스타는 시티은행에서 일하고 있어서 사업에는 관여하지 않을 예정이다.

푸네 너머에 있는 다른 도시에까지 사업을 확장하려면 아누라그는 팀을 꾸려야 할 것이다. 그리고 시스템도 마련해야 할 것이다. 그 밖에도 크고 작은 수많은 일들이 그를 기다리고 있을 것이다.

인생에는 수천 가지 회의와 수만 가지 결정의 순간이 있다. 하지만 잠자리에 드는 순간에 누구든 인식한다. 인생은 스스로 만들어 나가기 나름이라는 사실을 말이다.

젊은 기업가들에게 전하는 팁

아누라그 아로라 Anurag Arora

1990년생 | 푸네 ICFAI 비즈니스 스쿨 | 12aarora@ibsindia.org

저는 원래 사업가가 될 생각이 없었습니다. 하지만 기회가 찾아왔고 붙잡았죠. 제가 타고난 사업가가 아니라는 것은 앞의 이야기를 통해 눈치채셨을 겁니다. 23살이 되어서야 기업가적 소질을 개발한 것이지요.

   자금을 대 줄 벤처 캐피탈도 없었습니다. 저는 운 좋게도 고객들이 선불을 내는 업계에 들어선 것뿐입니다. 자금을 마련할 수 있는 창조적인 방법과 수단을 강구해야 합니다.

   저에게 기업가정신은 이제 여러 선택지 중 하나가 아닙니다. 이제는 유일한 길이 되었어요. 제가 창업을 가장 맘에 들어 한 부분은 독립할 수 있다는 사실이었습니다. 남은 인생을 다른 사람 밑에서 일하고 싶은 생각이 없었거든요. 그래서 저는 대학의 취업 알선 현장에 발을 들여놓지 않았던 겁니다.

   무엇이든 사람들을 돕겠다는 의도와 선의를 갖고 행동하세요. 그러면 성공은 자연스레 찾아들 것입니다.

9. 도둑 잡기

프로드 익스프레스 FRAUDEXPRESS

아시아 최고의 사기 방지와 법회계 및 정보 보안 분야의 책을 출판하며 법회계학 전공자들의 학생 핸드북을 포함하여 법회계 분야에서 가장 인기 있는 타이틀의 강좌를 운영하는 교육 미디어 회사다. 프로드 익스프레스는 2013년 사기 위험 관리에 관한 자격증 과정을 솔라포 대학에 오픈했다. 이 사이트는 현재 인디아 포렌식의 모회사인 리스크프로 매니지먼트 컨설팅에서 운영하고 있다.
www.riskpro.co.in
대표 아푸르바 조쉬
분야 법회계학
창업 2011년
본사 솔라포

똑똑한 학생이지만 공학이나 의학에 관심이 없다면 자연스럽게 공인회계사를 선택하게 된다. 안정적인 미래를 보장 받을 수 있고 존경 받는 직업이기 때문이다.

누구든 열심히 공부하고 시험에 합격하면 공인회계사 자격을 얻을 수 있다. 인도에서 공인회계사 시험을 준비하는 학생들은 대부분 친척이나 지인이 소유한 회계법인에 들어가 도제 과정을 밟는다.

하지만 아푸르바 조쉬에게는 회계사 사무실에서 일하게 해 줄 친인척이 없었다. 결국 작은 동네 출신의 여학생은 푸네로 올라가 어디든 경험을 쌓을 기회를 찾아야 했다. 그녀에게 기회를 준 회사는 인디아 포렌식Indiaforensic이라는 이름의 작은 스타트업이었다. 그 회사는 법회계학53이라는, 아푸르바가 여태 들어보지 못한 특수한 분야의 일을 하는 곳이었다.

아푸르바는 부정행위 위험도 평가 업무를 하면서 부정행위의 초

---

53 회계부정 문제에 회계와 법률의 원리와 절차를 적용하는 전문 분야로 회계부정을 예방하고 적발하는 역할을 한다.

기 경고 징후를 찾기 위해 대차대조표를 들여다보게 되었다. 모두들 소득신고서를 작성하며 세금 환급 계좌에 항목을 추가하느라 바쁠 때 전혀 격이 다른 일을 하고 있었던 것이다.

그 일이 위험하다고 생각한 나머지 그녀에게 세무나 회계감사 업무를 배우라고 조언하는 사람도 있었다. 굳이 문제에 휘말릴 가능성이 높은 일을 할 필요는 없으니까. 하지만 아푸르바는 이 일에 완전히 빠져들었다. 가능한 한 많은 것을 배우기 위해 밤낮 없이 공부했다. 미국 국제 공인 부정행위 조사관 협회ACFE의 공인 부정행위 조사관Certified Fraud Examiner 과정에까지 등록했다. 그녀가 다니던 회사 대표가 이런 의문을 제기했다. "왜 인도에는 그런 과정이 없을까?"

"누구라도 그에 대한 대안을 제시하는 게 바람직할 것 같아요!" 그래서 아푸르바는 24살 때 자신의 웹사이트에 솔라포 대학이 학위를 인정하는 '부정행위 위험도 평가' 과정을 개설했다.

이는 야심만만한 젊은 여성의 삶에서 한 사건일 뿐이다. 이 여성은 자신을 믿고 스스로의 힘으로 세상을 깨끗하게 만들 수 있다고 믿는다. 부정행위를 하나하나 몰아내면서.

아푸르바 조쉬는 마하라슈트라 주에 있는 작은 도시 솔라포에서 태어났다. "우리는 의사 집안입니다. 아버지는 내과 의사이고 어머니는 산부인과 의사, 언니는 치과 의사예요. 하지만 어머니는 제게 '다른 일'을 해도 좋다고 말씀하셨죠."

10학년 기말고사에서 탁월한 성적을 거두었음에도 그녀는 의사 대신 공인회계사를 목표로 삼아 길을 헤쳐 나가기로 마음을 굳혔다.

아루르바는 솔라포에 있는 갼 프라보드히나 대학에서 12학년을 마치고 회계 업무를 배우러 푸네로 갔다. 인맥이 닿는 회계 법인이 없었던 까닭에 그녀는 머니콘트롤Moneycontrol 웹사이트를 뒤졌다. 그 사이트에 올라오는 주식 시장 동향을 다루는 글에 공인회계사들의 이름이 종종 언급되기 때문이었다.

"그런 회계사들에게 도제가 필요할지도 모르니 운이 좋으면 일자리를 구할 수 있을 거라고 생각했어요."

기사에 인용된 공인회계사들 중 한 명이 법회계사forensic accountant인 마유르 조쉬Mayur Joshi였다. 법회계학이 뭔지는 몰랐지만 왠지 호기심이 생겼고, 마침 푸네를 근거지로 삼아 활동하는 회계사라 일단 만

9. 도둑 잡기 • 219

나 보는 게 좋겠다는 생각이 들었다. 아푸르바는 구글에서 인디아 포렌식 주소를 찾아 나비 페뜨에 있는 사무실로 찾아갔다. 그녀는 처음으로 공인회계사와 면접을 보게 되었다.

마유르는 말했다. "보통 회계 사무소에서는 도제로 일하면서 빠뜨린 소득세 신고 내역을 채우거나 회계 감사 방법 같은 것을 배우는데, 여기는 그런 걸 배우는 곳이 아니에요. 혹시 색다른 일을 배우고 싶은 생각은 있나요?" 마유르는 법회계학이 무엇인지 설명했는데, 아푸르바에게는 그 이야기가 어떤 모험보다도 더 흥미진진하게 들렸다.

"당시 저는 18살이었고, 그 일이 아주 흥미로울 것 같다는 생각이 들었어요."

인디아 포렌식은 스타트업이어서 항상 인력이 부족했기 때문에 도제로 일하는 아푸르바도 실제 업무에 투입되었다. 당시 회사에서 착수한 업무는 소매체인의 부정행위 위험도평가 작업이었다. 아푸르바는 충격을 받았다. '부정행위'라는 단어가 모종의 위험과 범죄를 떠올리게 했기 때문이다. 그녀는 자신이 그런 업무를 수행하기엔 아직 이르다고 생각했다.

"친구들은 그 일이 여자가 하기에는 너무 위험하다고 했어요. 저는 짜릿함을 느꼈지만 혼란스럽기도 했죠. 그래서 어머니께 전화를 했어요."

아푸르바의 어머니는 말했다. "일은 일일 뿐이지, 좋은 일이 있고 나쁜 일이 있는 게 아니란다. 어떤 일에서든 배울 게 있는 법이야." 어머니는 그 일을 받아들이라고 말했다. 그렇게 아푸르바는 법회계학이라는 별난 세상의 여정을 시작하게 되었다.

2008년 3월 아푸르바는 인디아 포렌식 팀과 벵갈루루로 출장을 갔다. 그들은 의뢰 받은 소매체인점의 회계 장부를 살펴보고 분석 툴을 사용해 그들의 서버를 검사했다. 문제 삼을 만한 것은 없어 보였다. 이제 재고 조사만 하면 끝이었다. 그런데 인디아 포렌식 팀이 매장 매니저에게 다가갔을 때 매니저가 얼렁뚱땅 넘기려는 낌새가 보였다.

성의 없이 이것저것 보여 주던 매니저가 말했다. "TV는 저기 위에 쌓여 있습니다. 굳이 저기까지 올라가서 상자를 열어볼 필요가 있을까요?"

박스를 내리는 게 힘들어서일까, 뭔가 숨기고 싶은 게 있어서일까? 아푸르바는 조금 대담해질 필요가 있다고 생각했다.

"제가 사다리를 타고 올라가서 확인해볼게요."

그녀는 첫 번째 상자를 열었다. 비어 있었다. 두 번째 상자도, 세 번째 상자도 비어 있었다.

"TV는 하나도 없었어요. 빈 박스만 올려놓았던 거죠!"

법회계학의 기본 원칙은 주어진 데이터를 검증하는 것이다. 데이터는 '진실'이 아니다.

사다리를 내려오면서 아푸르바는 실수로 분말세제 한 박스를 망가뜨렸다. 물어내라고 하면 어떡할까 걱정이 됐다. 아푸르바의 팀은 입을 다물기로 하고 매장에서 어떻게 처리하는지 보기로 했다.

세제는 경매에 붙여졌고, 직원들 중 한 명이 50퍼센트 할인가로 사갔다. "그때 우리는 그런 사소한 일들이 부정행위를 조장하는 방식이 될 수도 있다는 것을 깨달았어요."

아푸르바는 이 첫 번째 업무를 통해 법회계학의 본질에 눈을 뜨

9. 도둑 잡기 • 221

는 놀라운 경험을 했다. 부정행위는 정치인들만 저지르는 일이 아니었다. 주변의 평범한 사람들도 자신의 고용주를 속이기도 한다. 영업 사원이 연료비를 허위로 청구할 수도 있고, 구매 관리자가 경쟁사에 정보를 흘릴 수도 있으며, 최고재무책임자CFO가 돈을 빼돌릴 수도 있는 것이었다.

"저는 부정행위가 세상 어디든 존재한다는 사실을 깨달았어요. 신이 그런 것처럼요!"

신의 존재는 정확히 알 수 없지만 부정행위의 존재는 파악할 수 있다. 일반적인 방법은 회사의 대차대조표를 살펴보는 것이다. 직원들의 사소한 부정행위보다 경영진의 부정행위 규모가 훨씬 더 크다. 주가를 높이기 위해 분기 실적이 실제보다 좋게 보이도록 수치를 조작하는 경우가 비일비재한 것이다.

이런 행태를 점검하기 위해 인도 공인회계사 협회ICAI는 인디아 포렌식과 손을 잡고 '기업 부정행위의 초기 경고 신호'라는 제목의 연구를 수행하고 있었다.

"그 프로젝트의 목적은 부정행위의 기준을 만드는 것이었어요. 어떤 것들이 대차대조표에 문제가 있음을 가리키는 '적색 경보'인지 기준을 마련하는 것이었죠."

운명은 어린 도제에게 환상적인 기회를 던져 주었다. 아푸르바는 이 권위 있는 프로젝트에 참여해 많은 것을 연구할 수 있었다. 나쁜 회사들이 사용하는 회계 관행은 어떤 것들일까? 부정행위의 방법에는 어떤 것들이 있을까?

"이 정보를 알아내기 위해 우리는 300명이 넘는 공인회계사들을 대상으로 설문 조사를 실시했고 국립 증권거래소와 뭄바이 증권거래소에 상장된 6000여 기업의 대차대조표를 검토했어요."

연구 결과는 놀라웠다. 1200개 이상의 상장 기업들이 비용 부풀리기와 수입 이월, 탈세 등 갖가지 형태로 재무 부정행위를 저지르고 있었다. 이 결과는 〈이코노믹타임스 Economic Times〉와 〈민트 Mint〉를 비롯한 인도 국내 일간지의 헤드라인을 장식했다. 어떤 신문 기사는 아푸르바 프라딥 조쉬를 인디아 포렌식의 '연구 조사 책임자 Chief Research Officer'라고 표기했다.

"제 인생에서 가장 자랑스러웠던 순간이었어요. 제 이름이 아버지의 이름과 나란히 신문에 실렸으니까요!"

하지만 쓰라린 교훈도 얻었다. '좋은' 일을 하면 고마워하는 사람도 있겠지만 더 많은 사람들이 나를 비난할 수도 있다는 것. "회사로 단속 기관 공무원에게 전화가 오기 시작했어요. 많은 사람들이 우리가 내놓은 결과를 의심했죠."

그 보고서는 2008년 9월에 출간되었다. 그리고 4개월 후, 사트얌 Satyam 신용사기 사건이 터지자 갑자기 법회계학이 주목을 받기 시작했다. 언론매체로부터 문의와 TV 인터뷰 요청이 쇄도했다. 인디아 포렌식의 대표인 마유르 조쉬는 CBI 방송에 초대되어 사트얌을 조사하고 있던 종합 대책반에 조언을 제공했다.

"그날 저는 제 우상을 발견했어요. 대표님 같은 사람이 되겠다고 결심했죠."

하지만 그녀는 앞으로 커리어를 어떻게 이어나가야 할지, 아주 새로운 분야의 작은 회사에서 일하는 것에 과연 미래가 있을지, 4대회계법인54 을 목표로 삼는 것이 좀 더 현명한 건 아닐지 고민했다.

"고향으로 돌아가 어머니와 의논했어요. 저는 지금까지 중요한 일은 거의 다 어머니와 의논했거든요."

아푸르바가 자신의 직업에 대해 말하자 어머니는 깜짝 놀랐다. "회계 분야에 그런 것도 있어?" 의사였지만 어머니는 이 특수한 분야에 가능성이 있음을 감지했다. 하지만 세무나 회계 감사와 달리 법회계학은 '책상머리에서 하는 일'이 아니었다. 규칙적인 출퇴근이나 남들과 같은 생활은 기대할 수 없었다.

"어머니는 제게 행운을 빌어 주셨어요. '어디든 가서 네가 원하는 일을 해라. 너의 꿈을 따라가라'고 말씀하셨죠."

아푸르바는 공인회계사가 되든 그렇지 않든 자신의 분야에서 유용한 모든 지식을 얻기로 결심했다. 그래서 공인 법회계학 전문가 Certified Forensic Accounting Professional, CFAP, 공인 은행 부문 법회계사 Certified Banking Forensic Accountant, CBFA, 공인 반(反) 돈세탁 전문가 Certified Anti-money Laundering Expert, CAME 등 관련 분야의 다양한 온라인 강좌에 등록했다. "궁극적으로는 미국 CFE Certified Fraud Examiner 자격을 취득하는 게 목표였어요. 기본을 다 지키려고 수업을 들었죠."

동시에 아푸르바는 이 직업의 기술적인 측면도 마스터하기로 결심했다. 소프트웨어와 하드웨어 툴 모두를 말이다. 대표적인 하드웨어 툴인 인케이스EnCase는 펜 모양의 드라이브로 매우 강력한 도구

---

54 빅 포(Big Four): 언스트 앤드 영(Ernst & Young), 프라이스 워터하우스 쿠퍼스(Pricewater-houseCoopers), 딜로이트(Deloitte), KPMG

다. 컴퓨터에 끼우면 하드 드라이브의 '사본 이미지ditto image'를 만들 수 있었다. 프로그램을 가동하면 삭제된 데이터와 이메일 내역까지 회수할 수 있었다. "배우기에 어려운 툴이었지만 열심히 배웠습니다. 제가 인도에서 그 툴을 마스터한 유일한 여성이라고 그러더군요."

ICAI 이슈가 수그러들자 아푸르바는 사무실 일을 하면서 시험 준비도 열심히 했다. 2010년 10월, 아푸르바는 인도에서 가장 젊은 공인 부정행위 조사관이 됐다. 불과 20살 때의 일이었다. 물론 성실하게 공부하기도 했지만 그녀가 그 어려운 시험을 평균 75점 이상으로 통과할 수 있었던 것은 실무 경험 덕분이었다.

"우리한테 들어오는 의뢰는 대부분 대기업이나 큰 단체와 관련된 일이었어요. 회사가 작다 보니 다양한 업무에 참여할 수 있는 기회가 많았고, 그게 많은 경험을 쌓는 데 큰 도움이 되었던 겁니다."

아푸르바의 실무 경험은 기업 대출과 관련하여 상당히 주의해야 할 의무가 있는 대형 은행들과 규제 기관들을 통해 쌓아졌다. "이 일이 만만하진 않지만 경험이 쌓이면 어떤 패턴으로 비리가 진행되는지 보입니다."

대부분 마하라슈트라 주 경찰청 경제범죄과에서 협조를 요청한 사건들은 대부분 까다로웠다. 대표적인 사례가 글로벌 트래블가칭이라는 조직의 폰지 사기55였다. 돈을 투자하면 그 돈으로 자동차를 구입해 택시를 굴리고 그 수익금으로 고액을 돌려주겠다고 투자자들을 속였다. 수천 명의 소액 투자자들을 농락한 이 사건의 주범은

---

55 투자자들에게 고수익을 약속하면서 신규 투자자의 돈으로 기존 투자자에게 이자나 배당금을 지급하는 방식의 사기 수법

번지르르하게 생긴 하피즈 아지즈가명라는 신사였다.

"아지즈는 유명 정치인의 검은 돈을 세탁하고 있기도 했어요."

어느 화창한 날 아침, 하피즈 아지즈는 그동안 긁어모은 수억 루피의 돈과 함께 사라져 버렸다. 그에게 사기 당한 정치인이 경찰에 신속한 수사를 요청했고, 추적 끝에 경찰은 아지즈를 체포했다. 문제는 아지즈의 묵비권이었다. 결국 경찰은 인디아 포렌식에 도움을 요청했다.

"경찰은 이 사건이 금융사기라고 판단했어요. 수법과 은행 계좌, 회수할 수 있는 금액 등을 알아내야 했죠."

아지즈는 나흘 내내 꿈쩍도 하지 않았다. 의자에 앉아 그저 수사관을 쏘아볼 뿐이었다. 질문에는 한마디도 답하지 않고 딴 곳을 보거나 연신 담배만 피워 댔다. 수사팀이 꾀를 냈다.

"저 골초에게서 담배를 뺏어 버리자고!"

다음날부터 구치소에서는 아지즈를 엄격하게 대하며 단 한 개비의 담배도 주지 않았다. 심지어 물도 주지 않았다. 저녁이 되자 아지즈는 안절부절못하며 극도로 불안해했다. 그는 마침내 입을 열기 시작했다.

"겁이 나진 않았나요?" 아푸르바에게 물었다.

"아뇨. 전혀 겁나지 않았죠." 그녀는 주저 없이 그렇게 대답했다.

협박을 받은 적은 없었을까?

"딱 한번 있어요. 우리가 어느 여행사 직원이 주도한 대규모 여행사기 건을 조사할 때였어요. 매일 침묵의 전화가 걸려 왔어요. 신경 쓰이지 않을 수가 없었죠. 다섯째 되던 날 낌새를 알아차렸어요. 우리가 호텔 로비에 있을 때만 전화가 왔거든요.

"전화가 올 때마다 한 남자가 신문으로 얼굴을 가리고 로비 소파에 앉아 있다는 걸 알았죠. 우리가 조사하던 당사자였어요. 우리는 의뢰인에게 그 사실을 보고했고 적절한 조치가 취해졌어요."

"인도에서 발생한 온갖 사기 사건을 조사하며 밤을 지새울 때가 많았어요." 이렇게 어느덧 3년이 지나 2011년, 아푸르바는 도제 과정을 마쳤다. 곧 공인회계사 최종 시험을 볼 예정이었다. 미래는 밝았다. 그녀는 계속 인디아 포렌식에서 일하며 경력을 쌓아 나갈 수도 있었다. 그러나 아푸르바에게는 다른 계획이 있었다.

"제가 가진 잠재력을 알아보기 위해 모험을 시작하기로 결심했어요. 보스의 가르침 없이 새로운 길을 걸어 보기로 했죠."

아푸르바는 대단한 일을 이루기로 결심했다. 그녀의 마음속에는 야망이 있었다. "《Stay Hungry Stay Foolish》와 《Connect the Dots》를 읽었어요. 덕분에 비슷한 내용의 책을 써야겠다 마음먹었죠."

아푸르바는 법회계학 분야의 여성들에 초점을 맞추기로 했다. 그녀는 재미있는 얘깃거리가 있는 전문가 몇 명을 인터뷰했다. 하지만 틈새 분야의 책으로 과연 대중들에게 얼마나 어필할 수 있을까?

"얼마 지나지 않아 사기에 대한 뉴스 포털 사이트를 만드는 게 낫겠다는 생각이 들었어요. 언론사는 일단 이름이 그럴듯해야 하는데, 당시 제 머릿속에 떠오른 대표적인 단어로는 '익스프레스', '타임스', '투데이', 이렇게 세 가지뿐이었어요."

찾아보니 '프로드 익스프레스fraudexpress'라는 도메인을 사용할 수 있어서, 아푸르바는 재빨리 도메인을 등록했다. 이제 그녀는 혼자 힘으로 모든 것을 해내야 했다. 회사의 지원, 동료, 브랜드 인지도조차 없었다. "인디아 포렌식을 퇴사하고 나서 일감을 따내는 게 쉽지 않다는 것을 깨달았어요. 하지만 옛 직장의 고객을 가로챌 생각은 절대로 하지 않았습니다. 저는 저만의 시장을 만들고 싶었어요."

회사에 소속되어 있을 때에는 말단 직원이었는데도 고객들의 신뢰를 받았다. 고객들에게 연락하거나 거래를 부탁하기도 어렵지 않았다. 하지만 독립 이후로는 상황이 확연히 달라졌다. 혼자 힘으로 모든 것을 처음부터 다시 개척해야 했다. 그러나 스스로 힘든 길을 선택하지 않았는가. 아푸르바는 회계 및 감사 분야의 컨퍼런스를 조직하는 몇 회사에 접촉해 자신의 웹사이트에 그들의 행사를 보도하겠다고 제안했다.

이런 방법으로 그녀는 델리에서 개최된 CII-KPMG 컨퍼런스에 참석할 기회를 얻었고, 거기서 몇몇 유명한 회계법인의 임원들을 만났다. 그녀는 부지런히 다니며 명함을 교환했고, 휴식 시간에는 낯선 사람들과 얘기를 나눴다.

"숙녀 분께서 우리에게 뭘 해 줄 수 있다는 거죠?" 한 신사가 쩌렁쩌렁한 목소리로 물었다.

"디지털 법회계학에 대한 교육에서 실무까지 모두 해 드릴 수 있습니다."

"정말입니까? 그 일들을 누가 한다는 거죠?"

"제가 할 거예요." 아푸르바가 말했다.

그 신사는 믿기지 않는다는 표정이었다. 일의 규모가 방대한데 어떻게 혼자 일을 처리할 수 있겠느냐는 것이었다. 신사는 젊은 기업가에게 한 마디 조언을 건넸다. "팀을 구성해야 해요."

매우 타당한 지적이었다. 인디아 포렌식에도 핵심 팀이 있지 않았던가. 드라마 CID경찰청 범죄 수사과에서도 각자가 자신이 맡은 역할을 수행하지 않았던가. "마유르 사장님은 'ACP 프라디윰나'와, 사랑Sarang은 '다야', 아비지트는 'CID의 아비지트'와 비슷하다는 생각이 들었거든요. 벤카테산은 '살룬크헤 박사' 같다고 생각했었죠!"

아푸르바에게 시급한 일은 인디아 포렌식 팀처럼 손발이 척척 맞는 팀을 구축하는 것이었다. 몇몇 유능한 사람들을 알고는 있었지만 그들을 영입할 돈이 없다는 것이 문제였다. 결국 '신뢰'를 기반으로 움직이는 수밖에 없었다.

맨 처음 합류한 멤버는 인디아 포렌식에 다니던 시절 룸메이트였던 만시 이남다르였다. 만시는 재무에 정통했고 그녀가 맡은 첫 번째 일은 디지털 미디어 벤처가 되기 위한 사업 계획서를 작성하는 것이었다. 그들은 이 계획서를 '뭄바이 엔젤스'라는 투자자들에게 제출했다.

"좋은 평가를 받긴 했지만 틈새시장에 속하는 사업이어서 결국 투자를 받진 못했어요."

2011년 12월, 아푸르바는 자신의 근거지를 솔라포로 옮기기로 했다. "어머니에게 제가 필요하다는 생각이 들었어요. 그래서 어머니와 가까운 곳에 있어야겠다고 생각했어요. 일은 어디서든 계속할 수 있으니까요."

실제로 아푸르바는 솔라포에 있는 한 생명공학 회사로부터 일감을 받았다. 컴퓨터 포렌식과 금융 포렌식을 동시에 요하는 일이었다. 아푸르바는 옛 동료인 사랑 카타브카르와 다른 에이전시의 도움을 받아 프로젝트 팀을 꾸렸다. 프로젝트는 매우 성공적으로 마무리됐고 만족할 만한 성공 보수도 받았다. "정말 기뻤어요. 앞으로 밝은 미래가 펼쳐질 거라 기대했죠."

하지만 아푸르바의 앞에 먹구름이 드리워지고 있었다. 솔라포로 거처를 옮기고 나서 얼마 지나지 않아 아푸르바는 어머니가 간 질환을 앓고 있다는 사실을 알았다. 2012년 4월 어머니는 수술을 해야 할 정도로 상태가 악화되었다.

"복잡한 수술은 아니었지만 약물 부작용이 일어났어요. 어머니의 심장이 갑자기 멈추었는데…다행히 아버지가 곁에 계셨죠."

아푸르바의 어머니는 약 45분 동안 심장 마사지를 받고 나서야 겨우 다시 숨을 쉬었다. 기적처럼 회복한 그녀는 안타깝게도 8일 후 다시 혼수상태에 빠졌고, 가족과 친척들이 지켜보는 가운데 숨을 거두었다.

"어머니는 저의 가장 친한 친구이자 멘토이셨어요. 제 인생에 미소를 안겨 주는 분이셨죠. 그런 어머니를 22살 때 잃었습니다."

그때 아푸르바는 공인회계사 최종 시험의 세 번째 관문을 앞두고 있었다. 그녀는 끝내 남은 시험을 마칠 수 없었다. 하지만 곧 몸을 추스르고 마음을 다잡았다. 일을 계속해야 했기 때문이다.

"어머니를 위해 뭔가를 하고 싶었어요. 어머니가 제게 영감을 주셨으니까요."

CFE 자격을 얻은 후 아푸르바는 잘 알려지지 않은 자신의 분야를 널리 알리고 싶은 마음이 생겼다. 그녀는 예전부터 학생들을 위한 법회계학 안내서를 집필하고 있었는데, 그 무렵 거의 마무리 작업을 하고 있었다. 2012년 6월 아푸르바는 아마존닷컴 Amazon.com을 통해 그 책을 출간하며 어머니에게 헌정했다.

"회사에 돈이 돌기 시작했고, 솔라포의 지역 미디어에 초청 받아 법회계학을 알릴 기회도 생겼습니다. 그리고 곧 우리는 프로드 익스프레스 이름으로 몇 권의 책을 더 펴냈어요."

프로드에서 만든 책에는 쉽게 구할 수 없는, 인도의 상황에 특화된 자료가 많이 있었다. 인도에 특화된 책이 수요가 있다면 인도에 특화된 강좌도 가능하지 않을까? 공인회계사나 공인건축사 시험을 통과하지 못하고 헤매는 학생도 많았고, 미국판 자료 구입에 드는 비용을 감당하지 못하는 사람도 많았다.

"대학교에 부정행위 위험성관리 전공 과정이 없다는 데까지 생각이 미쳤어요."

2012년 9월 인디아 포렌식에서 아푸르바와 함께 일했던 사랑이 솔라포를 방문했다. 아푸르바는 사랑에게 자신의 아이디어를 말했다. 인디아 포렌식은 이미 온라인 인증 강좌를 제공하고 있었지만, 운영진이 너무 바빠 교육 콘텐츠 개발에 시간을 들이지 못하고 있었다.

"마유르 사장님은 제가 온라인으로 수강했던 미국의 CFE 과정과 유사한 심화 과정을 함께 만들자는 제안에 동의해 주셨어요."

미국 CFE 교육 과정은 미국 법을 토대로 이루어져 있었고 교재 분량은 3000~4000쪽 정도였다. 아푸르바는 해당 교육 과정의 기본 골격을 유지하면서 인도의 환경과 상황을 중심으로 재구성했다.

"먼저 인도의 다양한 사례와 부정행위 방식, 부정행위를 밝힌 과정 등을 분석했어요. 그리고 그런 사례들을 하나 하나 말 그대로 손으로 직접 기록했죠." 이렇게 미국 CFE처럼 CD 기반의 테스트가 동봉된, 원격교육 형태의 온라인 과정을 완성했다.

2012년 11월, 마침내 교재가 완성되었다. 시험 소프트웨어도 준비 중이었다. 이제 가장 어려운 과정만 남아 있었다. 대학 당국의 승인을 받아야 했다.

"학교를 찾아갔더니 처음에는 아예 만나 주지도 않더군요. 그래서 저는 부총장을 직접 만나야겠다고 결심했어요."

아푸르바는 아침 일찍 도착해 부총장실 밖에 자리를 잡고 하루 종일 끈질기게 기다렸다. 당연히 부총장은 이 젊은 여성이 누구인지 궁금해했다. "들어와 보라고 하세요."

"그 기회를 놓치지 않고 노트북으로 프레젠테이션을 했어요. 그리고 이 분야가 발전 가능성이 매우 크다고 설명했죠."

인도에서 활동중인 법회계사는 고작 6000명뿐이다. 따라서 해당 자격증이 상경계열 졸업생들의 경력에 큰 도움이 될 것이며, 원격교육이라 이미 직업 현장에서 일하는 사람들도 이수할 수 있는 과정이었다.

"솔라포 대학교가 인도에서 이런 과정을 처음으로 개설하는 대학이 될 수 있음을 강조했어요." 법회계 과정을 개설하면 매년 실시하는 전국 대학 평가에 좋은 영향을 미칠 것이었다.

대학 당국은 아푸르바에게 제안서를 요청했다. 그 과정의 콘텐츠가 이미 존재하는 공인회계사나, 공인건축사, 상학商學, MBA 과정과 다르다는 것을 확인하려면 이사회의 엄밀한 검토가 필요했기 때문이다.

"그 일과 관련해 전폭적으로 지지하며 물심양면으로 지원해 준 동료 라젠드라와 어머니께 감사드리고 싶어요."

이 모든 일이 진행되는 동안 아푸르바는 집안도 돌보아야 했다. 어머니가 돌아가시고 시간이 흘렀지만 아버지는 여전히 충격에서 헤어나지 못했다. 아푸르바는 아버지를 혼자 두고 푸네로 돌아갈 수가 없었다.

"1년 동안 매주 솔라포와 푸네를 오가며 생활했어요. 예전 동료들이 많이 도와준 덕분에 그런 식으로 일을 할 수 있었습니다."

그러던 어느 날 사랑과 메신저로 대화하던 중 아푸르바는 또다른 기회를 포착했다. 인디아 포렌식이 조사 업무로 너무 바빠 그 내용을 문서화할 인원이 없다는 것이었다. 금광을 발견한 것 같았다.

"사랑은 내부 정보를 주며 말했어요. '제안서를 제출하면 제가 이 사회에서 지지해 줄게요.'"

아푸르바는 동료 만시에게 리스크프로Riskpro, 인디아 포렌식의 모회사 이 사회에 제출할 수 있도록 프로드 익스프레스의 사업 계획서를 작성해 달라고 부탁했다. 만시는 인디아 포렌식은 콘텐츠 개발로 70퍼센트의 매출 증대를 기대할 수 있을 것이라고 예측했다. 프로드 익스프레스에는 독자적인 콘텐츠가 있었고 앞으로 더 많이 만들어 낼 능력도 있었다.

"마유르 사장님께 제가 사업 계획을 설명할 수 있도록 시간을 내달라고 공식적으로 요청했어요."

아푸르바는 2013년 2월 푸네에서 마유르를 만났다. 마유르는 아푸르바의 아이디어의 가능성을 금방 알아차렸다.

"우리는 악수를 했고 사장님은 모든 내용을 정리해 서류로 제출해 달라고 요청했어요."

사랑의 조언에 따라 아푸르바는 기업 가치 평가와는 상관없이 세 가지 조건을 고수했다. 첫째, 프로드 익스프레스는 독립 사업체로 남는다. 둘째, 그녀는 리스크프로 이사로 취임한다. 셋째, 계약 기간은 최소 3년으로 한다. "양쪽의 의견이 좁혀졌고, 저는 2013년 10월 리스크프로의 이사가 되었죠."

같은 달, 이전에 아푸르바가 솔라포 대학교 부총장에게 제의했던 과정도 학교로부터 승인을 받았다. "고향의 학생들에게 도움을 줄 수 있게 되어 기뻤어요. 1만 2000루피라는 저렴한 비용으로 이수할 수 있는 학위 과정이라는 점도 뿌듯했고요."

아푸르바는 다시 푸네로 거처를 옮겨 일에 매진했다. "어머니가 돌아가신 후 일에만 집중하려고 정말 애를 썼어요."

그녀가 진행한 흥미로운 프로젝트 중 하나는 정치인들과 그 가족들이 보유한 인도 내 기업 지분 및 투자 내역을 밝혀서 데이터베이스로 만드는 일이었다. 정치인들은 직접 투자를 할 수 없으므로 중개인이나 대리인을 이용하고 있었다.

"주요 정치인 데이터베이스를 구축하겠다고 제안했죠. 정치인의 돈이 어떤 기업에 얼마나 투자되고 있는지 자료를 모으겠다고요."

인도에서 이런 데이터베이스는 처음 만들어지는데, 사용료를 받아 수익을 낼 생각이었다.

2014년에는 강좌와 콘텐츠, 서비스를 추가해 과정의 품격을 더욱 높였다. 감사 책무Auditor Due Diligence, 창업자 책무Promoter Due Diligence, 공급자 책무Vendor Due Diligence 등의 강좌가 추가되었다.

"모든 일에 유연하게 대처해야 해요. 고객이 내일 벵갈루루로 와 달라고 하면 저는 기꺼이 갈 겁니다. 거절은 없죠."

그렇게 일에 몰두하다 보니 일요일도 없고 휴가도 없으며 친구와 어울릴 시간도 없다. 여행은 꿈도 꿀 수 없다.

"마유르 사장님이 내세운 첫 번째 원칙이, 이 분야에서 남보다 월등히 앞서고 싶으면 다른 모든 것은 희생해야 한다는 것이었어요."

여러분이 온라인으로 아푸르바를 검색해 봐도 그녀의 사진은 못 찾을 것이다. "우리가 조사하는 인물들이 감옥에 가게 되는 경우도 있어서, 조심해야 해요."

아푸르바는 가끔 조사 업무에 파묻혀 점심시간도 낼 수 없을 때도 있다. 포렌식 복제기 같은 툴을 사용할 때는 항상 지켜보고 있어야 하기 때문이다. "그 툴을 돌려놓고 두 시간쯤 후에 돌아와서 확인하면 되는, 그런 게 아니거든요."

흥미진진하게 들리지만 항상 긴장해야 하는 생활이 계속된다. 아푸르바는 어떻게 스트레스를 해소할까? 예측 불가능한 요소가 많지만 아푸르바는 자신을 위한 한 가지 규칙만큼은 꼭 지키고 있다. "헬스 클럽에 규칙적으로 다니고 있습니다. 거기서 모든 스트레스를 풀고 와요."

또한 가자난 마하라즈Gajanan Maharaj의 《*Charitra*》와 샨카르 마하라즈Shankar Maharaj, 다타트라이 구루의 화신의 《*Shankar Geeta*》 같은 책을 읽으며 영적인 위안을 얻는다. "이러한 고전적 명상 서적들을 읽으면 지친 마음이 평안해져요."

아푸르바의 미래 계획은 야심차다. 5년 후에 그녀는 본인 소유의 법회계학 전문회사를 창업할 생각이다. 그리고 궁극적으로 그 회사를 상장시킬 계획이다.

"많은 사람들이 일하는 큰 회사로 키울 겁니다. 그리고 그 회사를 세계적으로 유명하게 만들고 싶어요."

그녀에겐 아직 개인적인 프로젝트가 남아 있는데, 바로 공인회계사가 되는 것이다. 여전히 유효한 목표지만 최우선 사항은 아니다. "설사 공인회계사 자격을 얻지 못하더라도 저는 법회계학 분야에서 성공할 자신이 있어요."

그녀는 2년 후 27살이 되면 결혼할 생각이다. 하지만 일과 가정생활을 어떻게 병행할지에 대해서는 아직 확신이 서지 않는다고 한다. 아푸르바는 불확실한 상황에 마주칠 때마다 어머니의 인생을 떠올리며 영감을 받는다. "어머니는 일과 가정 모두 잘 꾸리셨어요." 아푸르바의 어머니는 본인의 병원을 운영했다. 보통은 남성의 영역으로 여겨졌던 일이다. 그녀의 그런 특성이 딸에게도 이어진 듯하다.

아푸르바는 6년의 경험을 쌓은 지금도 그녀를 작은 체구와 어린 나이로만 평가하는 고객들을 만난다. "아니, 아가씨가 뭘 할 수 있다는 거죠?" 그럼 무엇을 못한단 말인가?

**너무 대담하고 너무 크고 너무 거칠고
너무 힘들어서 할 수 없는 일이란 없다.
정말 원한다면 무엇이든 할 수 있다.**

젊은 기업가들에게 전하는 팁

아푸르바 조쉬 Apurva Joshi
1989년생 | CA Final Student | apurvapj@gmail.com

학위를 맹신하지는 마세요. '형식적인' 도제 과정을 밟은 후 한 번에 공인회계사 시험에 통과한다면 당신이 시장에서 얼마만큼의 가치를 인정받을 수 있을까요? 제로입니다. 실용적인 지식이 훨씬 더 중요합니다.

도전을 기꺼이 받아들이세요. 선배나 상사에게 "시범이나 체크리스트를 보여 주시면 그대로 하겠습니다"라고 말하지 마세요. 스스로 탐구해서 어떻게 일해야 하는지 방법을 찾으세요. 요즘에는 실제로 나가서 접해 보기보다는 그저 책상머리에 앉아 모든 것을 간접 체험하길 원하는 사람들이 점점 늘어나고 있는데, 그렇게 하다 보면 자신에게 스스로 한계를 설정하게 됩니다.

좀 더 대담해지세요! 어떤 사람이든, 어떤 일이든 겁내지 말고요!

10. 훌리 라바 마살라

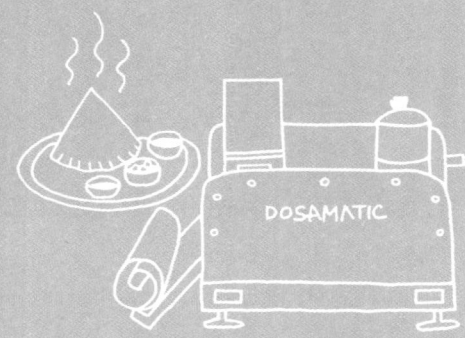

무쿤다 푸즈 MUKUNDA FOODS PVT. LTD

매일 10억 개의 도사가 소비되는 인도에서 획기적으로 세계 최초의 테이블탑 도사 프린터를 만들어 전 세계 16개국에 판매하고 있다. 도사매틱은 30분에 40개의 도사가 만들어지고 그 종류도 버터 도사, 치즈 도사, 마살라 도사 등 50여 종에 달한다. 도사는 만드는 요리사에 의해 가격이 달라지는데 이 도사매틱으로 수많은 레스토랑과 식당에서는 손쉽게 맛있는 도사를 손님에게 제공할 수 있게 되었다. 현재 시리즈A 펀딩으로 25억 루피를 받았고 2017년 100억 루피 매출을 예상한다.

www.dosamatic.com
대표 에슈와르 비카스, 수딥 사바트
분야 도사 기계 제조, 판매
창업 2011년
본사 벵갈루루

첸나이 소재 SRM 공과대학SRM University Engineering College은 매일 오후 4시에 수업이 끝난다. 복도와 매점을 오가는 학생들의 얼굴에는 미소가 가득하다. 저녁 시간을 즐기고 싶은 마음에 들뜬 것이다.

하지만 에슈와르 비카스는 달랐다. 수업이 끝나자마자 그는 50킬로미터 떨어진 자신의 일터로 가는 기차를 놓치지 않으려고 서둘렀다. 급여도 없고 이력서에 올릴 가치도 없는 일을 하러 가는 것이었다. 에슈와르에게 그 일은 이미 집착과 강박의 대상, 목적 그 자체가 되었다.

"대학교 3학년 때 도사56 기계를 만들겠다는 생각을 했어요. 그후로 그 일에만 매달렸고 그만둘 수가 없었지요!"

에슈와르의 열의는 전염성이 있었다. 그의 룸메이트인 수딥이 이 연구에 합류한 것이다. 바삭하고 둥근 도사를 만드는 완벽한 기계를 위한 두 청년의 탐구가 시작되었다.

그들은 기계 부품을 구하기 위해 첸나이 골목과 시장을 누볐다.

---

56 dosa: 쌀과 렌틸콩 가루로 반죽해 넓고 얇게 부쳐 낸 인도식 빵

그곳에서 부품 거래상들에게 살아 있는 기계공학과 산업공학 수업을 받았다.

두 사람은 문제를 해결하기 위해 잠도, 사교 활동도, 심지어 여름방학까지도 희생했다. 그 볼품없는 기계가 첫 번째 도사를 뱉어 냈을 때 에슈와르와 수딥은 세상을 다 얻은 듯 기뻤다. 비교하자면 대학 입시에서 전국 수석을 차지한 것과 같은 기분이었다.

2년 후 그들의 회사는 성장가도를 달렸다. 레스토랑 주인들이 성능이 개선된 탁상용 도사매틱Dosamatic 머신을 구입하려고 줄을 섰기 때문이다.

여러분도 아이디어라는 재료를 준비해 요리용 팬 위에 올려놓고 타오르는 열정으로 요리해 보길 바란다. 엉망이 될 때도 있겠지만 결코 포기하지 말라. 원하는 것을 얻게 될 그 날까지.

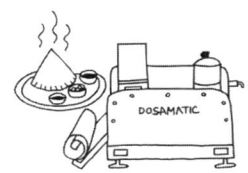

에슈와르 비카스는 안드라프라데시의 티루파티 인근 바얄파두에서 태어났다. "아버지는 비자야 은행에서 일하셔서 전근을 자주 다니셨어요. 저는 아버지를 따라 카르나타카에 있는 여러 마을을 다니며 어린 시절을 보냈고요. 제가 살던 동네는 하나같이 주민이 200명도 안 되는 작은 마을이었죠."

에슈와르는 1학년 때 가족과 함께 대도시 마이소르로 이사했다. 이후 에슈와르는 가족과 함께 정착한 하이데라바드에서 12학년을 마쳤다. 에슈와르는 하이데라바드에 사는 동안 《*Stay Hungry Stay Foolish*》를 읽고 사업가가 될 결심을 했다.

"사업을 하려면 경영대학원 학위가 필요하다고 생각했어요. 하지만 그러려면 먼저 대학을 가야 했죠."

하이데라바드에 사는 대부분의 학생들처럼 에슈와르도 공학에 매력을 느꼈다. 에슈와르는 여러 차례 입학시험에 도전했지만 인도공과대학IIT이나 국립공과대학NIT에 합격하지 못했다. 에슈와르가 들어갈 수 있는 대학은 첸나이에 있는 SRM 공과대학SRM University Engineering College뿐이었다. 에슈와르에겐 선택의 여지가 없었다.

입학 후 에슈와르는 전국 기업가정신 네트워크NEM과 파트너십을 맺고 있는 E-셀을 알게 되었다. E-셀에서 중소기업에 자문을 해 주는 회사인 이치반 컨설팅Ichiban Consulting 대표 라즈 샨카르Raj Shankar의 강연회를 개최했다. 신입생 에슈와르는 망설이지 않고 발언대에 올라가 마이크를 잡았다. "선생님, 저는 기업가가 되고 싶습니다. 도와주세요." 라즈 샨카르는 말했다. "우리 회사로 한번 찾아오세요."

에슈와르는 정말로 회사를 찾아가 라즈 샨카르에게 몇 가지 조언을 들었다. '홈페이지를 만든다고 해서 사업을 하게 되는 것은 아니다.' '회사를 운영하는 법, 사람들에게 말하는 법, 일을 완수하는 법을 배워야 한다.' 에슈와르는 점점 빠져들었다.

"선생님 아래에서 일하며 모든 걸 배우고 싶습니다!"

공대 1학년생은 매일 수업이 끝나는 오후 4시에 도시를 가로질러 50킬로미터 떨어진 이치반 컨설팅 사무소로 향했다. 저녁 9시까지 일하고 다시 기차로 돌아오면 한밤중일 때가 많았다.

"SRM의 좋은 점은 모든 게 자유로웠다는 거예요. 하고 싶은 것이 있으면 할 수 있었다는 거죠."

에슈와르는 언제나 정신없이 바빴지만 학점은 준수하게 유지했다. 전기공학 과정은 그다지 어렵지 않았다.

"톱클래스에 든 적은 한 번도 없었지만 70~80점을 받는 것은 어렵지 않았어요."

이치반에서 에슈와르가 처음 한 일은 영업 보조였다. 이치반 컨설팅에서 운영하는 학생들을 위한 훈련 과정을 판매하는 임무를 맡았다. 목표는 각 강좌마다 30명을 등록시키는 것이었다. 에슈와르는 여러 대학과 행사장을 돌며 홍보에 열을 올렸다.

"페이스북도 이용했는데 당시에는 아주 새로운 방법이었죠."

젊은 에슈와르는 빠르게 영업을 배워 나갔고, 이치반 아카데미 3반을 모집하는 데 기여했다. 이치반 아카데미에는 다양한 비즈니스 관련 과목이 있었고, 8주 수업에 2500루피의 수강료를 받았다. 하지만 에슈와르는 노력의 대가로 아무것도 받지 않았다.

"교통비도 안 받고 일했어요. 사실, 바라지도 않았습니다. 배우는 게 많았으니까요."

이치반에서 배운 것을 실천하기 위해 그는 SRM 축제인 '밀란' 기간 동안 가판 음식점을 열기로 했다. 가판대를 예약할 돈이 없던 에슈와르는 5명의 친구들과 50루피씩 모아서 흑백 전단지를 만들었다. "야채 버거 vada pav와 아이스 허브티 jaljeera 예약 판매! 쿠폰을 구입하고 20퍼센트 할인 혜택을 누리세요!"

에슈와르와 친구들은 기숙사 방을 돌아다니며 쿠폰 1000장을 팔아 8000루피를 손에 넣었다. 그들은 그 돈으로 대학 당국에 가판대 부스를 빌리러 갔다. 그들의 열의에 감탄한 학장은 부스를 무료로 빌려 주었다.

"3일 동안 음식을 팔아서 2만 루피를 남겼어요!"

에슈와르는 이치반 아카데미 영업을 계속했지만 마음이 점점 불안해졌다. 어느 날 에슈와르는 이치반 사무소에서 라자 가네시 Raja Ganesh라는 사람을 만났다. 그는 건설과 인테리어 디자인, 제조, 무역 등의 사업을 하는 아마르 인더스트리스 Amar Industries의 대표였다. 규모가 크고 흥미로운 곳이었다. 에슈와르가 라자에게 부탁했다. "사장님 회사에서 일하고 싶습니다."

10. 홀리 라바 마살라

"급여는 얼마나 받고 싶나요?" 라자 가네시가 물었다.

에슈와르는 급료는 받지 않아도 괜찮다고 말했지만 라자는 "그렇게 하면 제 마음이 편치 않습니다"라고 말하며 교통비와 식비로 매달 5000루피를 주겠다고 했다.

4학기 때 에슈와르는 아마르 인더스트리스 CEO의 개인 비서가 되었다. 아마르 인더스트리스도 학교에서 2시간 거리에 있어서, 에슈와르는 땅거미가 지고 나서야 숙소에 돌아왔다. 하지만 이번에는 혼자가 아니었다. 같은 방을 쓰던 수딥이 동행하게 된 것이다.

수딥 사바트는 오디샤 남부의 베흐람푸르 출신으로 정부에서 운영하는 공립학교를 졸업한 후 전자공학과 전기공학을 전공하기 위해 SRM에 입학한 친구였다. 에슈와르와 수딥은 2학년 때 함께 기숙사를 나왔다. 기숙사 음식이 마음에 들지 않아서다.

"수딥과 같이 아파트를 빌려 살았어요. 음식을 직접 요리해 먹을 수 있어서 좋았어요!"

수딥이 영업이나 사무에 관심이 있어서 아마르에 따라간 것은 아니었다. 수딥은 기계를 좋아했다. 마침 아마르의 제조 공장에는 기계들이 많이 있었다. "저는 용접, 절단, 연마 같은 작업을 구경하는 걸 좋아했어요. 기계 소리도 좋았고요."

수딥은 에슈와르가 라자 사장의 업무를 돕는 동안 여러 작업장을 서성거렸다. 아마르 인더스트리스는 다양한 분야의 사업을 펼치고 있어서 배울 것이 많았다. CEO는 한 번에 여러 개의 공을 저글링하는 곡예사 같았다. 견적서를 보내고, 직원들을 관리하고, 수익을 올릴 방안을 고민하는 등 한꺼번에 여러 가지 일을 해야 했다.

에슈와르는 언제라도 맡겨진 일을 할 수 있도록 준비 상태를 유지했다. "수업 시간에도 이런저런 이메일을 보내 달라는 문자메시지가 오면 그 자리에서 휴대폰으로 즉시 일을 처리했어요."

주말을 제외하고 매일 저녁 시간을 아마르 인더스트리스에서 보냈다. 그 와중에도 틈틈이 짬을 내 과제물을 처리하고, 리포트를 제출하고, 시험을 치렀다.

"정말이지 정신없이 바빴어요. 너무 피곤해서 수업 시간에 졸기도 했지만, 정말 재미있는 경험이었죠. 어떻게든 수업과 일을 병행해 나갈 수 있었어요."

대학 3학년 때, 라자는 에슈와르에게 어떤 크롬 광산에 대해 조사를 하라는 지시를 내렸다. 자신이 투자하려던 분야였다.

에슈와르는 우선 인터넷을 뒤져 봤지만 쓸 만한 정보가 없었다. 수딥에게 "오디샤로 직접 가서 알아보자"고 했다. 다음날 아침 두 젊은이는 부바네슈와르로 향하는 코로만델 익스프레스를 잡아탔다. "수딥이 오디샤 출신이어서 그곳 광산업계 사람들을 만나 이야기해 보면 괜찮을 거라고 생각했어요."

에슈와르와 수딥이 부바네슈와르에 있는 오디샤 광업에 도착했을 때 상황은 생각과는 달랐다. 그들은 담당자에게 광업 관련 프로젝트를 수행하기 위해 찾아온 대학생들이라고 소개했더니 담당자는 대학 당국의 협조 공문을 보여 달라고 했다.

"우리는 학부에서 이메일을 보내게 하겠다고 말했지만 그쪽에서는 우편으로 정식 공문을 보내라고 요구했어요."

다른 광업 회사들도 마찬가지여서 그들은 낙담했다. 결국 두 사람은 부바네슈와르로부터 100킬로미터 이상 떨어진 수킨다로 이동했다. 타타 그룹의 크롬 광산이 그곳에 있었기 때문이다.

"직행 기차나 버스가 없어서 여러 번 갈아타고 가야 했어요."

그 광산의 담당자는 청년들의 얘기를 끈기 있게 들어주었다. 그들의 학생증을 보고 마침내 조사를 허락했다. "사실 정식으로 신청하고 허가를 받아야 하는 일이지만…학생들이 첸나이에서부터 이렇게 멀리까지 왔으니 도와드리죠."

그는 청년들을 기술팀으로 데리고 가 자세한 설명을 들을 수 있게 해 주었다. 기술팀은 자세한 내용이 담긴 CD까지 주며 행운을 빌어 주었다.

"그들을 속인 게 마음에 좀 걸렸지만 한편으로는 난관을 뚫고 필요한 정보를 얻어서 기뻤어요."

첸나이로 돌아오자마자 에슈와르는 보고서를 제출했고, 사장은 이를 토대로 투자를 진행했다. 에슈와르와 수딥은 이 프로젝트를 해내는 과정에서 자신들이 팀으로 일할 수 있다는 사실을 깨달았다.

"이제는 우리가 회사를 창업할 때라고 생각했어요."

얼마 후 둘은 학교 과제를 하려고 함께 델리에 갔다. 카롤 바그에 있는 비카네르왈라 레스토랑에서는 마살라 도사[57]의 가격이 130루피라는 것을 알게 되었다. 첸나이의 가격과 비교하면 실로 충격적이었다. 어째서 음식 값이 남인도에 비해 이렇게나 비쌀까?

가게 주인은 이렇게 설명했다. "도사를 만드는 요리사에게 매달 2만~2만 5000루피를 월급으로 줘야 하거든요. 그러니 그 정도 가격

---

[57] Rava Masala Dosa: 도사의 한 종류, 쌀 대신 밀의 일종인 라바를 버터밀크에 담가 만들어 새콤한 맛이 나는 도사에 향신료와 감자, 양파를 넣은 것

을 매길 수밖에 없죠."

그때 에슈와르는 엉뚱한 생각을 했다. '그럼 기계로 따끈하고 둥글고 바삭하고 맛있는 도사를 만들면 어떨까?' 수딥은 그 이야기를 듣고는 같이 만들어 보고 싶다고 했다. "그래, 한번 해 보자!"

첸나이로 돌아온 두 젊은이는 3D 모델링 프로그램 스케치업으로 설계도를 그리려고 애썼지만 결국 실패했다. 그래서 그들은 2000루피를 들고 지역의 CAD 센터로 가서 설계도를 만들어 달라고 부탁했다. 디자이너 옆에 앉아 대강의 아이디어를 설명하면서 진행한 작업은 밤낮으로 꼬박 사흘이 걸렸다.

"기계공학 전공이 아니어서 볼베어링이 뭔지도 몰랐어요. 그저 옆에 앉아 '여기에 기둥을 세워 주세요' 이런 식으로밖에 말할 수 없었죠." 그러면 디자이너가 물었다. "사이즈는요? 두께는요? 재료는 뭘로 할 거죠?"

에슈와르와 수딥이 그런 세세한 부분을 제대로 알 리가 없었다. 하지만 함께 여러 난관을 돌파한 경험이 있었기에 자신감은 충만했다. 어떤 문제든 잘 해결해 나갈 수 있으리라 믿었다. 청년들은 뭐라도 건질 수 있을 거라는 생각에 산업용 장비 시장인 파리스Parry's를 찾았다.

"가게 주인들의 80퍼센트는 얘기를 나누려고도 하지 않을 겁니다. 그들은 그저 원하는 부품이 무엇인지, 562B인지 562C인지 같은 것만 묻습니다."

가게 주변에서 서성거리며 주인이 한가할 때까지 기다리면 분명 여러 가지를 배울 수 있었다. 그곳에서 얻은 영양가 있는 정보를 토대로 인터넷 검색을 하면 더 많은 것들을 알게 된다. 그런 식으로 며

칠을 투자해 산업 장비 시장을 돌면 다른 곳에서는 구할 수 없는, '살아 숨 쉬는' 정보와 지식, 노하우 등을 확보할 수 있었다.

"기계 부품에 대해 점점 많이 알게 됐어요."

살아 있는 지식을 습득하는 데 가장 필요한 것은 시간이다. 그들은 학교 수업에 들어가지 못하는 날이 많아지자 친구들에게 대리출석을 부탁했다. 에슈와르와 수딥이 뭔가 일을 벌이고 있다는 것을 알았기에 눈 감아 주는 교수들도 있었다.

다섯 달 후, 에슈와르는 또 다른 CAD 디자이너를 찾아가 자신 있게 명세서를 건넸다. 그렇게 완성된 설계도를 갖고 아마르 인더스트리스 공장 내의 작은 공간을 빌렸다.

"기계를 완성하는 데 한 달쯤 걸릴 것으로 예상했어요."

2012년 1월에 작업을 시작했지만 기간은 점점 늘어났다. 3개월이 지나도록 기계는 완성될 기미가 보이지 않았다.

"도사 기계를 만들기 위해 참고할 자료가 없었기 때문에 우리는 계속 상상력을 발휘하며 작업을 진행해야 했습니다. 매번 바꾸고 조정할 수밖에 없는 일이었죠."

기존에 없는 물건을 만드는 일에는 많은 시행착오가 따르기 마련이다. 비용도 예상보다 늘어난다. 에슈와르와 수딥이 설계한 기계는 높이 1미터, 너비 1미터에 무게가 300킬로그램이나 나갔다. 몸체에 들어가는 강철 값만 8만 루피였다.

"기계를 만드는 데만 20만 루피가 들었어요."

에슈와르는 매달 5000루피의 급료를 받아 4000루피를 즉시 아버지에게 송금하고 있었다. 온갖 유혹을 참으며 모아 놓은 돈이 10만 루피 정도 되었고, 이제야 그 돈을 요긴하게 쓸 수 있게 되었다.

에슈와르의 아버지는 거기에 10만 루피를 얹어서 보내 주었다.

"저는 기계공학이나 설계도 모르고 회사를 운영하는 방법도 몰랐지만 어떻게든 이 일을 해내야만 했어요. 무슨 일이 있어도 이 기계를 완성해야 했죠."

두 젊은이에게 두 달 반 동안의 여름방학이 찾아왔다. 그들은 첸나이에 남아 기계 제작에 매진하기로 했다. 그들을 가장 힘들게 한 것은 인도의 뜨거운 여름이었다. "14시간 동안 시도 때도 없이 정전되고, 수도도 심심치 않게 끊겼어요. 하지만 어떻게든 우리는 이 기계를 움직이게 만들어야 했죠…그런데 전혀 움직이지 않는 거예요!"

이때쯤 에슈와르와 수딥은 아마르 인더스트리스를 떠나 집과 가까운 어느 공장 주인을 설득해 공장 한 켠을 무료로 얻었다.

"우리는 시제품이 준비되었고 약간의 수정 및 변경 작업만 진행하면 된다고 얘기했어요."

거대하고 골치 아픈 그 기묘한 기계에 대한 거듭된 실험이 실패로만 이어지는 가운데 여름이 지나갔다. 많은 양의 도사 반죽을 사용해야 했는데 다행히 원재료 값은 킬로그램당 20루피로 저렴했다.

어느 화창한 날, 반죽이 기계 안으로 들어가더니 도사가 되어 나왔다. 에슈와르와 수딥은 달 표면에 첫 발을 디딘 우주비행사가 된 기분이었다. "조금 탔고 모양도 예쁘지 않았지만 저희 눈에는 세상에서 가장 근사해 보였어요!"

에슈와르는 도사를 만드는 과정을 동영상으로 촬영해 사람들에게 자랑스레 보여 줬다. 기계와 달리 동영상은 가지고 다닐 수 있었기 때문이다. 동영상 덕분에 트리치 국립공과대학의 사업 계획서 경진 대회인 벤추라Ventura 2012 '혁신' 부문에서 일등상을 받았다.

인도 엔젤 투자자 네트워크의 가간 아그가르왈Gagan Aggarwal은 동영상으로 본 도사 기계가 마음에 들어 아이디어에 '인큐베이팅'58을 제공하겠다고 제의했다.

"비공개 유한회사를 만들어 저희에게 5퍼센트의 지분을 양도하시면 됩니다."

인도 엔젤 투자자 네트워크는 지분의 대가로 한 달에 한두 차례 지도해 주는 멘토를 배정해 준다고 했다.

"'안 돼, 5%는 너무 많아. 자금이나 사무실을 제공 받는 것도 아니잖아'라고 말하는 사람들도 있었죠."

하지만 에슈와르는 그렇게 생각하지 않았다. "이 아이디어는 현재로선 아무런 가치가 없어. 5퍼센트를 주고 투자를 받으면 더 좋은 아이디어가 될 거야."

에슈와르는 도사매틱을 비공개 유한회사로 등록했다. 사업은 점점 커졌다. 두 젊은이는 도사 머신을 하나의 프로젝트로 생각했지만, 이제는 어엿한 사업으로 변모한 것이었다.

에슈와르와 수딥이 일곱 번째 학기에 접어들었을 때 학과장이 그들을 불렀다. "자네들이 만든 기계를 시연해 볼 수 있겠나?"

미국 공학 기술 인증원ABET 대표단이 SRM 공과대학을 방문하고 있었다. 학교의 주선으로 그들은 도사 기계를 '잠재력이 큰 프로젝트'로 ABET 대표단에 소개했고, 대표단은 큰 감동을 받았다.

"대학은 우리에게 제안서를 제출하라고 했고, 3~4개월 후 15만

---

58 예비 창업자나 신생 벤처기업에, 사업에 필요한 기본적인 인프라나 법률, 회계, 자금, 인력, 홍보 등과 관련된 서비스를 제공하는 것을 말한다.

루피의 보조금을 지원 받았어요."

젊은 사업가들은 이 돈으로 투박한 시제품을 개선할 수 있었다. 에슈와르는 학교에서 전자공학의 귀재로 통하던 아니르드 나뜨Anirdh Nath라는 친구를 끌어들였다. 잠자는 시간 말고는 기계만 붙들고 있는 친구였다.

많은 학생들이 그들을 동경해서 이 일에 합류했지만 얼마 못 가 그만두기 일쑤였다. 기업가정신이 거창하고 흥미로워 보여 뛰어들었지만 막상 고된 업무가 뒤따르자 열정이 식어 버렸기 때문이다.

"늘 또 한 명의 공동 창업자를 찾고 있었지만 마음이 맞는 친구가 없었어요!"

친구들은 되려 '적'이 되었다. 가끔 전화해서 "오늘밤 해변 파티가 있어"라며 꼬셨다. 그러면 수딥은 에슈와르에게 "오늘은 좀 쉬고 파티에 가자"고 말했다. 그럴 때마다 에슈와르는 수딥에게 일침을 가했다. "할 일이 아직 남았잖아."

친구들과 놀 시간이 없었다. 여자 친구를 사귈 시간도 없었다. 금요일에도 새벽 두세 시까지 일하고 나서야 집에 갔다. 그리고 아침 7시가 되면 어김없이 에슈와르는 수딥을 흔들어 깨웠다.

"2시간만 더 자자." 수딥이 중얼거렸다.

"이것만 완성되면 페라리를 타게 될 거야. 자, 가자!" 에슈와르는 이렇게 수딥을 자극했다. 그리고 수딥이 일어난 지 30분이 지나기 전에 그들은 공장에 도착해 있었다.

"지금 그때를 돌아보면 참 열악한 환경이었는데도 열정을 잃지 않았던 게 놀라워요. 공장도, 사무실도, 심지어 제품도 없었는데도요. 가진 것이라곤 꿈이 전부였지요." '반드시 해내리라'는 꿈이었다.

캠퍼스에 취업 시즌이 돌아왔다. 취업 전쟁에 뛰어드느냐 마느냐, 그것이 문제였다. 마침 영화 〈다크 나이트 라이즈〉가 개봉했을 때였다.

에슈와르는 지하 감옥에 빠진 배트맨이 밧줄을 이용해 탈출을 시도하는 장면을 떠올렸다. 배트맨은 계속해서 탈출하려 했지만 실패만 거듭했다.

영화에서 한 예언자가 배트맨에게 조언한다. "죽음에 대한 공포가 힘을 줄 것이다."

결국 배트맨은 몸에 밧줄을 묶지 않음으로써 실패의 여지를 남겨두지 않았고 마침내 탈출에 성공했다. 이렇게 사람은 작은 동기부여 요소만으로도 앞으로 나아갈 의지를 다질 수 있다.

생각이 거기까지 미친 순간, 에슈와르는 결심했다. "나는 취업하지 않을 거야. 내 회사를 운영해야 해. 다른 대안은 없어."

다행히 부모님은 에슈와르의 생각을 지지해 주었다. 하지만 수딥은 에둘러 말해야 했다.

"부모님께 말씀드렸어요. '취업하려면 필기 시험을 치러야 하는데 통과하지 못할 것 같아요. 어떡하죠?'" 수딥의 아버지가 물었다. "너 정말 취업할 생각이 있는 거냐?"

수딥의 아버지는 아들이 도사 기계 사업에 얼마나 진지하게 임하고 있는지 안 다음에야 행운을 빌어 주었다. 다만 한 가지 조건을 달았다. "열심히 해서 최대한 빨리 자리잡거라."

에슈와르와 수딥에게 필요했던 추진력을 갖게 해 준 사람은 B. 하리Hari였다. 콜카타에 있는 온 트랙 시스템스On Track Systems 창업자 하리는 청년들에게 배정된 멘토였다. 그는 에슈와르와 수딥을 만나기 위해 첸나이로 직접 찾아왔다. 그러고는 4~5시간을 할애해 그들의 계획을 귀 기울여 들어 주었다.

"당시 저희는 음식점을 차리고 거기에 기계를 설치해 도사를 팔려고 했어요." 이를 염두에 두고 레스토랑 이름까지 '무쿤다 푸드'[59]로 지어 놓은 상태였다. 유명 레스토랑인 사라바나 바완[60]이나 바산타 바완[61]을 벤치마킹한 이름이었다.

"첸나이에서 성공한 다른 레스토랑처럼 신의 이름에서 따온 이름을 지었어요."

논리는 단순했다. '기계를 판매하면 2만 루피의 수익이 한 번 발생하지만 도사를 만들어 팔면 계속 수익이 발생하고 더 많은 돈을 벌 수 있을 것이다.'

하리가 말했다. "여러분은 지금까지 도사 기계를 만들었어요. 레스토랑을 운영하는 일은 기계 설계와는 전혀 다른 문제입니다. 어떤 사업을 하고 싶은지, 그것부터 정하는 게 좋겠네요."

하리는 청년들의 사업을 두 갈래로 정리해서 제시했다. 어느 쪽을 선택할지는 에슈와르와 수딥에게 달려 있었다. 둘은 자신들이 레스토랑 운영보다 기계 만드는 일을 더 잘한다는 사실을 깨달았다. "그날부터 우리는 기계를 만드는 회사로 초점을 맞추고 집중하기로 했어요."

하리는 사업이라는 전쟁터에 뛰어든 두 젊은이가 갈 방향을 잡아 주는 '가이드'가 되었다. 그는 회사를 운영하면서 쌓은 경험을 청

---

[59] 무쿤다는 크리슈나(Krishna) 신의 여러 이름 중 하나다.
[60] Saravana Bhavan: 무루간(Murugan) 신의 이름
[61] Vasantha Bhamvan: 봄(계절)의 신 이름

년들에게 공유했다. 더불어 에슈와르와 수딥에게 우선 조직부터 갖추라고 조언했다. 영업 사원과 디자이너가 필요하다는 말이었다.

"크게 생각하면 크게 성장할 것이다." 이것이 하리가 믿는 성공의 주문이었다.

하리와의 만남은 에슈와르와 수딥의 사고방식을 바꿔 놓았다. 그들은 자신들이 '모든 것을 하려' 애쓰던 행태에서 벗어나 각각의 일을 수행할 적임자를 물색하기 시작했다.

에슈와르와 수딥은 디큐브 디자인D-Cube Designs의 모하메드 샤흐Mohammed Shah와 함께 일하기로 했다. 칸푸르 인도공과대학 출신인 샤흐는 기계공학과 제조공학 두 분야에 깊은 식견을 지니고 있었다. 그가 프린터처럼 테이블 위에 올려놓고 쓸 수 있는 '탁상용 머신'을 제작하는 게 어떻겠냐는 아이디어를 그들에게 제시했다.

"우리의 기계로 무엇을 하고 싶은지는 잘 알고 있었지만, 그것을 '어떻게 하느냐' 하는 부분은 디큐브와 함께 하며 얻었어요."

모하메드는 기능적인 요구 사항을 이해하고 그것을 구현 가능한 방식으로 바꾸는 데 탁월했다. 물론 돈도 많이 들었다.

"디큐브는 우리에게 40만 루피를 요구했어요. 그래서 '우리는 그렇게 많은 돈을 드릴 여유가 없다'고 말씀드렸죠."

모하메드가 말했다. "좋습니다. 그럼 착수금으로 10만 루피만 내고 나머지는 제품이 시장에 출시된 이후에 분할해서 지불하는 방식으로 갑시다."

에슈와르는 다시 한 번 아버지를 찾아갔다. 아버지는 아무것도 묻지 않고 지원해 주었다. 수딥도 가족들에게 지원을 부탁했다.

2012년 10월 탁상용 '도사매틱'의 시제품이 완성되었다. 에슈와르와 수딥은 인도 엔젤 투자자 네트워크가 델리에서 개최하는 컨퍼런스에서 도사매틱을 공개하기로 했다. 약 200명 이상의 투자자들이 참석하는 컨퍼런스였으므로 자신들과 제품을 알릴 수 있는 무척 좋은 기회였다. 두 사람에게는 막간을 이용해 제품을 홍보할 수 있는 4분의 시간이 주어졌다. 컨퍼런스 전날 밤 기계를 최종 점검했고, 모든 준비는 완벽했다.

다음날 오전, 에슈와르는 무대에 올라 기계 시연과 프레젠테이션을 시작했다. 이제 버튼을 누를 차례가 됐다. 청중들 눈앞에 바삭하게 구워진 노릇노릇한 도사가 밀려 나오기만 하면 된다. 에슈와르가 버튼을 눌렀다. 음, 다시 한 번 눌렀다. 그러나 도사 반죽만 삐져나오고 있었다. 강연장은 조용해졌고 아무 일도 일어나지 않았다.

"재빨리 마이크를 잡고 말했어요. '뭔가 문제가 생긴 것 같습니다. 고치도록 하겠습니다.'"

에슈와르는 태연한 척 화면으로 시선을 유도해 프레젠테이션을 마무리했다. 확인해 보니 전기회로가 합선되어 있었다.

"물론 속상했죠. 하지만 이미 엎질러진 물이었어요."

컨퍼런스 참석자들은 모두 거물급 인사들이었다. "난생 처음으로 인도 구글의 CEO 라잔 아난단[Rajan Anardan] 같은 거물들과 인사를 나누었어요." 공개 망신 수준의 실패에도 불구하고 인사를 나눈 인물들 모두가 그들을 격려해 주었다.

이 사건 이후 그들은 돌아보고 숙고하는 시간을 가졌다. 제품 디자인을 개선해야 하지 않을까? 품질 기준을 더욱 높여야 하는 게 아닐까?

"쓰라린 경험을 통해 제품부터 제대로 만들어 놓고 움직여야 한다는 깨달음을 얻고 의욕을 다지게 되었습니다."

에슈와르와 수딥은 판매 가능할 정도로 도사머신의 품질을 올릴 때까지는 '이벤트'를 벌이지 않기로 했다. 문제는 '어떻게 그 수준에 도달하느냐'였다.

간절한 염원을 담아 이런 질문을 던지면 우주에 반향이 일어나고 어느 날 응답을 받게 된다. 도사매틱이 받은 응답은 앨리스테르 드로자리오 Alistair D'Rozario 였다.

에슈와르가 볼베어링을 구하기 위해 시장에 나갔던 날이었다. 볼베어링을 파는 상점 직원인 앨리스테르가 그에게 물었다. "이걸로 뭐 하시려고요?"

도사를 만들어 내는 환상적인 기계에 대해 들려주자 앨리스테르는 무척 흥미로워했다.

"한번 보고 싶은데…공장에 따라가도 되나요?"

바로 그 자리에서 그는 차고에서 삐걱거리는 오토바이를 꺼내 에슈와르를 태우고 50킬로미터나 떨어져 있던, 올드 마하발리푸람 로드의 공장으로 향했다. 앨리스테르는 기계를 꼼꼼히 살펴본 후 밤새도록 여기저기를 손봤다.

"문제 있는 부분을 손봤어요." 다음날 아침 앨리스테르가 자신있게 말했다.

공대를 중퇴한 앨리스테르는 진정한 기계의 달인이었다. 어떤 기계든 다루지 못하는 게 없었다.

2013년 2월 앨리스테르는 매월 5000루피의 급여를 받기로 하고 그들의 회사에 합류했다. 3월 말이 되자 처음엔 5~6개의 도사를 만들어 내던 기계가 100개의 도사를 토해 내기 시작했다. 잔 고장도 없었다.

"인도공대생도 여럿 만났고, 교수님이나 기계공학 전문가들에게 문의도 했어요. 하지만 그들이 풀지 못했던 문제를 앨리스테르는 쉽게 해결했습니다."

2013년 12월, 드디어 제대로 된 기계가 준비됐다. 반죽과 물과 기름을 넣는 용기까지 갖춘 불과 50킬로그램 무게의 도사매틱이었다. 버튼을 누르면 반죽이 나와 정해진 형태로 펼쳐지고 기름이 뿌려지면서 구워진다. 반죽이 따끈한 도사로 만들어져 나오는 데 겨우 60초면 충분했다!

다시 한 번 델리로 가서 이 놀라운 기계를 투자자들에게 홍보했다. 이번에는 완벽하게 작동했다.

"우리는 플레인 도사, 버터 도사, 마살라 도사를 만들었어요. 그리고 펀딩 제안서를 제출하라는 제의를 받았습니다."

애초의 계획은 200만 루피의 자금을 조달하는 것이었지만, 그들의 멘토 하리는 충분하지 않다고 조언하며 좀 더 야심찬 사업 계획서를 준비하도록 도왔다.

"하리 선생님은 언제나 '크게 생각하라'고 말하곤 했습니다. 그게 가장 중요하다고 강조하셨어요. 우리의 계획을 밀어 주며 투자자들에게 신뢰감을 심어 주셨습니다."

2013년 6월, 에슈와르와 수딥이 대학을 졸업한 달에 인도 엔젤 투자자 네트워크로부터 승인 통지가 날아왔다. 몇 가지 절차가 완료되는 대로 자금을 받게 되었다.

그들은 이제 스타트업 친화적인 도시 벵갈루루로 이전하기로 결정했다. 그곳에서는 정전으로 고생하는 일도 훨씬 덜 겪게 될 것이다. 에슈와르와 수딥, 그리고 앨리스테르는 '정원의 도시'에 자리를 잡았다. 문제는 생각보다 늦어지는 자금 유입이었다.

"우리는 어떻게든 조금씩 돈을 구해 기계를 개선해 나갔어요."

마침내 10월이 되어 은행 계좌로 자금이 들어왔다. 그리고 12월 판매용 제품이 드디어 완성됐다. 이제 호텔 및 레스토랑 관계자들에게 제품의 유용성을 납득시킬 차례였다. 에슈와르가 이끄는 소규모 세일즈 팀은 벵갈루루 전역에 걸쳐 방문 및 전화 영업을 개시했다.

"오히려 학생이었을 때가 더 쉬웠어요. 다들 격려해 주고 그러잖아요. 하지만 영업사원에게는 다릅니다. 일단 냉대가 기본이에요."

승부를 가릴 때 가장 중요한 것은 끈기다. 그들은 먼저 지역을 나눈 다음 다시 범주 별로 호텔 및 레스토랑을 분류해 할당했다. 한 영업사원은 30루피 이하의 가격으로 도사를 파는 판매점만 담당하고, 다른 영업사원은 쇼핑몰에 있는 '퀵서비스' 레스토랑만 공략하는 식이었다. 그들은 그렇게 사업의 기반을 다져 나갔다.

"우리는 사람들을 사무실로 초청해 제조 과정을 시연해 보여 줍니다."

조작이 쉽고 균일하고 맛있는 도사가 나온다는 것이 이들의 판매 포인트였다. 기계를 들여놓으면 더 이상 경험 많은 요리사나 '장인'을 월 2만 루피의 급여를 주면서 데리고 있을 필요가 없다는 것. 기계 가격이 15만 루피이기는 하지만, 6~9달이면 무조건 손익분기점을 넘어선다는 계산이다.

지금까지는 주문자들의 90퍼센트 이상이 '퀵서비스' 레스토랑 주인들이었다. "요즘은 우다르칸트의 리쉬케시와 안드라프라데시의 스리카쿨람 같은 작은 마을에서도 주문이 들어오고 있어요." 그런 곳의 고객들은 스카이프 영상 통화로 시연을 보고 나서 주문한다.

 호주와 영국에서도 문의가 들어오기 시작했다. 이 젊은 사업가들은 그런 곳의 고객들에게 만약 기계가 고장 나 수리를 하게 되면 다시 인도로 돌려보내야 하고 그런 경우 그들이 비용을 물어야 한다고 미리 말한다. 하지만 대부분 상관없다고 대답한다.

2014년 3월, 첫 상용 제품이 공장에서 출고되었다. 용접과 절단 작업은 아웃소싱으로 진행하고 조립은 전 과정을 자사 공장에서 수행한다. 수딥이 생산 과정 전체를 감독하고 앨리스테르가 문제 해결과 디자인 그리고 연구 개발을 총괄한다.

 "우리는 오차 허용 한도를 0.01밀리미터로 아주 낮게 잡고 있습니다. 오차 허용 한도를 맞추려면 직접 조립하고 완성해야 하죠. 하지만 생산 물량이 늘어나면 상당 부분을 아웃소싱에 의존하게 될 가능성도 있습니다."

 도사매틱은 인도에서 매일 10억 개의 도사가 소비된다고 추정한다. 가정용 버전이 어느 정도의 잠재 시장을 갖게 될지 한 번 상상해보라. 이 팀은 이미 도사매틱의 가정용 버전 개발에 착수한 상태다.

 "앞으로 5년 내에 전자레인지가 있는 가정은 모두 도사 머신을 들여놓게 하는 게 저희 꿈입니다!"

 첫 번째 회계연도가 끝나는 2014년 3월 31일까지 이들은 30대의 기계를 팔았다. 직원 수는 15명으로 늘어난 상태였다(4명은 영업직이며 나머지는 생산직). 현재 그들은 판매를 늘리는 게 아니라 올바른 비즈니스 모델을 확립하는 데 집중하고 있다.

"우리는 인도 전역의 각 도시에 인도공과대학 출신들이 업무를 하는 서비스센터를 개설하고 있어요. 고객을 만족시켜 긍정적인 입소문이 나도록 만들기 위해서죠."

애플Apple 시대라서 사용자를 만족시키는 일이 결코 만만치가 않다. "어떤 고객이 묻더군요. 휴대폰으로 기계를 작동할 수 있는 '앱'도 들어 있는지 말입니다."

말할 것도 없이 그들의 목표는 제품을 계속 향상시키고 발전시키는 것이다. 세련된 수준에 이르려면 아마 여러 해가 걸릴 것이다. '완벽한' 제품이 창조되길 기다리는 것보다는, 일정 수준 이상 되면 시장에 내놓고 고객들의 의견에 계속 귀를 기울이며 개선해 나가는 것이 낫다는 게 에슈와르와 수딥의 지론이다. 생산 공정을 돌릴 때마다 좀 더 나은 제품이 나오도록 노력을 기울인다는 자세로.

학생 신분의 발명가에서 사업가가 되기까지 에슈와르와 수딥은 그야말로 신세계를 탐험하는 듯한 여정을 밟았다. 그 과정에서 두 사람이 배운 모든 것, 예컨대 문제를 해결하는 법과 사람을 상대하는 법, 자금을 관리하는 법, 스스로를 관리하는 법 등은 모두 그들에게 미지의 영역이었다는 얘기다.

"그동안 많은 친구들이 창업했다가 실패했어요. 대부분 경우 감정을 다스리는 데 실패했기 때문이죠."

모든 엔지니어들의 마음속에는 한 가지 의문이 있다. 'MBA를 취득해야 되는 게 아닌가?' 에슈와르와 수딥은 '그럴 필요가 없다'고 말한다. 금융이든 마케팅이든 교실에서 배워야 할 필요가 없다. 주요한 난제는 사람들을 상대하고 관리하는 것인데, 학위가 있다고 해서 쉬워지는 것이 아니기 때문이다. 조직에 알맞은 인물을 찾아내는 것에서부터 심혈을 기울여야 하는 일이다.

"우리는 직원을 고용할 때 학점은 보지 않습니다. 그게 중요하지 않다는 것을 잘 알기 때문이죠. 실제 프로젝트를 부여하고 성취도를 선발 기준으로 삼습니다."

사내에서 에슈와르와 수딥은 이른바 '좋은 경찰'과 '나쁜 경찰' 역할을 나눠 맡는다. 수딥은 언제나 직원들을 다정하게 대하는 반면 에슈와르는 엄격한 태도를 취한다는 얘기다. 둘은 이 방법이 꽤 괜찮은 효과를 거두고 있다고 자평한다.

아직 창업 초기 단계인 관계로 두 창업자와 직원들은 토요일과 일요일에도 일한다. "회사 사람들은 지금은 조금이라도 여유를 부릴 때가 아니라는 사실을 이해하고 있어요. 그래서 일요일에도 때로는 아내나 여자 친구를 데리고라도 회사에 나오는 겁니다!"

아직 갈 길이 멀다. 많은 장애물을 만날 것이다.
올라야 할 산도 많다.
그들은 그 길을 직시하며 가슴에 손을 얹는다.
'반드시 도착할 것이다.'

젊은 기업가들에게 전하는 팁

수딥 사바트 Sudeep Sabat (왼쪽)

1990년생 | 첸나이 SRM 공과대학 | sudeep@mukundafoods.com

대학에 재학 중일 때 시작하는 것이 좋습니다. 졸업하고 나서 해도 된다고 생각하지 마세요. 그런 일은 일어나지 않습니다. 분명 어떤 회사에 들어가게 될 것이고 그렇게 해서 주머니에 돈이 들어오기 시작하면 그 이상은 생각하지 않게 될 것이기에 하는 말입니다.

아이디어만으로는 충분하지 않습니다. 실제로 시제품을 개발해 보아야 합니다. 시제품을 갖고 밖으로 나가 현실에서 그것을 시험해 보십시오.

인큐베이션 프로그램에 참여할 기회가 생긴다면 절대 놓치지 마세요. 자금 지원을 받을 수 있어서가 아니라 멘토에게서 적절한 지침과 올바른 인맥을 얻을 수 있습니다. 또한 수익 모델에 집중하게 만들며 사업 운영에 대해 진지하게 생각하도록 돕는 부분도 인큐베이션 프로그램의 장점입니다.

마지막으로, 많은 사람들이 여러분을 돕겠다고 약속할지 모르지만 실제로는 그런 약속이 그다지 잘 지켜지지 않는다는 사실을 명심하시기 바랍니다. 그러므로 자신이 아닌 다른 누구에게도 의존하지 마십시오.

젊은 기업가들에게 전하는 팁

에슈와르 비카스 Eshwar Vikas (오른쪽)
1991년생 | 첸나이 SRM 공과대학 | eshwar@mukundafoods.com

스타트업을 운영하는 것은 마라톤과 같고, 제조업을 운영하는 것은 마라톤 코스를 왕복하는 것과 같습니다. 엄청난 끈기와 인내를 발휘해야 한다는 뜻입니다. 적어도 5년은 열정을 불태워 보세요. 타고난 재능이 있으니 빨리 성공하게 될 거라고 생각하는 분들도 분명히 계시겠지만, 상황은 결코 본인에게 유리한 방향으로만 전개되지는 않습니다.

주어진 프로젝트를 학교 과제물 처리하듯 해서는 절대 안 됩니다. 반드시 상업성을 갖춰야 해요. 사람들이 기꺼이 지갑을 열고 구매할 만한 매력이 있는 상품을 만들어 내야 합니다.

애초에 저희는 기계로 도사를 만들어 팔려고 했습니다. 그래서 기계가 어느 정도 모양새를 갖췄을 쯤 실제로 도사를 팔아 보기도 했죠. 당시의 도사 매틱은 10개 정도 만들고 나면 고장이 났어요. 그러면 기계를 고친 다음에 다시 장사를 했습니다. 그러다 보니 우리가 기계로 뽑는 도사가 사람이 불판을 놓고 굽는 도사만큼 훌륭해지기 시작했고, 곧 누구도 차이를 알 수 없을 만큼 좋아졌습니다. 거기서 자신감을 얻었죠. '그래, 쓸모 있는 제품이야. 성공을 거둘 수 있어. 계속 밀어붙여야 해. 무슨 일이 있더라도.'

부록

용어 해설
기업·학교·인물 소개
좌충우돌 청년창업

용어 해설

가네샤(가네쉬) 신 8장
인도 힌두교 신화에 나오는 신으로, 지혜와 재산을 주관한다고 여겨진다. 인도 전통 복식을 한 남자의 몸에 팔이 4개 달려 있고 코끼리 머리를 하고 있다. 주로 상업과 학문의 신으로 숭배된다. 인도의 마하슈트라 지방에 신자가 많다.

경량 기포 콘크리트 Autoclaved Aerated Concrete 2장
경제적인 집짓기, 내 손으로 집짓기 등의 화두를 가진 건축주들에게 꾸준히 인기를 끌고 있는 자재다. 제대로 지은 AAC 주택의 장점은 단열일체형 공법에 쾌적한 습기 제어 능력이다. AAC는 규석에 생석회, 석고, 시멘트, 물을 섞고 오토 클레이브에 넣어 높은 온도와 압력으로 증기양생의 과정을 거쳐 만들어진다. 식빵처럼 안에 공극이 있고 증기 양생된 제품의 특성상 어느 정도 습기를 머금고 있다. 친환경 건축재로 단열 성능도 매우 뛰어나다. 인도와 유럽, 미주에서는 AAC Autoclaved Aerated Concrete 라고 하고, 우리나라를 비롯한 아시아권에서는 ALC Autoclaved Lightweight Concrete 로 부른다.

구루 Guru 3장
산스크리트어에서 유래된 단어로, 자아를 터득한 신성한 영적 지도자 또는 스승을 칭한다. 영적 지도자로서의 활동뿐 아니라, 인도 내 취약 계층을 위한 사회공헌 활동을 하며 국민들로부터 많은 존경을 받고 있다. 많은 신도들을 거느린 구루들은 유명 정치인들과 친분을 유지하고, 주요 언론에 자주 모습을 드러내며 높은 사회적 지위와 인지도를 얻는다.

기업가정신 Entrepreneurship 1장
'위험을 감내하면서 새로운 기술과 혁신을 도모하는 의식'을 의미한다. 혁신, 성장, 창의성, 위험 추구, 특이함, 적극적 행동을 바탕으로 근본적으로 새로운 일자리를 창출하고 비즈니스를 성장시키기 위한 기회를 추구하고 자원을 조직화하려는 적극적인 의도를 일컫는다. 성공적으로 기업가정신을 구현하기 위해서는 지속적인 혁신, 조직 관리 및 시간 관리 능력, 인내력, 풍부한 창의성, 도덕성, 목표 설정 능력, 리스크 테이킹, 정보 관리, 해결 대안 제시 능력, 창조성, 의사결정능력 등이 요구된다.

디지털 포렌식 Digital Forensic 9장
과학적 범죄 수사 방법을 말한다. 디지털 포렌식은 금융 범죄 관련 각종 기록 저장 매체나 인트라넷 상 기업 회계 관련 디지털 정보를 분석해 조사하는 첨단 기술로 삭제한 기록을 찾아내거나 비문서, 문서 등 각종 세무 자료를 교차 검증해 분식 회계를 찾아내 세무 조사에 지원한다.

리캡차 reCAPTCHA 5장
사용자에게 화면에 왜곡된 단어 이미지를 보여준 뒤, 보이는 대로 단어를 입력하게 하는 점은 캡차와 같다. 캡차의 기본 기능인 접근이 제한된 구역에 봇의 접근을 막는 것 이외에도, 스캔한 고문서의 내용을 디지털화하는 데 도움을 준 시스템이다. 카네기멜론대학교 피츠버그 캠퍼스의 안, 모러, 맥밀런, 에이브러햄, 블럼 팀이 개발했으며 2009년 9월 구글에 인수됐다.

마르와리 상인 6장
인도 라자스탄 주 지역 출신 상인들. 20세기 인도의 독보적인 상인 집단으로 성장하며, 1991년 인도가 경제 개방을 한 이후 세계적인 기업가로 떠올랐다. 세계 1위 철강 기업인 아르셀로미탈 스틸, 세계 3위 ICT 기업 바라티 에어텔 등도 모두 마르와리 상인이 소유한 기업이다.

마르와리족 6장
파키스탄 펀자브 주 남쪽, 타르 사막의 인도 국경 부근에 거주하는 종족. 주로 농업에 종사하며 인구는 8만 900명(2000년)으로 추산된다. 사회 구조는 아버지의 권위가 중요시되는 부계사회다. 결혼은 카스트제도 안에서 신중하게 선택하며 개인보다는 집안의 결합으로 여긴다.

만트라 Mantra 10장
주문. 영적 혹은 물리적 변형을 일으킬 수 있다고 여겨지는 발음, 음절, 낱말 또는 구절을 뜻한다. 만트라의 용도와 종류는 해당 만트라를 사용하는 종교 및 철학 학파에 따라 다르다.

밀란 Milan 10장
2008년부터 시작해 매해 1월 말 경 열리는 국가적인 문화스포츠 축제로 SRM 대학교에서 주관하며 인도 전역의 1만 여 학생들이 참여한다. 각종 스포츠 경기와 뮤지컬 나이트 외 100여 개의 문화 행사가 진행되며 인도 전역의 학생들과 연예인들이 이를 지원한다.

스크래치 Scratch 6장
MIT 미디어 연구소에서 아이들에게 그래픽 환경을 통해 컴퓨터 프로그래밍에 관한 경험을 쌓게 하기 위한 목적으로 개발한 교육용 프로그래밍 언어 및 환경이다. 코딩을 주로 하는 C++, C#, 비주얼 베이직 등과 달리 블록을 끌어당겨 탑을 쌓는 것처럼 프로그래밍을 하기 때문에 프로그래밍을 처음 해 보는 입문자들에게 권하는 프로그래밍 언어다.

액셀러레이터 5장
스타트업이 성장할 수 있도록 도움을 주는 조직으로, 돈만 투자하는 것이 아니라 교육과 멘토링을 제공하고 벤처 캐피털이나 스타트업에 필요한 사람이나 조직/회사를 연결해 주는 네트워킹까지 제공한다.

주가드 jugaad 1장
힌두어로 예기치 못한 위기 속에서 즉흥적으로 창의력을 발휘하는 능력을 말한다. 환경을 탓하기보다 그 안에서 임기응변을 발휘해 해답을 찾아내는 것이다. 열악한 환경과 인프라 속에서 생존하기 위하여 독창적인 방식으로 해결 방법을 찾아내고 그것을 새로운 기회로 삼는 경영으로 시장 환경에 맞춰 저렴하고 신속하게 제품을 공급하는 추세 등을 통칭해서 말한다.

캡차 Completely Automated Public Turing test to tell Computers and Humans Apart, CAPTCHA **1장**
어떠한 사용자가 실제 사람인지 컴퓨터 프로그램인지를 구별하기 위해 사용되는 방법이다. 사람은 구별할 수 있지만 컴퓨터는 구별하기 힘들게 의도적으로 비틀거나 덧칠한 그림을 주고, 그 그림에 쓰인 내용을 물어 보는 방법이 자주 사용된다. 흔히 웹사이트에 회원으로 가입할 때 뜨는 자동 가입 방지 프로그램 같은 데 쓰인다.

퀵서비스 레스토랑 **10장**
패스트푸드를 파는 음식점으로, 보통 체인점 또는 가맹점 형태로 운영된다. 버거와 탄산음료, 감자튀김, 치킨 등을 팔지만, 최근에는 패스트푸드의 좋지 않은 이미지를 퀵서비스 레스토랑이라는 명칭으로 바꿔, 건강한 이미지를 구축하고 이에 맞는 다양한 메뉴를 선보이고 있다. 인도의 대표적 퀵서비스 레스토랑으로는 니룰라스Nirula's, 커피 데이 익스프레스Coffee Day Express 등이 있다.

타타넨퍼스트닷 TATA NEN First Dot **5장**
인도 전역에서 잠재력 있는 청년 기업가를 액셀러레이팅하고 지원하는 타타그룹의 스타트업 플랫폼으로 비영리로 운영된다.

CFE Certified Fraud Examiner **9장**
각종 사기와 화이트칼라 관련 범죄를 예방, 적발, 조사하는 공인된 전문가로서, 현재 전 세계적으로 100여 개국에서 약 3만 2000명이 활동하고 있다. CFE는 주로 회계사, 감사인, 준법감시인, 법조인, 공무원, 교수, 수사-조사기관 전문가들로서, 회계법인, 대기업, 법률기관, 정부기관, 범죄 관련 전문 기관 등에서 활동하고 있다. CFE의 50% 이상이 CPA 자격증을 소지하고 있으며, CFE 자격 취득에 상당히 까다로운 각종 조건이 요구되며, 자격 유지를 위해 매년 일정 교육을 이수함은 물론 엄격한 윤리강령을 준수해야 한다.

E-cell Entrepreneurship Cell **1장**
비영리조직으로 인도의 여러 명문대에서 E-Cell 프로그램을 운영하고 있으며 인도 내 학생들의 기업가정신을 고취시키고 창업을 독려하고 지원하기 위해 만들어졌다. 좋은 사업 아이디어가 있는 학생을 발굴하고 멘토링과 투자 유치, 네트워킹 등 액셀러레이팅을 해 준다.

기업 소개

그루너운트야르 Gruner + Jahr **5장**
독일 함부르크에 본사를 둔 유럽 최대의 잡지 발행 업체로 전 세계 20여 개국 300종가량의 잡지와 신문을 공급하는 베르텔스만의 계열사다.

나우크리 Naukri **1장**
1997년 Sanjeev Bikhchandani가 창립한 인도 최초이자 최대의 직업 포털 사이트로 모기업인 인포 엣지의 핵심 사업 중 하나다.

베네세홀딩스 Benesse Holdings **6장**
일본의 대표적 통신교육 출판, 문화 사업을 하는 베네세 코퍼레이션의 지주 회사다.

베르텔스만 Bertelsmann **5장**
독일의 작은 가족 기업에서 출발해 세계적인 복합 미디어 그룹으로 성장했다. 2009년 현재 63개국에 200개 이상의 기업, 10만 명 이상의 임직원을 둔 기업 집단이다. 세계 미디어 산업 분야에서 가장 큰 다국적 기업으로 평가된다.

브라보 루시 Bravo Lucy **5장**
과학기술을 SCM에 접목한 노르웨이 공급 사슬 분석 회사다.

사트얌 Satyam 1장
인도 IT 서비스 업체로 현재 기업 명칭은 마힌드라 사트얌이며, 세계 최고 수준의 글로벌 컨설팅 및 IT 서비스 제공 업체인 사트얌 컴퓨터 서비스Satyam Computer Services의 브랜드 명칭이다. 2007년 언스트앤드영은 창업자 라밀랑가 라주를 '올해의 기업가'로 선정했다. 사트얌은 인포시스, 타타 컨설턴시, 와이프로와 함께 인도의 소프트웨어 및 아웃소싱 업체를 대표하며, 인도의 정보산업 '붐'을 이끌었지만 2009년 분식회계 사건으로 전 세계에 큰 충격을 안겼다. (9장 참고)

아코샤닷컴 akosha.com 7장
내로라하는 기업들을 클라이언트로 두고 소비자 불만 해결을 위한 서비스로 시작한 아코샤는 2009년 OneDirect를 런칭하고 고객 경험 관리 서비스도 함께 제공하고 있다. Helpchat은 택시, 충전, 음식, 청구서 등 개인적인 용무를 앱으로 처리할 수 있도록 도와주는 AI 기반의 모바일 앱 서비스다.

에듀컴프 Educomp 6장
인도 선두 교육 IT 기업, 전국 스마트교실, 디지털교실, 디지스쿨Digital+School과 관련된 제품을 1만 4500곳에 설치해 전체 시장점유율 46퍼센트를 차지한다.

오페라 솔루션 Opera Solutions 5장
세계적인 기술 분야 빅데이터 솔루션 회사로, CEO는 아르나브 굽타Arnab Gupta다.

에사르 Essar 3장
통신, 해운, 철강, 건설, 에너지 분야의 다각적인 사업을 하는 인도의 복합 기업이다. 2014년 매출은 350억 달러, 직원 수는 6만 여 명에 달한다. 허치 에사르 및 알고마 스틸도 에사르 브랜드에 포함된다. 현재 그룹 회장은 샤쉬 루이아이고, 부회장은 라비 루이아다.

인디아 포렌식 Indiaforensic 9장
2005년에 인도 법회계학을 최초로 시작한 회사, 현재 전 세계 50개 이상의 회사에 컨설팅과 맞춤형 교육 솔루션을 제공함으로 글로벌 금융사기와 관련된 문제 해결에 도움을 주고 있다.

자봉 Jabong 8장
인도의 온라인 패션&라이프스타일 포털 사이트 www.jabong.com

저스트다이얼 Justdial, JD 1장
1997년 V.S.S.Mani가 창립. 로컬 영화, 식당, 교통, 병원 등의 정보를 모바일, 웹, SMS 등을 통해 검색할 수 있는 인도 최고의 인터넷 지역정보 검색 회사. 대표 번호로 전화를 하면 원하는 정보를 알려 주는 서비스 형태다.

조마토 Zomato 1장
2008년 Deepinder Goyal이 인도에서 창립해 현재 23개국에 진출한 맛집 정보 앱이자 배달 서비스 회사. 2016 전 세계 스타트업 100위 중 87위에 올랐으며 인포엣지 외 바이두 등 각국의 투자사들에게서 투자를 유치해 화제를 모으고 있다. 사람이 직접 발로 뛰어 제공하는 서비스로 유저들의 신뢰도가 높다.

타타 그룹 Tata Group 10장
1868년에 잠셋지 타타가 세운 회사로 타타대우상용차의 모회사이기도 한 인도의 국민기업. 타타그룹은 현재 지주회사인 타타선즈 Tata Sons 아래 정보 통신, 엔지니어링, 원자재, 서비스, 에너지, 소비재, 화확 등 7개 사업 분야에서 97개 계열사를 운영하고 있으며 인도 최대의 IT 서비스 업체인 Tata Consultancy Services TCS는 물론 타타 스틸, 타타 자동차 등 쟁쟁한 기업들이 포진해 있으며 그룹 계열사들은 현재 세계 6개 대륙 54개국에서 영업하고 있다.

파소스 Faaso's 7장
인도경영대학원 IIM 동창인 Jaydeep Barman, Kallol Banerjee가 2011년 창립한 인도의 푸드 온디맨드 퀵서비스 레스토랑 프랜차이즈. 푸네에 본사를 두고 15개의 대도시에서 160여 개의 배달 센터를 두고 서비스 중이며 모바일 앱으로 주문을 받아 소비자에게 배달해 준다. 세콰이어 캐피탈 등 여러 곳에서 투자를 받아 빠른 속도로 성장 중이다.

퍼시스턴트 시스템즈 Persistent Systems 6장
소프트웨어 제품 개발 및 기술 서비스 분야의 세계 선도 기업으로 전 세계 9000명의 직원과 함께하고 있다.

플립카트 Flipkart 1장

2007년 아마존 출신의 사친 반살과 비니 반살이 창립한 인도의 아마존닷컴. 시장 점유율 1위의 B2C 전자 상거래 사이트로 현지화 전략에 성공해 현재 유니콘 기업(기업가치 1조 원 이상의 스타트업) 10위에 올랐다.

힌두스탄 유니레버 HUL 5장

다국적기업 유니레버의 인도 지부로 인도 최대의 대기업 중 하나이자 인도 최대의 생활 필수품 제조 업체다. 인도 비누 시장의 약 65퍼센트를 점유하고 있는 이 기업은 사회적 책임 프로젝트의 하나로 올바른 비누 사용 습관을 가르치는 공익 프로그램인 LBSC 프로그램과 자사의 판매망을 확충하고 동시에 여성들의 수익원을 창출하는 샤크티 프로그램을 운영하고 있다.

ITC 3장

일용소비재FMCG 부문의 최대 기업이자 인도 최대 담배 회사이다. 시가 총액 약 450억 달러 규모로 〈이코노믹 타임스〉에서 발표한 브랜드 선호 10대 기업 및 포브스 선정 '세계에서 가장 명망 높은 기업World's Most Reputable Companies' 중 하나다. 호텔, 제지, 포장, 농업, IT 산업을 망라하고 있다. 농촌지역 개발 프로그램인 이초팔e-Choupal은 대표적인 기업의 사회적 책임CSR 캠페인으로 손꼽히며, 기업 이미지 향상에 크게 기여했다. 주로 인도 빈농 지역의 경쟁력 강화를 위한 프로그램으로 농부들을 대상으로 IT 교육 실시, 유통 정보화, 신 농업 기술 노하우 도입 및 활용 교육 등 활동을 통해 농부들의 생활 수준을 향상시킨 성과를 인정받고 있다. 현재 프로그램 대상 주는 10개 농촌지역 마을 4만 여개로 총 6500개 센터를 통해 약 400만 명의 농부들이 등록되어 있다.

학교 소개

걘 프라보드히니 대학 Gyan Prabodhini Vidyalaya **9장**
V. V. Pendse 박사가 1962년 솔라포에 설립한 학교. 인도가 당면한 문제들을 해결하여 국가에 이바지하는 리더를 키우는 것을 목표로 하며 현재 지성인들에게 동기를 부여해 사회 변혁을 이끌게 하고 있다.

국립 로스쿨 National Law School, NLS **2장**
인도 국립로스쿨은 모두 15개로 이 중 12개 로스쿨이 국가와 12개 주정부의 주도로 설립됐다. 학제는 5년제로 졸업과 동시에 변호사 자격을 취득하게 된다.

러크나우 경영대학원 IIM Lucknow **2장**
러크나우 경영대학원은 인도의 유서 깊은 도시 우타르프라데시 주에 위치하고 있다. 1984년 개설되어 현재 인도 경영대학원 랭킹 5위, 세계 경영대학원 50위 안에 드는 명문 대학원이다. 학생 및 졸업생들을 위한 창업보육센터 Abhiyan을 운영하고 있다.

수라트칼 국립공과대학 NIT Surathkal **1장**
1960년에 세워진 인도 국립 공과대학. 31개 NIT 중 9~10위 권이다. 현재는 카르나타카 주의 이름을 붙여 카르나타카 국립공과대학 National Institute of Technology Karnataka으로 바뀌었다.

아흐메다바드 경영대학원 IIM Ahmedabad 1장

1961년 설립된 아흐메다바드 경영대학원은 인도에서 가장 입학이 어려운 비즈니스 스쿨 중 하나로 하버드대보다 입학이 어렵기로 유명하다. 영국 〈파이낸셜 타임스〉 선정 2016 세계 100대 경영전문대학원MBA 24위에 오른 인도 최고의 명문 MBA(국내에서는 성균관대가 유일하게 69위)로, 졸업생들의 초봉만 12만 달러가 훌쩍 넘을 정도. 아시아에서 가장 국제적인 비즈니스 감각과 능력을 가진 CEO를 배출하는 MBA로도 명성이 자자하다. 인도 구자라트 주의 최대 도시 아흐메다바드에 있다.

인도공과대학 Indian Institute of Technology, IIT 1장

인도에서 가장 공부 잘하는 학생들이 가는 곳. 인도공과대학은 인도 독립 이후 국가 재건을 이끌 인재를 키우기 위해 인도경영대학원IIM과 함께 육성한 대학원 중심 국립 교육 기관. 현재 16개 거점 도시에 있으며 지역에 필요한 공학 기술과 인력을 제공하고 있다. IIT에는 매년 약 1만 명이 입학하고 있으며 학사 과정 4년, 석사 과정 2년 이후 박사 과정이 있고 학사-석사 통합과정으로 5년 과정이 있다. 교수 1인당 학생 8~9명 수준이다. 교수들 다수가 해외 유학파로 국내외에서 실력을 인정받고 있으며, 다양한 산학 협력 활동을 한다.

카라그푸르 인도공과대학 IIT Kharagpur 2장

콜카타 서쪽 100km, 미드나포르와 하르더 강을 사이에 두고 남쪽에 위치한 학교. 영화 〈세 얼간이〉의 배경이 되는 곳이다. 구글 CEO 순다르 피차이가 이 대학을 졸업하고 미국 스탠퍼드대학교에서 석사학위를 받았고 펜실베니아대학교 와튼스쿨에서 경영학 석사를 받았다.

ICFAI 비즈니스 스쿨 Institute of Chartered Financial Analysts of India Business School, IBS 8장

1984년 설립된 비영리 교육 기관. 인도 전역에 걸쳐 11개 대학을 설립하고 지원했다. 2012 CNBC-TV18 선정 인도 최고 비즈니스 스쿨 20위에 오른 명문 비즈니스 스쿨이다.

심바이오스 경영대학원 Symbiosis Centre for Management and Human Resource Development 3장

1993년 설립. 심바이오스 국제 대학교와 연계되어 있는 프리미어 비즈니스 스쿨 중 하나로 인사관리, 마케팅, 경제, 경영관리, 인프라 시설 관리 5개의 프로그램을 이수해야 하며 엄격한 일정으로 유명하다.

SRM공과대학 SRM University Engineering College **10장**

남동부 타밀나두 주 첸나이에서 기차로 1시간 정도의 거리에 있는 부자들이 입학하는 대학이라고 알려져 있다. SRM재단은 타밀나두 주 중에 두번째로 큰 재단이고 다른 대학에 비해 학비가 비싸다.

인물 소개

디루바이 암바니 **4장**
인도 최대의 민간기업 릴라이언스 인더스트리스의 창업자이자 회장. 가난한 교사의 아들로 태어난 암바니는 16세때 다니던 고교를 중퇴하고 주유소 직원으로 사회에 첫 발을 들여놓은 뒤 1958년 뭄바이에 무역회사를 설립하면서 재계에 본격 진출, 자신의 기업을 인도 최대의 민간기업으로 키워 낸 자수성가형 재계 인사로 〈아시아위크〉 등 일부 언론에 의해 '아시아에서 가장 영향력 있는 50대 인사'에 포함되었다. 미국 〈포브스〉 지에 의해 29억 달러의 재산가로 세계에서 138번째 부자로 기록되는 등 탁월한 경영능력을 가졌다. 현대 정주영 회장과 비교할 수 있다.

세르게이 브린, 래리 페이지 **1장**
1998년 구글을 창업한 스탠퍼드대학교 출신 동갑내기 천재 공학도이자 수학도. "악해지지 말라Don't be evil"는 유명한 모토를 가지고 10의 100제곱을 뜻하는 구골googol에서 이름을 따와 검색엔진 구글을 개발했다.

앙쿠르 싱글라 Ankur Singla **7장**
인도 국립 로스쿨NLS 출신의 아코샤 창업자. 영국 런던의 Linklaters사에서 기업 법률 자문으로 일하다가 그만두고 인도로 돌아와 아코샤를 창업했다. 2010년 동업자 3명과 함께 AI 기반 개인 전자 상거래 비서 플랫폼인 헬프챗Helpchat을 론칭한 이후 3차례 펀딩을 받으며 승승장구 중이다.

키쇼르 비아니 **4장**
판타룬 리테일Pantaloon Retail이라는 인도 최대의 슈퍼마켓 체인을 운영하는 퓨처 그룹의 창업주로, 브랜드 소매 체인 시장을 창출했다. 일부러 복잡하게 상품을 진열하는 '혼란 마케팅'을 구사해 유통 황제로 떠올랐다.

캡틴 고피나뜨 Captain Gopinath, Gorur Ramaswamy Iyengar Gopinath **7장**
1951년 생. 전체 이름은 고두르 라마스와이 이엔가르 고피나뜨다. 퇴역한 인도 대령이자 자서전을 낸 작가로 2003년 인도의 항공사 에어데칸Air Deccan을 창립하고 기업가로 거듭났다.

* 참고자료: 위키피디아, 네이버 백과사전, 《마르와리 상인》

좌충우돌 청년창업

취업이 어려우니 창업? 미생의 삶을 살아가는 청년들이 창업을 하기란 쉬운 일이 아니다. 취업보다 쉬운 것이 창업이라 말하지만 막상 시작하려면 무엇부터 어떻게 시작해야 하는지 정답이 없기에 막막하기만 하다. 좋은 아이디어와 열정만 가지고 시작했다, 혹은 성공했다는 이야기보다는 수많은 도전 끝에 성공했다는 이야기가 더욱 많은 이유는 아이디어와 패기만으로 부딪쳐 성공하는 것이 그만큼 힘들기 때문일 것이다.

창업에 왕도는 없다. 그러나 무모한 창업을 하기 전에 조금이라도 실전에 도움이 될 만한 것들을 얻을 수 있는 청년창업 지원사업을 참고해 보시길 바란다.

1. 창업 교육

창업 인턴제

창업 인턴제는 창업을 시작하기 전 벤처, 창업기업에서 현장 근무를 하며 경험을 쌓을 수 있는 기회를 제공해 준다. 준비된 창업자를 양성하기 위한 제도로 창업 시 사업화 자금도 지원해 준다.

지원 대상은 창업 아이템과 창업 의지를 지닌 대학생, 대학원 재학생 또는 졸업 후 3년 이내의 미취업자로 기본 근무 기간(1년) 동안 인턴으로 근무가 가능한 사람이다. 창업 실무, 기업 경영 관련 실무 교육, 선배 창업자와의 네트워크 구축, 멘토링 등이 제공되며 창업 공간 임대, 시제품 제작, 지적재산권 취득, 마케팅 등의 비용까지 지원해 준다.

청년창업학교

젊고 혁신적인 청년 CEO를 양성하겠다는 목표의 제도로 청년창업자를 선발해 창업 계획 수립부터 사업화까지 창업의 전 과정을 일괄 지원해 준다. 기존 법인 대표가 아니고, 본인 명의로 사업자 등록을 하지 않은 만 39세 이하 예비 창업자 또는 2~4인으로 구성된 예비 창업팀으로 지원이 가능하다. 제조업 혹은 지식 서비스업종을 지원하며 창업 절차부터 기술 개발, 시제품 제작, 시험 생산, 판로 개척 등을 원스텝으로 지원하며 총 사업비의 70퍼센트, 연 최대 1억 원 이내의 사업비를 지원해 준다.

2. 자금

청년전용 창업 자금

창업에 대한 기본적인 지식과 구체적인 사업 계획이 있다면 청년전용 창업 자금을 두들겨 볼 수 있다. 우수한 아이디어를 가진 만 39세 이하의 예비 창업자 및 창업 3년 미만의 기업이라면 누구나 신청 가능하다. 금리는 연 2.5퍼센트(고정금리)이며 최대 6년 동안 기업당 최대 1억 원의 융자가 가능하다. 청년 지원센터 지역본부에서 필요 자금을 신청하고 중소기업진흥공단이 교육과 컨설팅을 실시하고 사업 계획서 등에 대한 평가를 통해 융자 대상을 결정한다.

3. 공간 및 네트워크

청년창업센터

청년실업 해소를 목적으로 설립된 기관이다. 20~30대 예비창업자들을 지원하여 돕는 활동을 하고 있다. 서울특별시 청년창업센터, 부산 창업지원센터, 울산 청년창업센터, 경북 청년창업지원센터 등의 지자체 창업 센터 등에서 예비 창업자들에게 1년간 장소를 창업 공간으로 임대하거나 창업 자금을 지원하고 각종 창업 교육과 컨설팅을 실시하고 있다. 청년창업 활성화를 돕기 위해 구성된 민간, 혹은 민관협력 창업 보육기관 등을 통해 기업가정신 강연, 창업 교육, 인큐베이팅, 투자, 네트워킹, 해외 진출 지원을 받을 수도 있다. D-Camp, MARU180, 구글 캠퍼스, 스타트업 얼라이언스, 요즈마 스타트업 캠퍼스 등이 대표적으로 알려져 있다.

K-STARTUP

창업에 필요한 보다 자세한 정보는 K-스타트업 홈페이지www.k-startup.go.kr에서 찾아볼 수 있다. 창업교육, 다양한 시설공간, 멘토링 및 컨설팅, 사업화, 판로개척 및 수출, 네트워크 행사 등 체계적인 정보들을 쉽게 찾아볼 수 있고 네트워크 행사 정보를 통해 다양한 사람들과 만남의 기회도 제공해 준다. 내가 창업에 얼마나 준비되어 있는지 점검하는 테스트도 준비되어 있으니, 무턱대고 창업하기 전에 내 역량에 대해 알아볼 수 있고 창업 후에도 지속적으로 나를 점검하며 다양한 지원 사업과 경진대회에 도전해 볼 수 있을 것이다.

나의 꿈 지도

당신의 꿈은 무엇인가? 과학자? 의사? 대기업 합격?

하지만 꿈이 꼭 직업과 연결되는 것은 아니다. 내가 하고 싶은 것, 이루고 싶은 것, 갖고 싶은 것은 무엇이 있는지 곰곰이 생각해 보자. 거창한 꿈이 아니어도 좋다. 그리고 3개월 내에, 1년 내에 꼭 이뤄 내고 싶은 소소한 꿈 또는 소립 반살처럼 내가 키워 나가고 싶은 기업의 가치 등의 꿈을 적어 보자. 작은 것에서부터 큰 것까지 하나씩 이뤄가는 성취감을 얻게 될 것이다.

이 꿈 지도가 당신의 성공의 밑거름이 되기를 기원한다.

1. 3개월 안에 이루고 싶은 꿈

_____

_____

_____

_____

_____

2. 6개월 안에 이루고 싶은 꿈

_____

_____

_____

_____

_____

3. 1년 안에 이루고 싶은 꿈

---

4. 평생 이루고 싶은 꿈

옮긴이 안진환

한국 경제경영 출판계의 대표적인 번역가. 연세대학교에서 국문학과 영문학을 수학하고 졸업 후 번역 활동을 시작하여 백여 권 이상의 책을 번역했다. 주요 역서로는 〈벤허-국내 최초 완역〉, 〈스티브 잡스〉, 〈넛지〉, 〈마켓 3.0〉, 〈정치와 도덕을 말하다〉, 〈빌 게이츠@생각의 속도〉, 〈불황의 경제학〉, 〈포지셔닝〉, 〈괴짜 경제학〉 등이 있다.

취업보다 **스타트업**
마지막 황금 시장 인도의 용감무쌍 청년창업 이야기

초판 1쇄 인쇄 2016년 9월 28일
초판 1쇄 발행 2016년 10월 5일

지은이 라시미 반살
옮긴이 안진환
펴낸이 이경아·류정혜

펴낸곳 플랜지북스
편집·디자인 디자인스튜디오 이김 (leekimpress@gmail.com)
일러스트 정주영

주소 서울시 강남구 논현로 509 (송암II빌딩) 906호
전화 02-586-1955   **팩스** 02-6280-1530
등록 제2016-000186호
이메일 books@theplang.com
홈페이지 www.theplang.com
페이스북 www.facebook.com/theplangbooks

ISBN 979-11-958936-0-7 03320

이 도서의 국립중앙도서관 출판예정도서목록(CIP)은 서지정보유통지원시스템 홈페이지 (http://seoji.nl.go.kr)와 국가자료공동목록시스템(http://www.nl.go.kr/kolisnet)에서 이용하실 수 있습니다. (CIP제어번호: CIP2016023230)

책값은 표지에 있습니다.
잘못된 책은 구입하신 서점에서 교환해 드립니다.